동남아의 경제위기와 정치적 대응

동아시아연구단 총서 11

동남아의 경제위기와 정치적 대응

제1판 1쇄 발행 2005년 9월 15일

지은이 | 박사명 외
펴낸이 | 정민용
펴낸곳 | 도서출판 폴리테이아
출판등록 | 제 300-2004-63호
주   소 | 서울시 종로구 홍파동 42-1 신한빌딩 2층
편   집 | 02-739-9929 제작·영업 | 02-722-9960, 02-733-9910(팩스)
표지디자인 | 서진

ISBN 89-955215-6-2 03300

동아시아연구단 총서 11

동남아의 경제위기와 정치적 대응

박사명 편

서강대학교 동아연구소
서울대학교 비교문화연구소

폴리테이아

동아시아연구단 총서를 발간하며

지난 반세기 동안 동아시아는 줄곧 세계사적 변화와 사건의 주역을 담당해 왔습니다. 미국의 패권을 확인한 태평양전쟁, 냉전질서를 고착화한 한국전쟁, 미국의 개입정책에 의문을 던져 준 베트남전, 끔찍한 대학살로 수백만의 생명을 앗아간 캄보디아 내전과 인도네시아의 군사정변 등 역사의 줄기를 가른 주요 전쟁들이 모두 동아시아에서 발발하였습니다. 동시에 일본의 경제기적과 해외진출, 신흥공업국의 고도성장, 동남아시아국가연합(ASEAN)의 창설과 확대, 중국의 개혁개방과 강대국의 부상 등, 탈냉전과 미국 단일패권의 국제질서에 중대한 의미를 던져 줄 현상들 또한 동아시아에서 목도된 바 있거나 전개되고 있습니다. 그래서 21세기에는 위대한 동아시아의 시대가 열릴 것이라고 예측하는 사람들이 많습니다.

동아시아 시대의 막을 열면서 이 지역은 커다란 변화에 직면해 있습니다. 무엇보다도 중국은 급속한 경제성장을 바탕으로 일본의 경제력과 미국의 군사패권에 대한 강력한 도전자로 부상하고 있습니다. 일본은 1990년 이후 "잃어버린 10년" 동안 장기불황으로 상실한 내적 추진력과 개혁의 동력을 찾고자 애쓰고 있지만, 이것은 역설적이게도 동아시아의 세력균형과 지역협력에 적지 않게 기여한 것으로 보입니다. 또한 1997년 갑작스럽게 동아시아에 엄습한 금융위기는 이른바 동아시아 성장모형에 대한 재검토와 새로운 발전전략에 대한 모색을 요구하고 있습니다. 동시에 세계무역기구(WTO)의 다자주의적 세계화, 국제통화기금(IMF)의 경제자유화 프로그램, 유행처럼 번지고 있는 쌍무적 자유무역협정(FTA), 다양한 수준의 지역통합과 같은 새로운 추세와 외부적 압력이 동아시아 지역과 국가들에게 변화와 적응을 강요하고 있습니다. 불과 몇 년 전에 창설되어 성공적으로 추진되고 있는 아세안+3은 바로 이러한 시대적 요구에 부응하여 동아시아 통합을 향해 매우 빠른 속도로 순항하고 있습니다. 21세기는 동아시아에게 새로운 기회와 동시에 막중한 도전 거리를 던져 주고 있습니다.

요컨대, 동아시아의 지난 반세기는 "성장과 위기"의 시대였으며, 앞으로 열릴 반세기는 "통합"의 시대가 될 것입니다. 〈동아시아의 성장, 위기, 통합: 21세기 발전모델의 탐색〉은 이 시대를 사는 한국의 모든 지식인의 화두입니다. 따라서 한국학술진흥재단 설립 이래 최대 규모의 공동연구로 조직된 저희 동아시아연구단은 지난 2년간 이 화두에 천착하였습니다.

모두 60여 명에 달하는 공동연구진은 인문, 사회분야에서 중국, 일본, 동남아를 전공하고 있는 지역전문가들로 구성되었습니다. 이들은 모두 지난 반세기 안에 태어나서 성장하고, 바로 이 성장과 위기의 시대에 학문의 세계로 뛰어든 사람들입니다. 그런 의미에서 이 책의 필진은 모두 자신이 직접 산 시대의 경험을 인문학적 사유와 사회과학적 분석으로 해석, 검증하고 있다고 할 수 있겠습니다.

동아시아연구단 총서 제9권부터 총 8권으로 꾸며진 본 총서는 동아시아연구단의 제2차년도 공동연구 결과입니다. 2004년 3월에 출간되었던 제1차년도 연구총서와 마찬가지로, 이번 총서 시리즈도 중국편이 2권, 동남아편과 일본편이 각 3권으로 구성되었습니다. 제1차년도 연구가 동아시아의 성장을 회고하고 비판적으로 검토해 보았다면, 금번 연구는 동아시아 여러 나라들이 1990년대 들어 경험한 경기침체, 경제위기, 대안적 발전전략의 모색 등을 그 연구주제로 설정하였습니다. 1997년 태국에서 발원하여 인도네시아, 한국으로 확산되었던 금융위기는 이 3국을 넘어 동아시아 전역에 커다란 충격을 던져 주었습니다. 동남아연구팀은 이러한 위기의 전개과정과 그것이 낳은 경제적, 사회적, 정치적 결과를 분석하고 이를 극복하고자 각국이 추구하였던 해결책과 대안을 검토하고 있습니다. 일본의 장기불황은 동아시아의 경제위기보다 훨씬 앞선 것이었지만 이로 인해 불황이 한층 심화되고 극복이 지연됨으로써 이웃 국가들과 동병상련의 처지가 되었다고 말할 수 있습니다. 일본연구팀은 일본이 1990년대 이후 정치, 경제, 사회 분야에서 벌여 온 각종 개혁프로그램의 성과와 한계를 전문가의 잣대로 평가해 보았습니다. 마지막으로, 중국은 다른 동아시아 국가와 달리 불황의 늪에 빠지거나 위기의 물결에 휩싸이지 않고 지속적인 성장을 구가하고 경제발전에 매진해 온 나라입니다. 그럼에도 불구하고 동아시아의 경제위기는 중국에게 지금까지 추진해 온 발전전략과 사회경제정책을 재검토할 수 있는 좋은 계기를 제공하였다고 볼 수 있습니다. 저희 연구단의 중국연구팀은 중국이 동아시아의 위기를 타산지석으로 삼아 위기에 대비하고 대안을 모색하는 시도들을 소개하고 평가하였습니다. 제1차년도 총서에 실렸던 60편의 논문들이 "환상과 허구 속에 성장의 시대를 살아 온 사람들의 자아비판"이라고 한다면, 이 총서에 실린 60여 편의 논문들은 위기의 시대를 직접 경험한 전문가들이 자기성찰을 한 결과라고 할 수 있을 것입니다.

이 연구는 한국학술진흥재단이 제공한 2002년도 기초학문육성 인문사회분야지원 국내외지역연구(과제번호 2002-072-BL2058)의 연구비 지원으로 이루어졌습니다. 2002년 8월 1일부터 2004년 7월 31일까지 2년 동안 지속된 이 공동연구는 무려 26억 원에 달하는 거액의 연구비를 지원 받아 22명의 전임연구원들이 오로지 연구에 몰두하고, 40여 명의 공동연구원들이 공동연구와 현지조사의 소중한 기회를 가지며, 40여 명의 석, 박사과정 대학원생들이 학업과 훈련에 정진할 수 있도록 해 주었습니다. 지난 2년 동안 이렇게 엄청난 지원을 저희 연구단에게 해 준 한국학술진흥재단과 관계자 여러분께 진심으로 고맙다는 말씀을 드립니다. 또한 교정, 편집,

출판을 도맡아 깔끔하게 처리해 준 폴리테이아 여러분께도 감사의 마음을 표합니다. 마지막으로, 인문사회과학 분야에서 사상 최대의 공동연구 프로젝트로 기록될 동아시아연구단에서 심사평가위원장, 연구위원장, 운영위원 등의 임무를 맡아 이 컨소시엄을 함께 이끌어 준 서강대학교 이갑윤 교수, 강원대학교 박사명 교수, 서울대학교 오명석 교수, 서강대학교 전성흥 교수, 가톨릭대학교 김재철 교수, 세종연구소 진창수 박사, 서강대학교 동아연구소 이한우 박사와 함께 이 총서 출판의 기쁨을 나누고 싶습니다.

2005년 5월
〈동아시아연구단〉 연구책임자 겸
서강대학교 동아연구소 소장 신윤환 씀

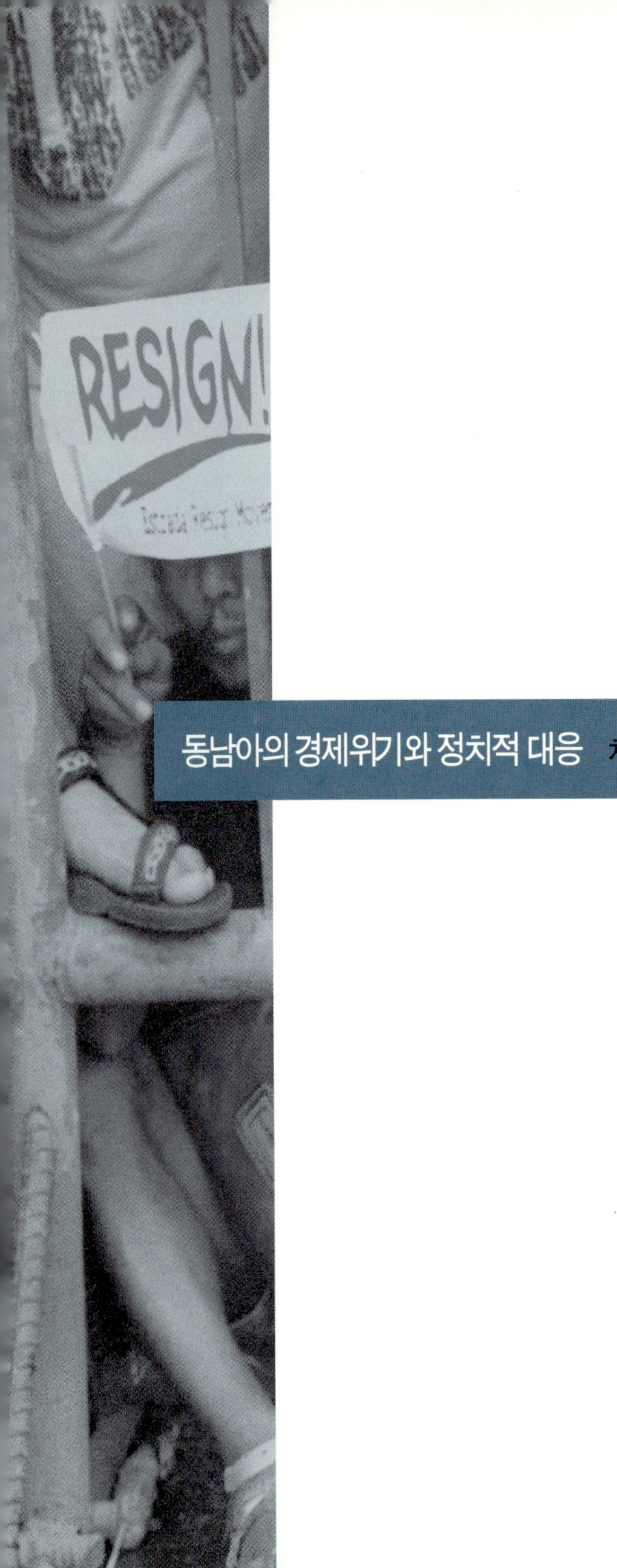

동남아의 경제위기와 정치적 대응 차례

동아시아연구단 총서를 발간하며 | 신윤환 | 4

서론 | 동남아의 경제위기와 정치적 대응
| 박사명 | 13

제1장 | 동남아의 경제위기와 정치적 선택: 권위주의와 민주주의
| 박사명 | 27

제2장 | 동남아의 경제위기와 아세안(ASEAN)의 대응
| 배긍찬 | 69

제3장 | 태국의 경제위기와 정치적 선택
| 김홍구 | 109

제4장 | 위기에 대한 필리핀의 대응과 정치적 선택 :
비효율과 부정부패를 중심으로
| 박기덕 | 141

제5장 | 인도네시아의 경제위기와 정치적 선택 :
개혁을 위한 진통
| 이동윤 | 183

제6장 | 말레이시아의 경제위기와 마하티르의 정치적 대응
| 황인원 | 233

제7장 | 베트남의 국내외적 위기와 정치적 대응
| 정연식 | 261

필자소개 | 288
찾아보기 | 290

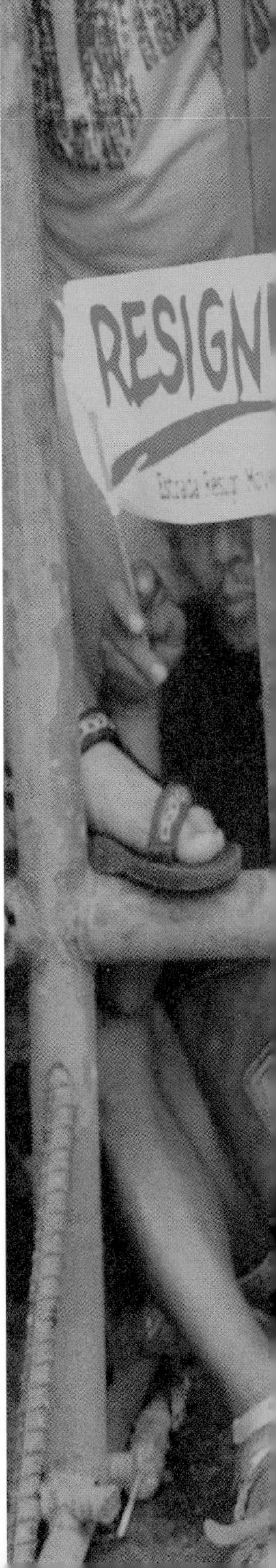

이 논문들은 2002년 한국학술진흥재단의 지원에 의하여 연구되었음(KRF-2002-072-BL2058).

동남아의 경제위기와 정치적 대응 서론

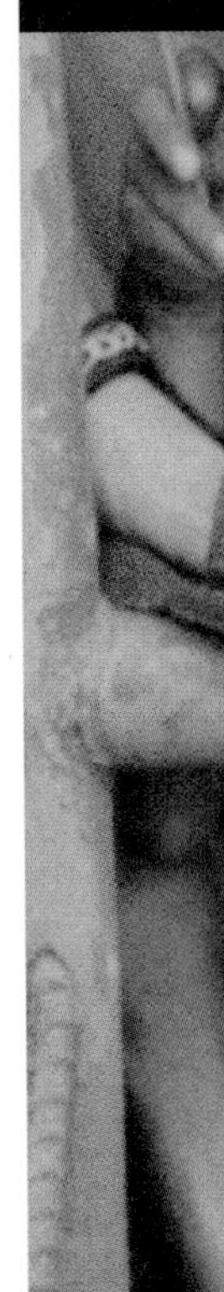

동남아의 경제위기와 정치적 대응

■ 박사명

1. 문제제기

동남아와 동북아를 포괄하는 동아시아에 있어서 '세계화의 제1차 위기'로 평가되는 1997년의 파국적 경제위기 이후 5년이 경과한 2002년에 이르면 전반적으로 경제성장의 일정한 동력이 다시 가동된다. 그와 같은 동아시아의 가속적 성장, 파국적 위기, 획기적 회복 등 역사적으로 지극히 단기적인 시기의 '결정적 국면'(critical juncture)에 대한 역동적 경험은 이론적 함의와 실천적 대안에 대한 다양한 성찰의 계기를 제공한다. 그러나 기존의 동아시아 '성장담론'을 압도하며 부상하는 새로운 동아시아 '위기담론'은 전자와 마찬가지로 여전히 이론적으로든 실천적으로든 지나치게 일면적인 편향을 드러낸다.

우선 경제위기의 원인에 대한 진단에 있어서 여전히 외인론과 내인론의 대립이 첨예하다. 전자는 국제금융질서의 구조적 모순이나 국제투기자본의 음모적 행태를 부각하며, 후자는 동아시아 각국의 국가주의적 발전전략이나 정실주의적 정경유착을 강조한다. 그러나 현실적으로 국제금융질서나 국제투기자본의 근본적 변화가 없는 국제환경에서도 동아시아 각국은 경제회복의 다양한 성과를 기록한다. 물론 경제위기의 발생 및 극복에 있어서 모두 국제적 조건의 중요성을 외면할 수 없음에도 불구하고, 각국의 국내적 조건은 여전히 지극히 중요하다. 동일한 국제적 조건에서도 말레이시아 및 태국의 경제회복 성과와 인도네시아 및 필리핀의 경제회복 부진이 상당히 대조적인 이유는 바로 국내적 조건에 있는 것이다.

그와 마찬가지로 경제위기의 결과에 대한 전망에 있어서도 위기국면을 압도하던 비관론은 회복국면에 이르러 상당히 완화된다. 그럼에도 불구하고 세계화의 부정적 측면을 과장하는 반면 긍정적 측면은 외면함으로써 폐쇄적 민족주의나 급진적 국가주의와 같은 이미 실패한 과거의 실험을 다시 미래의 대안으로 제시하는 비역사적 경향이 상존한다. 위기 없는 과거는 없었으며, 위기 없는 미래도 없을 것이다. '세계화의 제1차 위기'에 대한 반동으로 제출되는 '탈세계화'(deglobalization)의 대안은 이론적으로나 실천적으로나 냉전종식과 정보혁명의 새로운 역사적 국면에 대한 적실성을 상실할 수밖에 없는 것이다.

그러나 과거에 대한 이론적 설명의 외인론과 내인론, 미래를 위한 실천적 모색의 비관론과 낙관론이 공유하고 있는 문제는 근본적 접근시각의 편향이다. 그것은 바로 파국적 경제위기에 대한 진단(설명)과 처방(대안)에서 풍미하는 환원론적 경향이다. 위기의 성격과 정도에 따라 그것은 단순한 경제적 차원을 넘어 정치적, 사회적, 문화적 차원과 연계되는 복합적 문제로 전환된다. 따라서 지나친 경제적 결정론(determinism)과 지나친 정치적 자원론(voluntarism)은 모두 '위기관리의 정치과정'에서 드러나는 성공에서 실패까지 다양한 수준의 성과에 대한 심층적 해명에 있어서 근본적인 한계에 직면하게 된다.

2. 연구목적 및 방법

이 연구는 "동아시아의 성장, 위기, 통합: 21세기 발전모델의 탐색"이라는 총괄적 주제 아래 동아시아에서 전개되는 과거의 가속적 성장, 최근의 파국적 위기, 미래의 합리적 대안 등을 중심으로 정치, 경제, 사회, 문화 등 다양한 부문에 대한 1997년 경제위기의 현실적 파장과 이론적 함의를 보다 복합적이고 심층적인 접근시각에서 탐구하고자 하는 학제적 공동연구의 일부이다. 이 프로젝트의 동남아분과 제2팀(정치)은 이미 그 1차년도 연구과제로서 『동남아 정치변동의 동학: 안정과 변화의 갈림길』(오름, 2004)을 통하여 위기발생의 배경조건으로서 동남아에서의 경제성장과 정치변동의 상호작용을 다각적으로 조명한 바 있다. 이 연구는 그에 후속하는 2차년도 연구과제로서 "동남아의 경제위기와 정치적 대응"을 설정함으로써 위기관리의 정치과정에 대한 역동적 분석을 시도하고 있다.

외환위기에서 금융위기와 경제위기로 증폭되고 국가와 사회의 전면적 위기로 확산되는 동남아의 경제위기는 일정한 국내적 조건 및 국제적 환경의 소산으로 이해된다. 이론적 시각에 따라 위기의 직접적이고 미시적인 원인에서 간접적이고 거시적인 원인까지 그 강조의 대상이 다양하다. 그러나 위기의 가장 직접적인 계기인 국제투기자본의 행태와 국제금융질서의 결함 등 외부적 조건은 동남아 각국의 통제능력을 벗어난다. 따라서 외부적 조건의 근본적 변화가 전제되지 않는 상황에서도 내부적 조건의 변화에 따라서는 위기의 효과적 관리가 가능한 것이다. 현실적으로 위기관리의 정치과정에서 '상수'로서의 국제적 조건과는 대조적으로 국내적 조건은 '변수'로서 위기관리의 방향성과 효율성에서 다양한 결과를 초래한다. 그 점에 있어서 동남아의 전략적 선택은 아세안(ASEAN: Association of Southeast Asian Nations)의 집단적 대응이나 각국의 개별적 대응이었는바, 전자의 전반적 실패에 비하여 후자의 상대적 성공이 주목된다. 따라서 이 연구는 집단적 대응에 대한 분석과 개별적 대응에 대한 분석을 결합하고 있다.

경제위기 이후 그 원인에 관하여 국제적 조건을 강조하는 외인론과 국내적 조건을 강조하는 내인론이 대립한다. 외인론의 경우 국제금융질서 및 세계자본주의의 구조적 모순을 부각하는 제도론적 시각과 국제투기자본 및 국제금융기구의 의도적 '음모'를 강조하는 행위론적 시각이 대조된다.

내인론의 경우에도 직접적인 경제적 원인을 강조하는 근시적 접근에서 간접적인 정치적, 사회적, 문화적 원인을 고려하는 원시적 접근까지 다양하다. 이 연구는 위기에 대한 정치적 대응을 강조함으로써 객관적 조건이 부각되는 경제적 분석과는 달리 위기관리의 정치과정이라는 주체적 조건에 분석의 시각을 집중한다. 경제, 사회, 문화 등 다양한 객관적 조건은 주체적 상호작용의 정치과정을 통하여 그 변화의 가능성과 한계성이 집약적으로 반영된다. 객관적 '구조'는 주체적 '과정'을 통하여 구성되고 해체되며 재구성되는 것이다. 따라서 이 연구는 정태적인 구조적 조건을 간과하는 것이 아니라, 그것이 위기에 대응하는 역동적 정치과정을 통하여 작동하는 양태를 파악하고자 하는 것이다.

위기 이후 전개되는 이론적 논쟁이 주로 위기의 배경 및 원인에 집중됨에 따라 위기의 대응 및 결과에 대한 체계적인 분석은 여전히 미진하다. 그에 따라 적어도 실천적 차원에서는 원인과 결과의 탈구현상이 심각하다. 예컨대 외인론의 경우 국제금융질서의 결함이나 국제투기자본의 음모가 부각되며, 내인론의 경우에는 경제적 설명은 발전전략, 금융개방, 관리체제 등을 비판하고, 정치적 설명은 발전국가, 가산주의(patrimonialism), 정경유착 등을 질타하며, 사회적 설명은 이권추구(rent-seeking), 정실주의, '도덕적 해이' 등을 강조하고, 문화적 설명은 전통적 정치문화, 가족주의, 연고주의 등을 부각한다. 그러나 그와 같은 외부적 환경이나 내부적 조건의 근본적 변화가 없는 현실에서도 경제는 급속하게 회복된다. 그에 따라 원인의 결과에 대한 실천적 의의가 크게 약화되는 것이다. 그러나 위기의 원인에 대한 구명은 여전히 미래의 위기에 대응하는 정치적 선택에서 지극히 중요하다.

이 연구는 다양한 접근시각의 장점과 단점에 유의하면서도 경제적 위기에 대한 정치적 대응에 주목한다. 그것은 객관적 구조와 주체적 선택의 역동적 상호작용을 통하여 정체(regime), 정부, 정책 등의 다양한 변화를 추동하는 것은 현실적으로 '위기발생의 경제구조' 그 자체가 아니라 '위기관리의 정치과정'이기 때문이다. 각국의 역사적 배경 및 현실적 조건에 따라 '경제의 위기'는 다양한 과정을 통한 '위기의 정치'를 수반한다. 인도네시아의 경우 정치적 민주화를 향한 정체의 변동을 초래하고, 태국과 필리핀의 경우 정치적, 경제적 개혁을 위한 정부의 교체를 초래하는 반면, 말레이시아, 싱가포르, 베트남의 경우에는 위기에 대한 정치적 대응이 경제적 자유화를 위한 정책의 변화에 그친다. 그와 같이 다양한 수준의 정치경제적 변화에도 불구하고, 대외적으로는 민족주의적이기보다 국제주의적이고, 대내적으로는 국가주의적이기보다 자유주의적인 대응에서 그 근본적 보편성이 확인된다. 그것은 바로 과거의 '식민화'와 대조되는 '세계화'의 새로운 역사적 함의를 시사한다.

3. 연구내용 및 구성

제1장 "동남아의 경제위기와 정치적 선택: 권위주의와 민주주의"(박사명)는 동남아의 다양한 정치체제를 대표하는 6개 국가에 대한 총론적 비교이다. 동남아의 위기는 세계화에 대응하는 정치적 전환의 지연으로 인한 '지연된 전환의 위기'이다. 수출주도 성장전략으로 인하여 확대되는 개방적 시장경제의 요구에 따라 가속되는 경제적 자유화의 효과적 관리에 필요한 정부능력의 강화, 국가역할의 조정, 정치체제의 전환이 지연되는 상황이 위기의 정치적 배경이다. 우선적으로 정부능력의 문제는 그 대안이 '악정'에서 '선정'까지 다양하고, 이차적으로 국가역할의 문제는 그 대안이 발전주의적 개입에서 자유주의적 규제까지 다양하며, 궁극적으로 정치체제의 문제는 그 대안이 폐쇄적 권위주의에서 개방적 민주주의까지 다양하다. 그러나 위기 이후 타율적 전환과 자율적 전환의 다양한 차별성은 대내적으로 자유주의적이고 대외적으로 국제주의적인 전략의 기본적 유사성

에 압도된다.

위기의 발생 직후 세계화의 부정적 효과에 대한 반사적 대응으로서 폐쇄적 민족주의와 급진적 민중주의의 지역적 확산에 대한 기대나 우려는 철저하게 무산되며, 그 점에 있어서 타율적 식민화와 자율적 세계화의 역사적 차별성이 부각된다. 그러나 세계화의 역동적 전개과정에 잠재하는 다양한 위기의 함정에 대응하기 위한 정부능력의 개선, 국가역할의 조정, 정치체제의 재편 등은 그 '경로의존성' 때문에 지나친 낙관이 허용되지 않는다. 민주주의, 준민주주의, 준권위주의, 권위주의 등 동남아의 다양한 정치체제가 모두 직접적이든 간접적이든 경제위기의 파국적 효과에 따른 다양한 수준의 정치변동을 경험함에도 불구하고 세계화의 객관적 요구에 대한 주체적 대응에 있어서 모든 정치체제가 여전히 다양한 한계를 노정한다. 따라서 세계화의 새로운 지정학적 조건과 지경학적 조건에 효과적으로 대응할 수 있는 새로운 전망과 전략이 요청되는바, 동남아 각국은 대내적으로 '지속가능한 발전'의 과제와 함께 대외적으로 '개방적 지역주의'의 과제에 직면하고 있는 것이다.

그와 같은 지역화의 과제와 관련하여 제2장 "동남아 경제위기와 아세안(ASEAN)의 대응"(배긍찬)은 경제위기에 대한 집단적 대응이 실패하게 되는 경과와 원인을 분석한다. 지역적 경제위기에 대한 아세안의 대응은 30년에 걸친 지역협력의 진전에도 불구하고 근본적인 한계를 드러낸다. 경제위기 초기의 일정한 집단적 대응의 시도에도 불구하고, 국제적 지원과 지역적 단합이 모두 결여된 상황에서 아세안 조직의 구조적 결함이 위기에 대한 효과적 대응을 저해하는 것이다. 따라서 위기 이후 그러한 한계를 타개하기 위한 아세안의 노력은 내정불간섭 원칙을 재고하기 위한 '건설적 개입' 또는 '유연한 개입'에 관한 논의, 위기상황에 기민하게 대응하기 위한 리더십 트로이카의 구축, 지역협력의 지리적 외연을 확대하기 위한 한국, 중국, 일본 등 'ASEAN+3' 협력체제의 추진, 지역협력의 기능적 내포를 심화하기 위한 안보, 경제, 사회문화 등 아세안 공동체의 구상 등으로 표현된다.

위기에 대한 아세안의 그러한 대응은 현실적으로 여전히 다양한 대내외적 제약에 직면하는바, 대외적 협상능력을 강화하기 위해서는 종래의 단순한 지역적 집합(grouping)을 넘어 진정한 지역적 통합(integration)의 가속이 요청된다. 그러한 역내통합은 대내적으로 과거 인도네시아의 역할과 같은 역내 리더십의 형성과 사실상 만장일치의 합의방식을 극복하기 위한 운영방식의 개선을 통한 구심력의 강화를 요구하며, 대외적으로 미국, 중국, 일본, 인도 등 역외 세력의 복잡한 이해관계로 인한 원심력의 견제를 요구한다. 한편 위기에 대한 효과적 대응의 실패에도 불구하고 아세안의 구심력이 과거에 비하여 현저하게 약화되지 않고 있으며, 경제위기에 대한 대응으로서 폐쇄적 민족주의가 아닌 개방적 지역주의가 모색되는 현상은 세계화의 도전에 대한 아세안의 장기적 대응능력을 시사한다.

그와 같은 집단적 대응의 한계와는 대조적으로 개별적 대응은 정치적 선택에 따라 다양한 성과를 드러낸다. 제3장 "태국의 경제위기와 정치적 선택"(김홍구)은 동남아 경제위기의 '진앙'으로서 태국의 사례를 분석한다. 경제위기는 1992년 민주화 이후 부진하던 민주적 헌법개정을 가속하는 계기로 작용한다. 위기의 절정에서 차왈릿(Chavalit) 정부를 대체한 추언(Chuan) 정부는 민주주의적 정치개혁과 자유주의적 경제개혁을 추진한다. 정치적으로는 다당난립으로 인한 정치혼란의 극복, 정경유착에 따른 정치부패의 척결, 지방분권과 시민사회를 통한 정치참여의 확대 등이 시도되는 한편, 경제적으로는 관료체제의 개혁, 국영기업의 개혁, 기업구조의 조정, 파산법령의 정비, 시장경쟁의 촉진, 중앙은행의 강화 등이 추진된다. 그러한 '신자유주의' 개혁정책은 위기의 절정국면에서 거둔 상당한 성과에도 불구하고, 위기의 소강국면에서 강력한 저항을 초래함으로써 정부가 교체된다.

자유주의적 개혁의 반동으로서 등장하는 탁씬(Thaksin) 정부는 일련의 민족주의적이고 민중주의적인 정책을 통하여 개혁에 대한 반발을 수습

한다. 그러나 부실채권 해소, 농가부채 탕감, 촌락산업 지원, 세금인하 등 내수부양 위주의 민족주의적 정책을 수출진흥 중심의 국제주의적 정책과 결합한 '이중정책'(dual track)이 실증하는 바와 같이 위기에 대한 탁씬 정부의 대응을 자유주의적 대안에 대한 근본적 부정으로 규정할 수는 없다. 그러나 더욱 중요한 문제는 경제적 성과에 따른 정치적 퇴행의 경향이다. 금권선거, 언론통제, 인권탄압, 시민사회의 포섭 등에 따라 정치개혁의 목표인 민주주의적 양당제도와 배치되는 권위주의적 일당통치의 위험이 증대하고, 싱가포르나 말레이시아와 유사한 권위주의적 경향이 강화되며, 후견주의, 정실주의, 부정부패가 확산된다. 따라서 경제적 위기가 정치적 퇴행을 촉진하는 역사적 현상이 격세유전적으로 재현될 가능성에 대한 우려가 심화된다.

그와는 대조적으로 필리핀은 오히려 만성적 경제정체에서 탈피하지 못하는 전형적 사례이다. 제4장 "위기에 대한 필리핀의 대응과 정치적 선택"(박기덕)은 그러한 필리핀의 '구조적 위기'를 해부한다. 경제위기의 직접적 태풍권은 모면하지만 그 간접적 영향권은 탈피하지 못하는 필리핀의 위기는 훨씬 더 역사적이고 구조적인 성격을 내포한다. 강력한 지배계급의 계속성과 과두적 사회구조의 정태성은 정치적 민주화의 역동성을 무력하게 한다. '약한 국가와 강한 사회'의 전형으로서 필리핀은 과두적 지배계급에 대한 국가관료의 자율성이 결여되고, 그에 따라 합리적 정책형성 및 효과적 정책집행을 위한 국가능력이 철저하게 제약된다. 경제위기 이전 라모스(Ramos) 정부의 상당한 개혁에도 불구하고 경제위기 직후 에스트라다(Estrada) 정부의 급속한 부패와 퇴행은 정체의 전환이나 정부의 교체가 현실적으로 무의미할 만큼 전도된 국가-사회관계의 구조적 조건을 반영한다.

그러한 사회구조와 정치체제는 정치과정의 비효율성과 불투명성을 조장한다. 이합집산이 지속되는 극단적 다당제도의 정당, 혼란과 불법이 풍미하는 선거, 무능과 부정이 만연하는 의회 등이 주도하는 파행적 정치과정으로 인하여 경제적 정체의 돌파가 불가능한 현실이다. 만성적 위기에 대한 필리핀의 정치적 대응은 연방제, 내각제, 단원제, 비례대표제 등을 위한 헌법개정, 선거자금 투명화, 정당 국가보조, 당적 변경 금지 등을 통한 정당개혁, 부정부패의 척결을 위한 입법조치 등 각종 정치개혁 의제로 표현된다. 그러나 그와 같은 대안은 필리핀의 사회구조와 정치과정에 비추어 실효성이 심각하게 결여된 것으로 평가된다. 그 점에 있어서 최근 아로요(Arroyo) 정부의 위기는 정치적 무능과 경제적 정체의 악순환으로 요약될 수 있는 만성적 위기의 구조적 성격을 다시 한번 실증하는 것이다.

태국의 '급성위기'와 필리핀의 '만성위기'의 합병증 현상은 인도네시아에서 발견되는바, 제5장 "인도네시아의 경제위기와 정치적 선택"(이동윤)은 위기관리의 정치과정이 초래하는 정체의 변동, 정부의 교체, 정책의 변화 등에 역동적으로 접근한다. 위기관리의 성공에 따라 정치변동의 '기회구조'가 급속하게 위축되는 말레이시아와 대조적으로 인도네시아의 경우에는 위기관리의 실패에 따라 정치변동의 '기회구조'가 광범하게 확대된다. 가족 및 측근의 기득권 보호에 급급하여 경제위기에 대한 기민한 대응과 일관된 개혁에 실패하는 수하르또(Suharto) 정부에 대한 국제금융기구의 압력과 시민사회의 도전이 강화됨에 따라 경제위기가 정치위기로 증폭되고, 수하르또를 승계하는 하비비(Habibie)의 과도정부는 경제위기의 극복과 정치안정의 회복을 위한 경제개혁과 정치개혁을 단행함으로써 권위주의는 민주주의로 전환된다. 민주화를 위한 헌법개정을 통하여 의회제도, 정당제도, 선거제도 등이 개편되는 한편, 인권보장, 부패청산, 군부개혁, 의회선거, 지방분권 등이 단행된다.

와히드(Wahid) 민주정부는 거국내각을 구성하고, 부패청산, 군부개혁, 경제개혁 등을 추진함으로써 인도네시아 민주주의의 기반을 구축한다. 그러나 인사의 불안, 정책의 혼란, 정치적 무능, 부패의 만연, 건강의 악화 등으로 인한 정치개혁과 경제회복의 부진에 따른 의회의 탄핵으로 다시 정부가 교체된다. 메가와띠(Megawati) 정부는 대통령 직선, 중앙은행 독

립, 지방의회 선거 등을 통하여 민주주의의 정착과 경제위기의 개선에 기여
한다. 그러나 군부개혁의 미진, 지역갈등의 미결, 정치부패의 만연은 여전
히 인도네시아 민주주의의 획기적 진전을 저해한다. 요컨대 정치체제의 민
주화에도 불구하고 수하르또 권위주의의 정치적, 경제적, 사회적, 문화적
유산은 여전히 경제위기에 대한 인도네시아의 효과적 대응을 다양하게 제
약하는 것이다. 그 점에 있어서 인도네시아는 정치적 안정성과 경제적 효율
성에 관한 새로운 민주주의체제의 가능성과 한계성을 동시에 실증하는 사
례이다.

그에 비하면 말레이시아는 일단 효과적 위기관리를 대표하는 사례로
서, 제6장 "말레이시아의 경제위기와 마하티르의 정치적 대응"(황인원)은
그러한 위기관리의 정치과정을 비판적으로 검토한다. 마하티르(Mahathir)
정부는 인도네시아와 같은 정체의 변동이나 태국과 같은 정부의 교체를
회피하면서 경제위기의 정치적 파장을 정책의 변경 수준에서 통제한다. 부
총리 안와르(Anwar)의 정치적 도전으로 표출되는 집권세력의 갈등과 분열
에 대한 효과적 통제를 통하여 권위주의적 경향이 강화된 정체의 존속과
'권력의 사유화' 현상이 심화된 정부의 유지에 성공함에 따라 경제위기에
대응하는 정치적 선택의 범위가 정책의 변경으로 축소되는 것이다. 그러나
마하티르의 외견상으로 효과적인 '위기관리의 정치'는 내면적으로는 '위
기의 심화'와 '새로운 갈등구조의 형성'을 촉진한다. 그에 따라 집권엘리
트 중심적 정치과정이 1998년의 정치적 위기국면을 계기로 하여 국가와
시민사회, 정치엘리트와 대중의 역동적 상호관계로 전환되는 것이다.

그와 같이 전통적인 종족적, 종교적 차원의 단층적 균열구조가 이념
적, 정책적 차원의 중층적 균열구조로 재편됨에 따라 민주주의적 정치변동
의 가능성이 증대한다. 시민사회가 과거의 '탈정치화'를 극복하고 '재정
치화'의 가능성을 표출함에 따라 말레이계, 중국계, 인도계의 종족적 경계
를 초월하여 보편적 가치를 지향하는 도시중산층의 정치적 연대전략과 마
하티르의 종족적 동원전략이 대결한다. 그러나 독점적 정치권력을 통하여

안와르를 배제하고, 독점적 경제자원을 통하여 엘리트를 포섭하며, 독점적 언론매체를 통하여 대중을 조작하는 마하티르의 정치공학으로 인하여 국가와 사회, 엘리트와 대중의 역동적 상호작용을 통한 민주주의적 '신정치'(new politics)의 단초는 철저하게 유린되기에 이른다. 따라서 말레이시아의 정치적 민주화 가능성은 미래의 불확실성에 압도되고, 마하티르 이후의 정치변동에 대한 예측은 일정한 긍정적 측면에도 불구하고 상당히 회의적인 것이다.

그 점에 있어서 정치변동의 불확실성이 가장 극심한 사례는 베트남이다. 제7장 "베트남의 국내외적 위기와 정치적 대응"(정연식)은 폐쇄적 계획경제에서 개방적 시장경제로 이행하는 '전환경제'의 정치적 특수성을 분석한다. 동남아의 경제위기에도 불구하고 세계시장에 대한 전면적 통합이 미진한 상태인 베트남의 경우 안정적 수준의 경제성장이 지속된다. 그러나 1986년 경제개혁 이후 지속적으로 전개되는 경제성장에 따른 베트남의 국내시장 확대와 세계시장 편입은 국가와 사회의 구조적 다원화와 기능적 자율화를 추동한다. 이미 세계시장에 일정하게 노출되어 있는 현실에서 그 간접적 파장에서까지 열외일 수는 없다. 개혁개방의 진전과 시장경제의 확산에 따라 국가-사회관계가 일원주의적 통제에서 제한적 다원주의로 전환되고, 비록 민주적 시민사회의 성장은 부진하더라도 국가의 전면적 통제에서 자유로운 사회의 자율적 영역이 점진적으로 확대되어 가는 것도 사실이다.

제국주의에 대항하는 민족주의와 사회주의의 국가안보가 강화하는 국가주의는 개혁개방 및 냉전종식 이후 점차 경제발전이 추동하는 시장주의와 대립한다. 동남아의 경제위기는 경제적 시장화와 정치적 다원화에 관한 정치적 선택을 둘러싼 국가(당)기구 내부의 균열을 조장한다. 그로 인한 정치적 갈등이 개방적 시장경제의 현실적 요구에 따라 개혁세력의 부상으로 귀결되지만, 보수세력의 존재는 여전히 베트남의 정치적 선택을 제약한다. 중국에 비하여 경직된 이념적 제약 때문에 정치적, 경제적, 사회적, 문화적 전환이 지연되고 있는 것이다. 그러나 베트남의 안정적 성장은 위기의 심화를 은폐하는 것일 수도 있다. 발전국가의 정통성은 지속적 성장을 통해서만 확보되는 것이므로 국내시장과 세계시장의 요구에 대한 베트남 발전국가의 대응은 안보국가에 비하여 훨씬 유연할 수밖에 없다. 세계무역기구(WTO) 가입을 서두르는 베트남은 정치적 선택의 주요한 국면에 접근하고 있는 것이다.

4. 맺음말

경제위기의 직접적 피해자와 간접적 피해자를 막론하고 동남아 각국은 아세안을 통한 집단적 위기관리에는 실패하지만, 각국의 개별적 위기관리에 있어서는 급속한 회복에서 만성적 정체까지 다양한 수준의 성과가 드러난다. 경제위기에 대한 단기적 대응의 그러한 다양성에도 불구하고, 장기적 대안에 있어서는 위기의 가능성이 최소화되는 '지속가능한 발전'은 정치적, 경제적, 사회적, 문화적으로 투명성, 공정성, 책임성 등을 요구한다는 보편성이 확인된다. 그러나 그것은 필요조건이지만 충분조건은 아니다. 동남아에서 동북아까지 급속한 '위기의 전염'이 실증하는 바와 같이, 세계화의 새로운 현실은 대내적으로 각종 위기상황을 관리하는 대응능력의 강화와 함께 대외적으로 국제경제질서를 개혁하는 협상능력의 강화를 요구한다. 그러한 대내외적 조건은 동남아는 물론 동아시아의 지역적 상호의존을 촉진하는 '개방적 지역주의'를 요청하는바, 지속적 경제발전과 개방적 지역주의의 핵심적 매개고리는 궁극적으로 민주주의의 확대와 심화를 향한 동아시아의 정치발전이다.

동남아의 경제위기와 정치적 선택:
권위주의와 민주주의

제1장

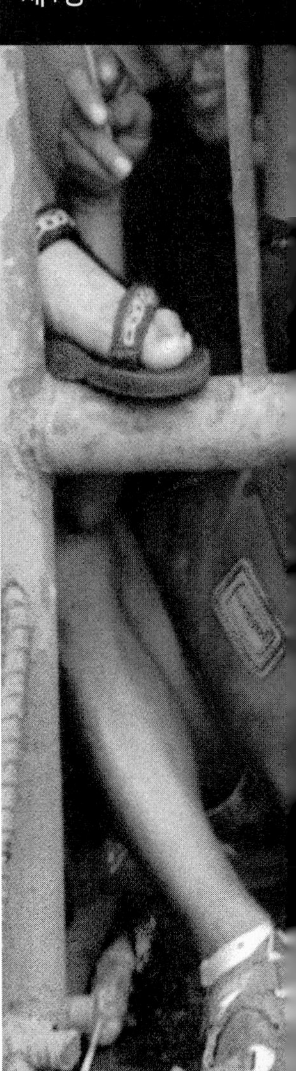

동남아의 경제위기와 정치적 선택 :

권위주의와 민주주의*

■ 박사명

1. 문제제기

1990년대 후반 동남아의 경제위기가 일반적인 예상을 초월한 충격적 사태였다면, 그 이후 동남아의 경제회복 또한 일반적 예상을 초월한 획기적 현상이었다(Stiglitz et al. 2001). 위기 이전의 '기적'에 대한 지나친 낙관주의와 위기 이후의 회복에 대한 지나친 비관주의는 모두 동남아의 경제발전 가능성에 대한 지나친 과대평가와 지나친 과소평가의 편향을 드러낸다. 그러한 양극적 편향은 바로 경제적 발전, 위기, 회복의 전개과정에 대한 분석에서 드러나는 정치적 조건의 간과에서 기인한다고 할 수 있다. 사실 1997년 위기의 와중에서 싱가포르 리콴유(李光耀: Lee Kuan Yew)가 갈파한 바와 같이 "거의 모든 경제적 위기에 있어서 그 근본적 원인은 경제적인 것이 아니라 정치적"인 것이었다(Winters 1999, 87). 따라서 미래의 지속적 발전을 위하여 경제적 위기와 회복의 역동적 전개과정이 초래한 정치적 지형의 변화에 대한 심층적 분석이 요구된다.

동남아의 외환위기가 금융위기, 경제위기, 사회위기, 정치위기로 급속하게 확산됨에 따라 각국 정치체제의 구조적 조건 및 정치과정의 역동적 양태는 다양한 방향과 속도의 정치변동을 추동한다. 위기 당시 민주주의적

---

* 이 논문은, "동남아의 경제위기와 정치적 선택: 권위주의와 민주주의,"『동아연구』제47집 (2004), pp. 5-45에 게재된 것임.

정치체제이던 태국의 경우 위기에 대한 국제주의적 대응에 따라 헌법개정 등 민주적 정치발전이 진전되지만, 경제개혁의 부정적 파급효과에 대한 민족주의적 저항이 다시 정권교체를 초래한다. 위기 당시 '준민주주의' 정치체제이던 말레이시아의 경우 위기에 직면하여 민족주의적 대안과 국제주의적 대안이 충돌하지만, 전자의 승리에 따라 정치체제의 현상유지가 관철된다. 위기 당시 권위주의적 정치체제이던 인도네시아의 경우 국제주의적 대안의 최종적 승리에 따라 정치체제의 민주적 전환이 가속화된다. 이와 같이 파국적 경제위기와 획기적 경제회복의 역동적 전개과정에서 동남아 각국에서는 권위주의와 민주주의의 명암이 다양하게 교차되었던 것이다.

이 연구는 동남아 각국이 경제위기 이전에 직면하고 있었던 정치적 전환의 요구와 경제위기 이후에 진행되는 정치적 선택의 대안을 비교함으로써 개별 국가적 차원은 물론 전체 지역적 차원에서 지속적인 경제발전에 요구되는 정치발전의 실천적 전망들을 모색하고자 한다. 따라서 본 연구에서는 정부능력, 국가 역할, 정치체제 등 세 차원을 중심으로 동남아 각국의 정치적 선택에서 나타나는 공시적 차원의 유사성 및 차별성에 대한 유형론적 분석과 통시적 차원의 계속성 및 가변성에 대한 변동론적 분석이 유기적으로 결합될 것이다. 위기 이후 5년 이상 경과한 현재의 시점에서 시도되는 이와 같은 비교 분석은 그 동안 동남아의 경제위기에 관한 본격적 연구를 제약하던 시간적 한계로 인한 정태적 연구 경향을 탈피함으로써 동남아의 정치발전에 대한 연구의 적실성을 제고하고자 한다.

동남아의 급속한 경제발전에 대한 평가에 있어서는 대외개방, 국가 역할, 경제성장을 강조하는 '기적'론과 대외종속, 정경유착, 빈부 격차를 강조하는 '신화'론이 대립한다. 이에 따라 위기의 원인에 관하여 중심부의 패권주의적 기획을 부각하는 외인론과 동남아의 정실주의적 부패를 부각하는 내인론이 갈등하고, 위기의 결과에 관하여 지속적 발전을 위한 개혁의 계기에 주목하는 '축복'론과 전면적 종속을 위한 통제의 계기에 주목하는 '수탈'론이 대치하며, 위기의 대안에 관하여 폐쇄적 지역화론과 개방적 세계화론이 충돌한다. 본 연구는 이와 같은 정태적 이분법을 탈피하여 내재적 요인과 외재적 요인, 부정적 효과와 긍정적 효과, 폐쇄적 대안과 개방적 대안에 의한 포괄적 접근을 통하여 위기의 원인으로서 '지연된 전환'의 정치적 현실을 구명하고, 위기의 결과로서 '타율적 전환'의 정치적 변화를 분석하며, 위기의 대안으로서 '자율적 전환'의 정치적 선택을 전망하게 될 것이다.

2. 위기의 원인: 지연된 전환

"동아시아의 위기는 세계화의 제1차 위기이다"(Robison et al. 2000, 5). 그것은 지구적 차원에 있어서 경제적 세계화의 급속한 진전에 따른 단기자본의 자유이동에 관한 효과적 세계금융질서(global financial architecture)의 미비라는 위기 발생의 구조적 조건과 국제통화기금(IMF)의 (신)자유주의적 구조조정정책 남용이라는 위기 악화의 전략적 조건이 상승적으로 복합된 결과이다. 이와 같은 외재적 요인은 지역적 차원에 있어서 세계화에 대응하는 경제적·정치적 전환의 지연이라는 일정한 내재적 요인과의 상호작용을 통하여 잠재적 위기의 현재화를 추동한다(Islam et al. 2000, 50-53). 바로 이러한 시점에 있어서 동아시아의 경제위기는 냉전종식과 정보혁명에 따라 가속되는 세계화 최초의 위기로 규정된다. 그러나 여기에서는 경제위기에 대응하는 지역적 차원의 정치적 선택이 연구의 중심 과제이므로 외재적 요인의 문제는 분석의 대상에서 유보될 것이다.

사실상 제2차 세계대전 이후 냉전체제의 지정학적 '전선지대'이자 세계경제의 지경학적 '보호구역'으로서 수출지향 산업화전략을 통한 외향적 경제발전이 전개되는 동아시아는 1990년 전후 사회주의의 붕괴, 냉전체제의 해체, 정보혁명의 확산, 세계시장의 통합 등에 따른 세계화의 급속한

진전으로 인하여 그 지정학적 위상과 지경학적 위상이 전면적으로 전환되
었다(Cumings 1999). 동남아의 경우 1980년대 중반 석유 등 일차산품의
가격하락에 대처하여 일차산품 수출에 의존하는 내향적 수입대체에서 노동
집약적 공업제품 수출을 추구하는 외향적 수출 주도로 산업화전략이 전환
되고, 1985년 플라자합의(Plaza Accord) 이후 일본 자본을 비롯한 외국
자본의 투자가 급증함에 따라 세계시장 편입이 급속하게 심화된다(Bowie
and Unger 1997). 그러나 세계화에 대응하는 국제적 시장규칙의 수용에
필요한 정치적 전환의 지연으로 인하여 동남아는 '세계화의 제1차 위기'
에 직면하게 된다.

동북아의 경우 단일민족, 일본통치, 미국원조 등의 역사적 유산과 자
원부족, 토지개혁 등의 구조적 조건으로 인하여 이미 1960년대 중반에 발
전전략이 내향적 수입대체에서 외향적 수출지향으로 전환됨으로써 노동집
약적 산업화에 대한 국가의 역할이 강화된다. 그러나 도시국가 싱가포르를
제외한 동남아 각국의 경우 다수민족, 서구통치, 민족주의 등의 역사적 유
산과 부존자원, 토지집중 등의 구조적 조건으로 인하여 그러한 전략적 전환
이 지연되며, 일차산품 가격이 급락하는 1980년대 중반에야 발전전략이
수입대체에서 수출지향으로 전환됨으로써 노동집약적 산업화에 대한 국가
의 역할이 부각된다. 세계시장에 대한 동아시아의 편입이 심화되는 수출
지향적 산업화에 있어서 동북아와 동남아의 그와 같은 시차성에도 불구하
고 1990년대에 이르러 정치적 탈냉전과 경제적 세계화의 급속한 진전이
정치적, 경제적 전환에 대한 역사적 요청의 동시성을 규정하게 된다.

양극적 냉전체제의 해체로 인하여 권위주의적 안보국가(security
state)의 정치적 정당성이 약화되고 외향적 경제발전의 진전으로 인하여
중상주의적 발전국가(developmental state)의 경제적 효율성이 저하됨에
따라 태국, 말레이시아, 인도네시아, 싱가포르, 필리핀 등 동남아 '선발국
가'의 경우에는 정치적 다원화·민주화와 경제적 시장화·자유화를 위한
'이중적 전환'의 과제가 제기된다(Chai-Anan 2002, Berger 2004). 동아

시아에 있어서 탈냉전으로 인한 지정학적 조건의 변화와 세계화로 인한 지경학적 조건의 변화는 동남아의 경우에도 권위주의적 현상유지와 민주주의적 현상타파 사이의 정치적 선택을 요청하게 되는 것이다. 이러한 점에 있어서 1997년 태국에서 시발하여 동남아 및 동북아 전역으로 급속하게 확산되는 경제위기는 보다 근본적인 차원에서 그러한 정치적 선택의 지연으로 인해 심화되는 정치적 균열의 경제적 표출로 파악될 수 있을 것이다.

현실적으로 그러한 역사적 전환은 가장 우선적으로 정부능력의 강화를 요구하는 바, 유사한 국가 역할의 경우에도 정부능력은 다양한 편차를 드러내는 한편, 유사한 정치체제의 경우에도 국가 역할은 다양한 양상을 드러낸다. 일반적으로 단기적 차원에서 위기의 관리는 정부능력의 효과적 제고를 요구하고, 중기적 차원에서 위기의 타개는 국가 역할의 합리적 조정을 요구하며, 장기적 차원에서 위기의 극복은 정치체제의 근본적 전환을 요구한다고 할 수 있을 것이다. 따라서 경제위기의 직접적 근인은 정부능력의 문제로서 그 현실적 양태가 '선정'(good governance)에서 '악정'(bad governance)까지 다양하고, 경제위기의 간접적 원인은 국가역할의 문제로서 그 현실적 양태가 국가 주도적 발전주의에서 시장 주도적 자유주의까지 다양하며, 경제위기의 근본적 조건은 정치체제의 문제로서 그 현실적 양태가 폐쇄적 권위주의에서 개방적 민주주의까지 다양하다.

1) 정부능력: '선정'과 '악정'

세계화가 수반하는 각종 '위험'과 '기회'라는 '양날의 칼'과 관련하여 위기의 '위험'을 최소화하고 발전의 '기회'를 최대화할 수 있는 정부능력(governance)의 문제가 중요하게 부각된다(World Bank 2002; Shimomura 2003). "필리핀의 경제발전에 긴요한 것은 민주주의가 아니라 사회질서"라는 리콴유의 문제의식은 바로 정부능력을 강조한 것이다. 물론 민주주의가 반드시 효율적 경제발전을 위한 안정적 사회질서를 보장하는 것은 아니다. 그러나 권위주의가 반드시 지속적 경제발전을 위한 안정적 사회질서를 보장하는 것도 아님은 마르코스(Marcos)의 '신사회'(New Society)와 수하르또(Suharto)의 '신질서'(New Order)에서 시도된 권위주의적 실험의 궁극적 실패에서도 충분히 입증된 바 있다. 권위주의적 정치체제에서도 일정한 '선정'이 가능하며, 싱가포르와 말레이시아는 그 대표적인 사례로 평가된다. 그러나 민주주의적 정치체제에서도 다양한 '악정'이 가능하며, 태국의 차왈릿(Chavalit) 정부와 필리핀의 에스트라다(Estrada) 정부가 그 대표적인 사례로 지적된다.

'선정'은 그 다양한 개념적 내포에도 불구하고 시장화와 자유화가 초래한 최근의 경제위기와 관련하여 일반적으로 정책기구의 자율성, 경쟁규칙의 공정성, 결정과정의 투명성, 집행결과의 책임성으로 정의된다. 세계은행(World Bank)에 의하면 '선정'은 개방적 정책결정의 투명성, 효과적 관료조직의 자율성, 지도적 집행기구의 책임성, 참여적 시민사회의 공공성, 보편적 법치주의의 실효성을 포괄한다. 특히 시장경제의 운용에 있어서 '선정'은 "재산권의 보장, 시장경쟁을 지원하는 규제제도의 확보, 시장경제의 안정적 환경을 조성하는 건전한 거시경제정책의 제공, 정책목표를 오도하고 시장제도의 정통성을 잠식하는 부패현상의 제거," 즉 "정보의 제공, 경쟁의 강화, 계약의 집행 등 시장을 지원하는 제도의 공급"에 관한 정부능력을 의미한다(World Bank 2002, 99-116).[1] 이러한 점에 있어서 동남아 경제위기의 내재적 원인은 '선정'의 결핍으로 지적된다(Jayasuriya 2000, 323-24).

동남아의 경우 경제발전을 위한 시장경제의 운용에 있어서 한편으로는 정부와 기업의 협력을 유도하고, 다른 한편으로 자본과 노동의 관계를

---

1) 효과적 정부능력을 강조하는 세계은행의 협의적 '선정' 개념에 비해 OECD의 광의적 '선정' 개념에는 효과적 정부능력 이외에 민주적 정치체제가 필수적인 요건으로 포함된다(Shimomura 2003).

조정하는 국가의 역할은 각종 문화적 명분을 통하여 미화되는 행태적 부패를 조장함으로써 정부능력의 심각한 약화를 초래하였다. 집단적 공생주의(communitarianism) 및 조합주의(corporatism)의 '문화적 가치'가 개인적 가산주의(patrimonialism) 및 정실주의(cronyism)의 '도덕적 해이'를 은폐하는 것이다. 따라서 경제위기를 전후하여 인도네시아에서 수하르또 정부의 "부정부패, 정경유착, 정실주의"(KKN)에 대한 척결을 요구하는 시민사회의 개혁운동(reformasi)이 고조되고 말레이시아로 급속하게 확산되는 현상은 바로 권위주의적 '악정'에 대한 항변과 민주주의적 '선정'에 대한 사회적 기대의 지연된 표출이다. 따라서 발전의 장기적 지속 가능성은 단순한 성장의 단기적 효율성을 초월하는 '선정'의 과제를 제기하는 것이다.

이른바 '정상'(政商 political business)의 확산(Gomez 2002)은 경제발전을 위한 제도적 '정경협력'이 발전과정에서 구조적 '정경유착'으로 전락하고, 그에 따라 정부능력이 약화되는 발전주의적 정치과정의 악순환을 초래한다. 태국의 '자유조합주의'(Anek 1992)와 인도네시아의 국가조합주의는 가산주의적 부패의 온상으로 변질되고, 말레이시아의 '강압적 연합주의'(consociationalism)(Mauzy 1993)와 베트남 국가조합주의의 '폐쇄적 권위주의'는 정실주의적 부패의 문화에 심각하게 오염되는바, 싱가포르는 국가조합주의적 '정경협력'의 구조가 '정경유착'의 행태를 양산하지 않은 동남아의 유일한 사례이다(Mauzy et al. 2002). 위계적 국가구조뿐만 아니라 과두적 사회구조도 부패를 조장하는 바, 필리핀은 그 전형적인 사례이다. 획기적 경제발전을 과시하는 동남아가 세계적으로 지극히 심각한 수준의 정치부패를 드러냄으로써 동남아의 지속적 경제발전을 심각하게 위협한다.

2) 국가 역할: 발전주의와 자유주의

동남아의 경제발전에 있어서 기업에 대한 정부의 위상은 동북아의 수직적·자율적·주도적 발전국가에 비하여 훨씬 수평적·상호적·'유도적'인 것으로 평가된다(Deyo 1987).[2] 동북아 발전국가의 원형적 요소는 첫째, 산업화의 우선순위를 설정하고 금융자원을 배분하며 시장경쟁을 감독하는 효율적 관료조직; 둘째, 그러한 산업정책의 결정과 집행의 자율성을 보장하는 권위주의적 정치체제; 셋째, 정부와 기업의 긴밀한 협력관계를 통하여 '시장순응적'(market-conforming)인 수출 지향적 시장개입을 추구하는 강력한 국가기구 등이다(Johnson 1999, 37-39). "문제는 경제에 대한 국가개입 자체가 아니다. 모든 국가는 다양한 이유로 경제에 개입한다. 미국은 규제주의적 경향이 압도적이고, 일본은 발전주의적 경향이 압도적인 사례이다. 요컨대 '시장합리적'(market-rational) 규제국가(regulatory state)는 실물경제 대신 시장경쟁의 형식적 규칙에만 개입한다"(Johnson 1999, 37).

동북아의 선발산업화에 있어서는 시장의 불완전 경쟁으로 인한 '시장실패'를 보완하기 위한 국가의 '가격왜곡'(getting prices wrong)을 통한 '시장형성적'(market-forming) 역할을 강조하는 발전주의적 시각이 제시된다(Wade 1990). 이와는 대조적으로 동남아의 후발산업화에 있어서는 시장의 완전 경쟁에 의존하여 '국가실패'를 방지하기 위한 국가의 '가격교정'(getting prices right)을 통한 '시장순응적' 역할을 강조하는 자유주의적 시각이 제기된다(World Bank 1993). 그러나 냉전시대의 특수한 역사적 배경과 구조적 조건이 초래한 동북아 모델의 지역적 특수성에 비하여 산업화를 위한 국가의 역할이 물적 자본과 인적 자본의 축적에 국한되는 동남아 모델이 오히려 제3세계적 보편성을 함축한다는 자유주의적 시각을 비판하고, 동남아

---

2) 그와 관련하여 동북아의 '발전국가'와 동남아의 '약탈국가'(predatory state)를 대조하는 시각은 시장에 대한 국가의 역할에 있어서 정치부패의 양적 차별성을 질적 차별성으로 과장한다(Evans 1995).

의 경우에도 비록 동북아 수준에는 미치지 못하더라도 다양한 성격의 산업정책이 실재한다고 주장하는 발전주의적 시각이 더 타당하다(Jomo 1997).

발전국가는 냉전시대의 동북아라는 지정학적 특수성 때문에 그 세계적 보편성에 관한 시각이 대립하며, 그 권위주의에 대한 역사적 친화성 때문에 민주주의에 대한 현실적 양립가능성에 관한 시각도 충돌한다(Woo-Cumings 1999). 그러나 탈냉전에 따른 정치적 민주화와 세계화에 따른 경제적 자유화의 전환단계에서 발생한 최근의 경제위기는 '실패의 위기'가 아닌 '성공의 위기'(Woo et al. 2000)로서 권위주의적 발전국가의 적실성이 심각하게 약화된 현실을 반영한다. 권위주의적 안보국가와 유기적으로 결합되는 발전국가는 탈냉전과 세계화에 따라 정치적 민주화와 경제적 자유화의 역사적 도전에 직면하는 바, "세계화는 발전국가를 전복한다"(Jayasuriya 2000, 315). 세계경제의 냉전적 양극구조에서 성장한 발전국가는 탈냉전과 세계화에 따라 규제국가로 전환되고 있으며, 이제 문제의 핵심은 국가역할의 상대적 약화 여부가 아니라 변화의 기본적 방향이다(Berger 2004).

3) 정치체제: 권위주의와 민주주의

경제위기 직전 동남아 각국의 정치체제는 민주주의(태국, 필리핀)에서 권위주의(인도네시아, 베트남)까지 양극적 유형을 포괄하며, 그 중간적 유형으로서 준민주주의(말레이시아)와 준권위주의(싱가포르)가 공존한다. 민주주의는 필리핀의 대통령제와 태국의 의회제로 분류되고, 권위주의는 인도네시아의 개방적 권위주의와 베트남의 폐쇄적 권위주의로 분류된다. 그러나 정치체제의 다양성과 무관하게 모든 국가가 산업화와 시장화에 따른 대내적 조건의 변화와 탈냉전 및 세계화에 따른 대외적 조건의 변화에 대응하는 정치체제의 전환이 지연되는 유사성을 드러낸다. 그러한 전환의 지연은 탈냉전 이후 동구권의 전면적이며 심층적인 정치변동에 비하면 그 지정학적 차별성을 감안하더라도 여전히 대조적인 현상으로서 이른바 '아시아적 정체성'(停滯性)의 부활이 우려될 정도이다. 그와 같은 정치적 정체성은 '전장에서 시장으로' 전환되는 경제적 역동성과 명암이 엇갈린다.

그 결과 경제위기는 태국의 민주주의, 말레이시아의 준민주주의, 인도네시아의 권위주의 등 모든 유형의 정치체제를 기습적으로 교란한다. 물론 필리핀의 민주주의, 싱가포르의 준권위주의, 베트남의 권위주의 등은 경제위기의 직접적 태풍권을 모면하였음에도 불구하고 그 간접적 영향권은 탈피하지 못한다. 따라서 지역적 차원에 있어서 경제위기와 정치체제 사이의 직접적 인과관계는 확인되기 어렵다. 그러나 보다 구체적인 차원에서 각국 정치체제의 내재적 한계는 경제위기에 대하여 일정한 인과론적 해명을 제공한다. 민주주의와 권위주의를 막론하고 각국의 정치체제는 일정한 국가 역할의 현상유지를 담보하고, 그러한 국가 역할은 위기관리를 위한 정부능력을 제약한다. 예컨대 태국의 경우 지극히 유동적인 다당제도에 기초한 자유주의적 민주주의의 연립정부는 발전주의적 권위주의의 유산인 정경유착의 차단과 금융질서의 감독에 필요한 정부능력을 제약하는 것이다.

이와 대조적인 인도네시아의 가산주의적 권위주의에 있어서도 발전주의적 국가 역할에서 기인하는 정경유착의 행태가 풍미함으로써 자본이동의 자유화를 효과적으로 감독하기 위한 정부능력을 저해한다. 그러므로 국제 금융질서의 결함이라는 외재적 조건이 전제되는 경우에도 정치체제 전환의 지연이라는 내재적 조건이 다양한 경로를 통하여 경제위기와 연계되는 것이다. 요컨대 정치적 탈냉전과 경제적 세계화의 역동적 전개과정에 잠재하는 다양한 위기를 효과적으로 관리하는 정부능력은 국가 역할 및 정치체제와 긴밀하게 관련된다. 따라서 정부능력의 강화는 국가 역할의 변화를 요구하고, 국가 역할의 변화는 정치체제의 전환을 요구한다. 세계화의 '위험'과 '기회'에 효과적으로 대응하기 위한 자율적 전환의 지연이 초래한 파국적 위기는 동남아에 타율적 전환을 압박하게 된다.

3. 위기의 결과: 타율적 전환

　　세계화에 대응하기 위한 자율적 전환의 지연이 초래한 1997년 동남아의
경제위기는 정책의 변화, 정부의 교체, 정체(regime)의 전환 등 다양한 수준
의 정치변동을 추동한다. 인도네시아의 'IMF 식민체제'에서 말레이시아의
'IMF 없는 IMF식 개혁'까지 동남아 각국은 위기의 경제적 도전에 대응하기
위하여 다양한 정치적 대안을 모색하기에 이른다. 그러한 대응은 우선적으로
정부능력의 개선, 이차적으로 국가 역할의 조정, 궁극적으로 정치체제의 재편
에 이르기까지 각국의 역사적 배경과 현실적 조건에 따라 다양한 범위와 속도
의 변화를 초래한다. 그와 같은 변화의 계기와 동력이 수동적이든 능동적이
든, 변화의 범위와 속도가 급진적이든 점진적이든, 경제위기에 대한 정치적
대응의 기본적 방향에 있어서 전반적으로 개방적 국제주의와 점진적 자유주
의가 폐쇄적 민족주의와 급진적 민중주의를 압도하게 된다. 이러한 경향은
세계화의 함정에 대한 반발로서 대외적 민족주의와 대내적 민중주의의 확산
에 대한 위기 직후 일부의 우려나 기대에 상반되는 것이다.

　　일반적 예측을 초월한 동남아의 파국적 경제위기는 경제회복에 대한
비관적 전망을 확산한다. 그러나 위기의 전개과정에서 동남아는 일반적 예
측을 초월한 획기적 경제회복의 성과를 과시한다. 경제위기가 노정한 동남
아 각국의 다양한 결함에도 불구하고 경제회복은 그 결정적 계기가 국내개
혁의 진전에 있든 국제환경의 호전에 있든 동남아의 일정한 저력을 실증한
다고 할 수 있다(〈표 1〉 참조). 위기 이전의 고도성장에는 미치지 못함에도
불구하고, 인도네시아를 제외한 모든 국가에 있어서 1997년과 1998년의
위기국면 이후 상당한 성장의 동력이 다시 가동되는 것이다. 이와 같이 역
동적인 위기의 전개과정에서 그 직접적 충격에 직면하는 태국, 인도네시아,
말레이시아의 '수동적 개혁'과 그 간접적 파장에 대처하는 필리핀, 싱가포
르, 베트남의 '능동적 개혁'은 정부능력, 국가 역할, 정치체제 등 세 차원
에서 드러나는 다양한 차별성에 비하여 그 기본적 유사성이 더 부각된다.

<표 1> 동남아 각국의 GDP 성장률 (단위: %)

	1996년	1997년	1998년	1999년	2000년	2001년	2002년	2003년	2004년
태국	5.5	-1.3	-10.5	4.4	4.8	2.1	5.4	6.0	6.3
인도네시아	8.0	4.5	-13.1	0.8	4.9	3.4	3.7	3.9	4.5
말레이시아	8.6	7.5	-7.4	6.1	8.5	0.3	4.1	4.8	5.6
싱가포르	7.6	8.4	-0.9	6.4	9.4	-2.4	2.2	0.9	5.1
필리핀	5.8	5.2	-0.6	3.4	6.0	3.0	4.4	3.9	4.2
베트남	9.3	8.2	5.8	4.8	6.8	6.9	7.0	7.1	7.2

비고: 2003년은 추정치, 2004년은 예측치.
자료: 1996~2002년은 World Bank (2004), 2003~2004년은 *FEER* 2004/01/29, 36-49.

1) 정부능력: '선정'과 '악정'

경제의 획기적 회복에도 불구하고 동남아 국가들에 있어서 개혁의 성과는 정치적 투명성과 경제적 경쟁력 등 정부능력의 개선에 있어서 지극히 부진한 결과를 초래하였다. 경제위기 이후 5년 이상의 경과에도 불구하고 '세계부패지수'가 반영하는 정치적 투명성에 있어서 상위의 싱가포르와 중위의 말레이시아를 제외한 태국, 필리핀, 베트남, 인도네시아는 모두 하위로 평가되었으며, 말레이시아도 괄목할 만한 변화에는 실패한다(<표 2> 참조). 제도개선, 기술혁신, 거시경제 등을 포괄하는 경제적 경쟁력에 있어서도 경제위기 이전과 이후 사이에 뚜렷한 변화는 발견되지 않는다(<표 3> 참조). 최근의 총선에서 말레이시아의 신임 압둘라 바다위(Abdullah Ahmad Badawi) 정부에 대한 압도적 지지와 인도네시아의 신생 민주당(PD: Democratic Party) 및 정의당(PKS: Prosperity Justice Party)에 대한 국민들의 파격적 지지는 개혁 부진에 대한 실망과 개혁의 진전에 대한 희망의 표출로 해석될 수 있다(Lopez 2004; Komandjaja 2004). 위기관리에 대한 정부능력의 한계를 반증하는 이와 같은 현상들은 향후에도 위기국면이 재현될 가능성을 강력하게 시사하고 있다.

'근대화'를 주도하는 '관료정체'(bureaucratic polity)는 경제발전과 사회변동으로 인한 점진적 개혁이나 경제위기와 정치변동으로 인한 급진적 혁파의 요구에 직면하게 된다(Girling 1981). 동남아의 경제위기는 바로 그러한 '관료정체'의 심각한 한계를 부각시킴으로써 정부능력의 강화를 위한 다각적 개혁의 계기를 제공한다. 가속적인 경제발전과 파국적 경제위기의 드라마가 현상유지와 현상타파 사이 정치적 선택의 요구에 직면하는 동남아 '관료정체'의 딜레마를 증폭시킨 것이다. 이에 따라 '수동적 개혁'이든 '능동적 개혁'이든 정부능력의 획기적 개선을 위한 행정개혁이 위기의 고조 국면에서 분권화, 전문화, 효율화, 투명화, 제도화 등의 목표 아래 다양하게 시도된다(Shimomura 2003). 그러나 그와 같은 행정개혁을 위한 정치적 의지는 위기의 하강 국면에서 다시 강화되는 현상유지 세력의 저항에 직면하여 급속하게 약화되고, 정부능력의 개선은 다시 장기적인 과제로 유보되었다.

<표 2> 동남아 각국의 정치적 투명성 (순위)

	1995년	1997년	1999년	2001년	2003년
싱가포르	3	9	7	4-5	5
말레이시아	23	32	32-33	36	37
태국	34	39	68-69	61-62	70-75
필리핀	36	40	54-55	65-68	92-99
베트남	·	43	75-79	75-76	100-105
인도네시아	41	46	96-97	88-89	122-123
대상국가 수	41	52	99	91	133

자료: Transparency International (2004).

〈표 3〉 동남아 각국의 경제적 경쟁력 (순위)

	2001년	2002년	2003년a	2003년
싱가포르	4	9	7	5
말레이시아	30	30	27	29
태국	33	37	30	32
필리핀	48	63	62	66
베트남	60	62	56	60
인도네시아	64	69	66	72
대상국가수	75	80	80	102

비고: 2003a는 2002년의 경우와 동일한 대상국가에 대한 비교
자료: World Economic Forum (2004).

태국, 인도네시아, 말레이시아 등 '수동적 개혁'의 경우 위기의 긴박성은 개혁의 시급성을 강박한다. 태국의 경우 1997년 위기 직후 추언(Chuan Leekpai) 정부는 경제개혁과 아울러 헌법개정에 따른 정치개혁에 신속하게 대처한다. 1998년 행정개혁법, 1999년 행정조직법은 개혁의 목표로서 행정의 분권화, 전문화, 효율화, 투명화 등을 설정한다(Kuwajima 2003). 2001년 이후 탁씬(Thaksin Shinawatra) 정부는 행정의 분권화보다 효율화를 강조하면서 공공행정에 민간기업의 경영방식을 도입한다. 중앙부처를 '1부처 1업무' 원칙에 따라 14개에서 20개로 전문화하는 관료체제의 개혁도 단행된다(Case 2002). '사회적 자본주의'(social capitalism)를 표방하며 분배를 통한 내수부양과 동시에 성장을 위한 자유무역을 추진하는 그의 '양면전략'은 단기적 성과에도 불구하고 권위주의, 민중주의, 정실주의 등 부정적 효과의 장기적 파급에 대한 비판에 직면한다(Mukdawan 2003).

인도네시아의 경우 1998년 수하르또의 퇴진 이후 정치적 민주화에 대한 사회적 요구와 경제적 자유화에 대한 국제통화기금(IMF)의 요구에

따라 착수되는 각종 개혁조치에도 불구하고 정부능력은 오히려 악화된다. 효율성과 실효성, 투명성과 공정성, 민주성과 책임성 등을 위한 행정개혁은 민주화로 인한 민원업무의 개선 이외에 정치안정, 규제능력, 부정부패의 해결에는 실패하며, 행정의 분권화는 곧 부패의 분권화라는 비판이 확산된다. 사실 민주화 이후 어떠한 정부에서도 분권화 이외의 행정개혁은 제대로 시도되지도 않는다(Aspinall et al. 2003; Rohdewohld 2003). 그러한 '악정'의 파장은 동남아 각국 가운데 가장 저조한 수준의 경제회복으로 나타난다. 하비비(Habibie), 와히드(Wahid), 메가와띠(Megawati) 등 모든 정부가 위기관리를 위한 정책결정의 효율성, 정책내용의 일관성, 정책집행의 실효성에 필요한 정부능력의 개선에는 실패하는 것이다(Inada 2003; Legowo 2003).

'IMF 없는 IMF식 개혁'으로 평가되는 말레이시아의 경우 위기의 전개 과정에서 국제통화기금의 구제금융 조건에 상반되는 재정확대, 자본통제, 금리인하를 제외하면 개방화, 자유화, 탈규제, 민영화 등 '워싱턴 컨센서스'(Washington Consensus)에 따른 자유주의적 경제개혁의 기본적 방향은 견지된다. 금융제도, 기업경영, 자본시장의 개혁도 투명성과 책임성의 원칙에 따라 기준이 개선되고 감독이 강화된다. 따라서 외인론적 시각은 경제회복의 원인을 경제기초의 건전성 및 수출부문의 역동성 이외에도 개혁조치의 실효성을 강조한다(Mahani 2003). 그러나 내인론적 시각은 위기 이전 민족주의적 국가개입을 통한 말레이계 우대정책으로 인한 정경유착의 부정부패와 정실주의적 이권추구(rent-seeking) 등 '도덕적 해이'의 확산을 초래하는 내재적 원인으로서 정경유착의 정당화 및 제도화에 기여하는 패권적 권력구조 자체에 대한 근본적 개혁의지의 결핍을 비판한다(Khoo 2000).

필리핀, 싱가포르, 베트남 등은 위기의 긴박성이 부족한 상황에서 그 지역적 파급효과에 대처하기 위한 '능동적 개혁'을 추진한다. 필리핀의 경우 발전수준의 격차와 경제개혁의 진전으로 인하여 파국적 경제위기를 모면한다(Hutchcroft 1999). 아키노(Corazon Aquino) 정부의 1991년 지방자치법은 '지속가능한 발전'은 중앙집권이 아니라 지방분권을 요구한다는 전제에 따라 정책결정 및 정책집행의 효율성과 실효성, 참여성과 대표성, 투명성과 책임성을 그 목표로 제시한다(Tigno 2003). '강성국가'를 표방하는 라모스(Fidel Ramos) 정부는 행정의 분권화와 경제의 자유화를 통하여 정치안정과 경제발전의 여건을 조성한다. 그러나 위기 직후의 에스트라다(Joseph Estrada) 정부는 자유화는 수용하는 반면 분권화는 외면함으로써 그 민중주의적 지향의 민주주의적 함의에 대한 기대가 무산된다. 중앙정부에 대한 과두세력의 영향과 지방정부에 대한 토호세력의 통제도 여전히 심각하다. 따라서 관료기구의 개혁은 정부능력의 개선을 위한 필수적 과제이다(Hutchison 2001).

싱가포르는 동남아 발전국가의 가장 전형적인 사례로서 정치적 투명성과 경제적 경쟁력에 있어서 세계적으로 거의 최상의 수준을 과시한다(〈표 2〉 및 〈표 3〉 참조). 정치체제의 안정성, 관료기구의 효율성, 정책과정의 투명성, 시장관리의 건전성 등 효과적 정부능력 때문에 위기의 타격에서 제외되는 싱가포르는 지역적 위기를 이용하여 국가적 위상을 강화하기 위한 부분적 개혁을 단행한다(Drysdale 2000, 232-38; Rodan 2001). 그러나 요소투입을 통한 외연적 성장에서 기술혁신을 통한 내포적 성장으로 전환하기 위한 정부능력은 '근대화' 단계의 가속적 성장을 위한 정치적 일관성과 안정성, 경제적 효율성과 실효성 이외에 세계화 단계의 지속적 발전을 위한 정치적 개방성과 책임성, 사회적 자율성과 창의성을 요구한다(Islam et al. 2000). 싱가포르 정부도 정보혁명에 대응하여 전통산업에서 지식산업으로 전환하기 위한 대안으로서 사회에 대한 통제의 '점진적 개방'을 제시하는바, 장기적으로 국가역할과 정치체제의 근본적 개혁은 필연적이다(Rodan 2001).

베트남의 경우 1986년 이후 경제개혁과 대외개방은 계획경제의 축소와 시장경제의 확대를 초래하지만, 소유제도 분화와 세계시장 편입의 진전에도 불구하고 그에 부응하는 행정개혁, 사법개혁, 정치개혁 등은 지연된다. 그러나 1997년 동남아 경제위기의 파급효과가 확산됨에 따라 그에 대응하여 각종 개혁방안이 모색된다. 시장경제의 충격에 대한 반사작용으로서 보수적 대안의 가능성에 대한 일부의 예상과는 달리 오히려 시장경제의 발전을 위한 개혁적 대안이 적극적으로 추진되는 것이다(丁文恩 2004). 2001년 헌법개정을 통하여 중국과 유사하게 '사회주의 시장경제'와 '공유제 위주의 다양한 소유제'가 공식적으로 규정된다. 대외적으로 세계무역기구(WTO) 가입을 위하여 국제적 표준에 부응하는 시장제도의 정비와 아울러 대내적으로 행정조직의 혁신이 추진된다. 2003년 36개 부처가 26개로 축소되고, 시장경제의 요구에 적합하도록 정부직능이 재편된다. 그 목표로서 행정의 효율성, 민주성, 투명성, 책임성을 위한 과학화, 간소화, 공개화, 전문화가 제시된다. 그러나 중국에 비하여 10년 이상 지연된 경제적 전환으로 인하여 정부능력의 한계가 여전히 심각하다.

2) 국가 역할: 발전주의와 자유주의

경제위기와 경제회복의 역동적 전개과정에서 위기의 직접적 파장에 대응하는 '수동적 개혁'이든 위기의 간접적 영향에 대처하는 '능동적 개혁'이든 동남아 각국은 기존의 국가 역할에 관한 거의 동시적인 도전에 직면한다. 그에 따른 국가 역할의 변화는 범위와 속도의 다양성에도 불구하고 그 기본적인 방향에 있어서 일정한 유사성을 드러내는 바, 시장에 대한 국가의 발전주의적 개입의 약화와 자유주의적 규제의 강화가 요구된다 (Woo-Cumings 1999; Islam et al. 2000; Jayasuriya 2000; 김대환 외 2003). 인도네시아의 '수동적 개혁'과 싱가포르의 '능동적 개혁'은 그러한 요구의 정도와 속도에 있어서 두 양극적 사례라고 할 수 있을 것인 바, 전자는 발전주의적 역할의 급진적이며 전면적인 약화를 대표하며, 후자는 발전주의적 역할의 점진적이며 부분적인 약화를 대표한다.

    태국, 인도네시아, 말레이시아 등 '수동적 개혁'의 경우 1980년대 냉전체제의 이완에 따라 안보국가의 균열이 심화되고, 수출지향 산업화로의 전환에 따라 발전국가의 약화가 개시된다. 1990년대 정치적 탈냉전과 경제적 세계화의 진전에 따라 안보국가 및 발전국가의 해체가 가속된다(Chai-Anan 2002, 157-79). 시장화와 자유화의 진전이 발전주의적 국가역할의 축소와 자유주의적 역할의 확대를 초래하는 것이다. 태국의 경우 1980년대 중반 일차산품의 가격하락이 초래한 경제위기에 대응하여 수입대체 산업화가 수출지향 산업화로 전환되며, 자유화, 탈규제, 민영화 등 외국자본에 대한 자유주의적 유인정책에 따라 세계시장에 대한 편입이 급속하게 심화되는 과정에는 국가 역할의 변화가 수반된다. 그러나 수입대체와 수출지향을 통하여 1990년대에 이르기까지 경제성장을 주도하는 기술관료 세력이 민주화에 따라 정치사회의 이권추구세력(rent-seekers)에 압도됨으로써 자유화과정의 효과적 관리에 실패하고, 파국적 위기의 조건이 조성되는 것이다(Case 2002, 153-55).

    인도네시아에서 1980년대 전반까지 수입대체 산업화 과정에서 강화되는 발전주의적 국가 역할은 1980년대 후반 이후 수출지향 산업화 과정에서 점차 자유주의적 역할로 전환된다. 그러나 수하르또의 가산주의적 권력남용과 정실주의적 자원배분이 풍미함에 따라 발전국가의 '정경협력'은 '약탈국가'(predatory state)의 '정경유착'으로 급속하게 퇴화한다(Inada 2003). 따라서 자유화, 탈규제, 민영화를 향한 인도네시아의 자유주의적 개혁과정은 투명성과 책임성이 지배하는 자유시장에서의 기업활동의 진흥이 아니라 국가기구와 금융기관의 정치적 후견세력이 통제하는 기업세계의 진입을 위한 정실주의적 정치과정으로 전락한다(Robison 2001). 그 결과 1990년대 종반의 경제위기와 정치변동은 국가 역할의 자유주의적 전환을 강박함에도 불구하고, 정부능력의 약화로 인한 정책결정의 혼선과 정책집행의 부진에 따라 인도네시아는 동남아의 획기적 경제회복 대열에서 탈락한다.

말레이시아의 경우 신경제정책(NEP)의 발전주의적 국가 역할은 1980
년대 전반 자동차, 제철, 시멘트 등 중공업에 대한 민족주의적 수입대체
전략에서 절정에 도달한다. 그러나 1980년대 중반 경제위기는 수출지향
산업화와 자유주의적 국가역할을 위한 결정적 전기를 제공한다. 1990년대
자유화, 탈규제, 민영화 등 경제개혁의 진전에 따라 발전주의적 국가 역할
은 점차 자유주의적 국가 역할로 전환된다(Mahani 2003). 1997년 경제위
기에 직면하여 국제통화기금의 요구를 수용하는 부총리 안와르(Anwar)의
국제주의적 대안과 총리 마하티르(Mahathir)의 민족주의적 대안의 정책적
갈등이 정치적 투쟁으로 비화하여 후자의 일방적 개선으로 귀결된다. 그러
나 그것은 발전주의적 국가 역할의 궁극적 승리가 아니라 자유주의적 전망
과 발전주의적 전략의 일시적 타협으로 평가된다. 동남아 경제위기의 긴장
이 완화됨에 따라 말레이시아는 다시 세계경제에 복귀하는 것이다(Khoo
2001, 198-99).

필리핀, 싱가포르, 베트남의 '능동적 개혁'에 있어서도 발전주의적
국가 역할의 구조적 유산과 시장경제 발전 수준의 현실적 격차에 따른
개혁조치의 구체적 다양성에도 불구하고, 급진적이든 점진적이든 자유주
의적 개혁방향의 기본적 유사성은 관철된다. 필리핀의 경우 1990년대 자
유화, 탈규제, 민영화를 위한 라모스(Ramos) 정부의 자유주의적 개혁은
정부능력을 강화하는 정치적 지도역량으로 인하여 비교적 효과적으로 진
전된다. 경제위기 이후 에스트라다(Estrada) 정부는 그 민중주의적 구호에
도 불구하고 자유주의적 개혁노선을 견지한다. 그러나 정치적 지도역량의
타락에 따른 정부능력의 약화로 인하여 국가 역할의 혼선이 악화된다. 후
임 아로요(Arroyo) 정부는 라모스의 개혁노선을 계승함에도 불구하고, 이
른바 '민중권력'(people power)의 가두 진출과 군부조직의 내부균열 등
정치혼란의 지속에 따라 정부능력의 개선과 국가역할의 개혁은 여전히 미
완의 과제이다.

싱가포르는 정부와 국영기업의 협력을 통하여 수출지향 산업화를 주

도하는 발전국가의 전형으로서 동남아 각국의 발전주의적 동향을 선도한다 (Rodan 2001; Iwasaki 2003). 한국, 대만, 말레이시아, 중국의 경우처럼 일본모델에 대한 관심이 각별한 싱가포르는 정치안정과 경제발전을 위한 발전주의적 준권위주의의 제도화에 성공한다(Vogel 2001). 따라서 동남아의 경제위기 이후 그 정부능력, 국가 역할, 정치체제에는 두드러진 변화가 전무하다. 따라서 싱가포르의 성공은 정치체제의 유형과 무관한 정부능력에 대한 실증이며, 경제발전과 정치발전의 단선적 인과관계에 대한 반증이다. 그러나 미래의 생존은 노동집약적 전통산업에서 기술집약적 지식산업으로의 전환을 요구하는 바, 개인의 자율성과 창의성을 제약하는 온정주의(paternalism)적 통제는 싱가포르의 세계화를 저해할 것이다. 발전주의적 현상유지와 자유주의적 현상타파 사이에 심화되는 '싱가포르 딜레마'(Islam et al. 2000, 53-54)는 세계화의 진전에 따라 '점진적 개방'의 한계를 드러낼 것이다.

　1986년 사회주의 계획경제의 '혁신'(Doi Moi)에서 2001년 '사회주의 시장경제'의 선언까지 베트남의 경제개혁은 일부 공업제품에 대한 제한적 상품화를 지나 자본, 재산, 노동, 기술, 용역 등 모든 생산요소의 상품화를 지향한다(郭大洛 2004). 공유부문, 사유부문, 혼합부문, 외자부문 등 소유제도의 다양화를 수반하는 시장경제의 발전은 '시장형성'에서 '시장순응'으로 국가 역할의 전환을 요구한다. 계획경제의 구조적 유산과 시장경제의 역동적 요구가 상충하는 베트남의 '사회주의 시장경제'에서 국가의 발전주의적 역할이 부각된다. 그러나 경제발전에 따라 국가의 역할은 점차 거시적 조절로 전환되고, 정치 안정의 확보, 시장 실패의 보완, 발전목표의 설정, 경제제도의 구축, 사회정의의 실현 등으로 제한되어야 할 것이다(丁文恩 2004). 따라서 베트남형 발전국가의 위상은 국내시장과 해외시장의 확대에 따라 지극히 유동적이다. '사회주의 시장경제'에 대한 동아시아 위기의 교훈은 '경제건설형'에서 '공공봉사형'으로 국가역할의 전환이 요청된다는 것이다(遲福林 2004).

3) 정치체제: 권위주의와 민주주의

위기의 충격은 직접적이든 간접적이든, 급진적이든 점진적이든, 동남아 각국에 대하여 정치체제에 관한 역사적 선택을 요구한다. 경제적 위기의 극복을 위한 정치적 대안은 각국의 역사적 배경과 현실적 조건에 따라 권위주의적 현상유지와 민주주의적 현상타파 사이의 다양한 선택으로 귀결된다. 권위주의나 민주주의가 반드시 정치안정이나 경제발전을 보장하는 것은 아니다. 그러나 정치적 선택의 현실적 결과와 무관하게 정치변동의 역동적 과정에서 일정한 객관적 조건은 일정한 주체적 선택의 합리성을 부각한다. 탈냉전의 새로운 지정학적 조건은 안보국가의 정당성에 대한 도전이며, 세계화의 새로운 지경학적 조건은 발전국가의 효율성에 대한 도전이다(Berger 2004). 그러므로 안보국가와 발전국가를 매개하는 권위주의적 정치체제는 새로운 역사적 전환에 직면하는 것이다.

정치체제의 '수동적 개혁'에 직면하는 인도네시아, 태국, 말레이시아 등의 경우 위기의 충격은 체제의 재편, 개혁, 균열을 가속화시킨다. 1990년대에 이르러 '관료주의적 권위주의'에서 '가산주의적 권위주의'로 전락하는 인도네시아의 정치체제는 1998년 수하르또의 퇴진에 따라 다시 자유주의적 민주주의로 전환된다. 1999년 이후 4차에 걸친 헌법개정을 통하여 행정부에 대한 입법부의 견제가 강화되는바, 대통령의 임기가 제한되고 입법에 관한 의회의 권한이 강화되며 전쟁과 군부에 관한 대통령의 권한이 축소되지만, 다시 대통령 직선제도가 도입됨으로써 의회에 대한 대통령의 위상이 일정하게 회복된다. 정당, 선거, 사법, 인권, 군부, 행정 등 주요한 부문의 개혁과제가 제기된다. 그러나 수구세력의 저항과 개혁세력의 무능으로 인하여 획기적인 정치개혁과 경제회복에 실패하는 민주주의적 '연성국가'에 대한 반사작용으로서 권위주의적 '강성국가'에 대한 퇴행적 정치의식이 확산되는 상황에서 2004년 대통령선거는 정치발전의 결정적 계기로 주목된다(Crouch 2003).

1992년 이후 태국의 민주주의는 원심적 다당체제, 구조적 정치부패, 정략적 정부교체 등 각종 부정적 양상을 드러낸다. 보수적 이권추구세력에 포획되는 정부는 정치개혁과 경제개혁의 과제를 유기하는 바, 1997년의 위기는 헌법개정의 효과적 계기를 제공한다. 새로운 '민중헌법'은 정당제도, 선거제도, 의회제도, 정부교체, 정치부패, 관료기구, 시민사회 등 민주주의적 정치개혁을 촉진하며, 당면한 경제위기는 금융제도, 국영기업, 기업제도, 시장제도 등 자유주의적 경제개혁을 추동함으로써 위기극복에 기여한다. 그러나 그 부정적 파급효과에 대응하여 보수적 정치세력과 급진적 사회세력의 민족주의적 연대가 강화된다. 그 결과 2001년 이후 탁씬(Thaksin) 정부는 정치적 안정성과 정책적 효율성의 상당한 성과에도 불구하고 '참여민주주의'를 표방하고 싱가포르형 정치체제를 예찬함으로써 일당독재의 위험과 정실주의의 병폐에 대한 우려가 심화되고, '준민주주의,' '의사민주주의,' '민주적 권위주의' 등 권위주의적 퇴행에 대한 비판이 제기된다(Case 2002, 193-97).

말레이계, 중국계, 인도계의 민족적 연합주의에 기초하는 말레이시아의 민주주의는 1980년대 이후 마하티르의 권위주의적 성향이 강화됨에 따라 '강압적 연합주의'에 기초한 '준민주주의'로 이행한다(Mauzy 1993). 1970년대 이후 신경제정책(NEP)에 따라 급속하게 축적되는 국가자본은 자유화, 탈규제, 민영화 등 '워싱턴 컨센서스'를 수용하는 1990년대의 자유주의적 경제개혁에 따라 말레이계의 민족자본으로 재편된다. 그에 따라 구축되는 정경유착의 제도적 부패구조는 마하티르의 개인적 권력기반을 강화한다. 그러한 상황에서 1997년 경제위기에 대한 대응전략을 둘러싼 국제주의적 대안과 민족주의적 대안 사이 정책갈등이 마하티르와 안와르의 권력투쟁으로 전화함에 따라 '준민주주의' 정치체제의 균열이 심화된다. 그러나 비교적 안정적인 위기국면에서 마하티르의 압도적 후견자원이 통합말레이민족기구(UMNO)의 지속적 패권과 마하티르의 일방적 승리를 담보함에 따라 '준민주주의'의 민주화를 향한 말레이시아의 정치변동은 정체된다

(Case 2002, 131-37).

　　이와 같은 ‘수동적 개혁’의 상대적 역동성과는 대조적으로 필리핀, 싱가포르, 베트남 등 ‘능동적 개혁’의 경우 정치체제의 기본적 정체성(停滯性)이 주목된다. 필리핀의 경우 1986년 ‘가산주의적 권위주의’의 민주화 이후에도 ‘과두적 민주주의’에 대한 비판이 지속적으로 제기된다. 1990년대 라모스(Ramos)의 자유주의적 경제개혁도 과두적 지배세력의 해체와 지속적 정치안정의 확보에 실패함에 따라 다시 헌법개정에 대한 사회적 요구가 강화된다. 회교세력의 급진화 등 지역갈등에 대한 대안으로서 연방제도가 제기되고, 권력분립의 경직화 등 입법부진에 대한 대안으로서 내각책임제가 제출된다. 그러나 원심적 다당제도로 인한 정당의 이합집산과 유동적 정부교체로 인한 행정의 동맥경색이 우려되는 현실에서 구심적 정당제도와 직업적 관료제도의 정착이 전제되지 않는 경우 내각책임제는 정부능력의 약화와 과두체제의 현상유지에 기여한다는 반론도 강력하다(David 2004).

　　말레이시아의 ‘준민주주의’에 비하여 싱가포르는 그 정치이념, 권력구조, 정당제도, 선거제도, 사회통제, 경제구조 등의 국가주의적 성향에 있어서 ‘준권위주의’ 또는 ‘연성(soft) 권위주의’로 분류된다. 지역적 경제위기의 충격은 싱가포르에 경제적 세계화의 정치적 함의에 대한 일정한 성찰의 기회를 제공한다. ‘아시아적’ 공생주의(communitarianism)는 ‘포위된’ 도시국가 싱가포르의 정치안정과 경제발전에 기여한다(Chua 1995). 그러나 ‘근대화’에 따른 사회변동은 개인주의의 부상을 초래하고, ‘세계화’에 따른 문화변동은 개인주의의 확산을 추동한다. 산업화에 기여하는 국가의 집단적 규율과 질서는 정보화가 요구하는 사회의 개인적 자율성과 창의성을 제약한다. 따라서 미래의 생존과 발전은 ‘준권위주의’ 정치체제의 대안으로 제시되고 있는 ‘점진적 개방’을 넘어 장기적으로 국가조합주의적 통제구조의 근본적 혁파를 요구한다(Case 2002, 95-97). ‘제3세계에서 제1세계까지’ 싱가포르 경제발전의 역동성은 그에 상응하는 정치발전의 역동성을 가동할 것이다.

　이러한 점에 있어서 베트남의 '폐쇄적 권위주의'는 '사회주의 시장경제'의 정치적 전망을 제약한다. 경제적 전환과정에서 사회주의와 시장경제의 절충적 대안으로 부상하는 베트남의 '폐쇄적 권위주의'에 있어서 사회에 대한 국가의 전면적 통제는 지극히 점진적으로 선택적 통제로 이행한다(Kerkvliet 1995). 그러나 중국에 비하여 현저하게 지연되는 베트남의 경제적 전환으로 인하여 사회구조의 분화와 정치체제의 완화가 심각하게 정체되며, 다양한 사회적 요구의 적체에 따라 장기적으로 안정적 정치발전의 전망이 약화된다. 따라서 중국과 같은 새로운 '사상해방'이 시급한 바, "사회주의가 새로운 과학기술혁명과 다양한 사상문화의 엄중한 도전에 직면한 새로운 역사적 조건에서 개혁이 없는 출구는 없다. 인간중심적 개혁시각에 입각하여 경제체제뿐만 아니라 정치체제, 사회체제, 문화체제의 구조적 개혁이 지속적으로 추진되어야 한다"(蔣萊 2004). 세계화의 도전은 시장경제의 지속적 발전을 위하여 '폐쇄적 권위주의'의 지속적 개방을 요구하는 것이다(Jönsson 2002).

4. 위기의 대안: 자율적 전환

　동남아의 경제위기는 동북아를 포함한 동아시아 전역에 심대한 정치적, 경제적, 사회적, 문화적 충격을 제공한다. '기적'이 위기로 반전하는 새로운 역사적 도전은 동아시아 각국에 있어서 대내적으로 산업화 중심의 '근대화'와 대외적으로 개방화 중심의 세계화에 대한 다각적 성찰의 계기를 제공하는바, 대내적으로는 '성찰적 근대화', 즉 '현대화'의 과제가 제기되고, 대외적으로는 '관리적 세계화,' 즉 지역화의 과제가 제기되는 것이다. 이러한 점들에 있어서 직접적 위기를 모면한 중국의 전략적 선택이 오히려 위기의 교훈을 가장 체계적으로 반영하는 현상은 지극히 역설적이다(中國現代化戰略硏究課題組 2003). 예컨대 대내적으로 기업구조의 조정과 시장제도의 확충을 재촉하고, 대외적으로 세계무역기구 가입과 동남아에 대한 자유무역협정을 서두르는 중국의 전략적 선택은 세계화에 대한 개방적 시각과 지역화를 그에 대한 '걸림돌'이 아니라 '디딤돌'로 파악하는 적극적 시각을 대표한다.

그러한 접근에 있어서 대내적으로 산업화의 역사적 시차성과 정보화의 현실적 동시성이 중첩하는 중층적 과제는 '근대화'를 넘어 '현대화'로 집약되고, 대외적으로 시장화의 역사적 시차성과 세계화의 현실적 동시성이 중첩하는 복합적 과제는 국가형성을 넘어 지역통합으로 요약된다. 세계화는 창조적 기회와 파괴적 위험을 동시에 수반하는 '양날의 칼'이다. 지역화는 소극적으로는 세계화에 수반하는 각종 위험에 공동으로 대처하기 위한 경제적 집단안보 전략이며, 적극적으로는 세계화가 제공하는 각종 기회에 공동으로 접근하기 위한 경제적 집단학습 전략이다. 냉전종식으로 인한 지정학적 조건의 변화와 정보혁명으로 인한 지경학적 조건의 변화가 초래하는 '세계화의 제1차 위기'에 대한 동아시아의 역사적 경험은 세계화에 대한 효과적 대응으로서 그에 대한 폐쇄적 거부나 방임적 수용을 허용하지 않는 바, 세계화에 효과적으로 대응하기 위한 자율적 전환이 요청된다.

1) 현대화: '지속가능한 발전'

동아시아 각국에 있어서 산업화에 주력하는 '근대화'의 지역적 시차성에도 불구하고 세계화에 대응하는 '현대화'의 동시성은 장기적으로 빈부격차와 환경오염 등 산업화의 함정을 효과적으로 극복할 수 있는 경제적으로나 생태적으로 '지속가능한 발전' 이외에도 세계화의 위기를 역동적으로 타개할 수 있는 사회적으로나 정치적으로 '지속가능한 발전'을 요구한다(Islam et al. 2000, 208-32; Chai-Anan 2002; 中國現代化戰略研究課題組 2003). '수동적 개혁'이든 '능동적 개혁'이든 동남아 각국은 경제위기를 계기로 다양한 정도와 속도의 개혁에 착수하는 한편, 세계화의 도정에 잠복하는 각종 위기에 효과적으로 대응할 수 있는 미래의 '지속가능한 발전'을 위한 전략적 전망을 모색한다. 그 점에 있어서 파격적 '기적'과 파국적 위기에 대한 동남아 각국의 실천적 경험은 역설적으로 동남아의 역동적 미래를 위한 '은폐된 축복'의 측면도 함축하는 것으로 평가된다.

인도네시아의 경우 수하르또(Suharto) 이후 하비비(Habibie), 와히드(Wahid), 메가와띠(Megawati) 등 일련의 탈권위주의적 정부가 모두 미래의 '지속가능한 발전'을 위한 전략을 '현대화'로 기획한다. 한 경제 장관에 의하면 동남아의 지경학적 조건이 전면적으로 재편되는 경제위기 이후 인도네시아의 과제는 단기적인 경제의 회복에 그치지 않으며, 미래의 '지속가능한 발전'을 위한 장기적인 기반의 구축이다. 따라서 정치, 경제, 행정, 사법 등 4대 부문은 동시적이고 전면적이며 심층적인 개혁이 요구되는 바, 정치의 다원화 및 민주화, 경제의 시장화 및 자유화, 행정의 분권화 및 효율화, 사법의 자율화 및 제도화 등이 그러한 총체적 개혁의 기본적 목표로 설정된다(Dorodja 2002). 경제적 위기와 회복을 통하여 인도네시아의 '지속가능한 발전'을 위한 경제적 '현대화'의 전망은 궁극적으로 정치적 '현대화'의 진전에 의존한다는 실천적 교훈에 대한 성찰이 심화되는 것이다.

태국의 경우 경제위기 직후의 총리 추언에 의하면, 경제적 세계화의 급속한 진전에도 불구하고 세계적 표준에 상응하는 정치체제, 사법제도, 거시경제, 금융제도, 기업경영의 '현대화'는 지극히 부진하다(Chuan 1998). 금융개방에 따른 외국자본의 대량유입이 초래한 경제의 일시적 성공은 공공행정과 기업경영에 내재하는 효율성, 투명성, 책임성의 결핍을 은폐한다. 따라서 위기 직후 국제통화기금의 조건에 따라 정부재정긴축과 기업구조조정 등 각종 (신)자유주의적 경제개혁이 단행된다. 정치적으로도 투명성, 책임성, 참여성의 증진을 통한 '선정'은 당면한 경제의 회복과 미래의 '지속가능한 발전'에 필수적인 것으로 인식된다. 위기의 교훈은 세계화의 새로운 국제환경에 대응하는 '새로운 발전모델'을 요구하는 바(Mukdawan 2003), 후임 총리 탁씬에 따르면 "위기의 폐허에서 부활한 태국은 이제 보다 지속가능한 방법으로 세계화와 자유화의 혜택을 향유하고자 한다"(Thaksin 2002).

말레이시아의 경우 '현대화'의 과제는 민주주의와 시장경제로 집약된다. 마하티르에 의하면 "민주주의는 사회와 국가의 관리에 있어서 가장 공정하고 생산적이며 문명적인 체제"이며, "사회적 양심에 인도되는 시장경제는 경제적 재화와 용역의 생산에 있어서 가장 공정하고 생산적인 체제"이다. 따라서 경제와 사회는 모든 부정적 요소의 철저한 개혁을 통하여 부단히 '재구성'되고 '재발명'되어야 한다. 정실주의와 부정부패의 척결, 정부능력과 국민의식의 제고, 투명성과 책임성의 강화가 진보적 개혁의 중요한 과제이다(Mahathir 1999). 그러나 정치안정, 사회질서, 경제발전을 저해하지 않는 점진적 민주화가 요구된다. 문제의 요체는 자유와 민주 자체가 아니라 각국의 능력과 필요에 상응하는 '선정'이다. 가족, 규율, 조화, 합의, 저축, 절약, 근면, 교육, 희생 등 과거의 긍정적 가치는 미래에도 유효하다. 시장의 '보이지 않는 손'은 중앙은행, 감독기구, 민주정부 등 '보이는 손'의 도움을 통하여 그 효율성이 최대화된다.[3] 따라서 국제금융질서의 개혁이 부진하더라도 "강점의 강화와 약점의 약화"를 위한 지속적 내부개혁이 긴요하다(Mahathir 2003).

싱가포르의 리콴유에게 있어서 동아시아의 위기는 세계금융체제의 결함이 전면적으로 노정된 최초의 사태로서, 정실주의, 정경유착, 정치부패가

---

3) 마하티르는 말레이시아의 '자본통제'는 모든 국가와 모든 경우에 모두 유효한 위기관리의 대책은 아니며, 특수한 경우 이외에는 파국적 결과를 초래할 수도 있음을 경고한다(Mahathir 1999).

만연하는 금융제도의 부실과 규제제도의 미비에도 불구한 성급한 자본시장 개방과 왜곡된 환율정책 유지에 따른 해외단기자본의 과잉투자에 기인한다. 따라서 그것은 은행부실채권, 파산관계법령, 금융감독제도 등 경제개혁의 계기를 제공하는 '이중적 축복'이다(Lee 2000). 따라서 국제통화기금의 '제국주의'에 대한 사후 비판보다 훨씬 중요한 것은 국제통화기금의 구제금융에 대한 사전예방이며, 동아시아의 신속한 경제회복은 노동, 교육, 저축, 투자 등 동아시아의 일정한 성장 동력을 입증한다. 문화는 영구불변의 정태적 현상이 아니라 경제발전 및 사회변동과 더불어 변화하는 역동적 현상이다. 그러나 미국문화의 경쟁 지향적 개인주의와 동양문화의 평등 지향적 공생주의의 근본적 차별성은 중요하며, 경쟁과 형평의 적절한 균형이 요구된다(Lee 2004).

필리핀의 경우 에스트라다 정부에 있어서 위기의 비교적 경미한 영향은 경제발전의 후진성이라는 구조적 조건 이외에도 경제개혁의 자발성이라는 정책적 조건에서 기인한다. 따라서 미래를 위한 '지도철학'은 "자유화, 탈규제, 민영화를 통한 시장지향적 접근"이고, '행동지침'은 "세계화에 대응하는 현대화를 통한 예방적 개혁"이며, 정책과제는 경제적으로 전통농업부문, 사회간접자본, 첨단정보기술의 진흥, 정치적으로 민주성, 개방성, 투명성, 책임성의 증진을 통한 국가의 '현대화'이다(Estrada 1999). 한 외무장관에 의하면, 세계화와 지역화는 "기업의 회계, 공개, 파산, 경영에 관한 국제적 표준의 수용"을 통하여 투명성과 책임성을 강화하는 '선정'을 요구한다(Siazon 2000). 아로요 정부의 시각에 있어서 선진국과 개도국에 대한 세계화의 혜택은 불균등하고 불확실한바, 필리핀과 같은 민주국가에서 세계화에 대응하는 '지속가능한 발전'을 위한 정치개혁과 경제개혁에 대한 사회적 합의와 지지를 위해서는 빈곤계층에 대한 실질적 지원이 절실하다(Arroyo 2003).

베트남은 "산업화와 현대화의 가속화"를 세계화에 대응하는 국가목표로 설정한다(Nong 2004). 동아시아의 경제위기는 경쟁력이 결여된 개도국의 주변화를 위협하는 세계화의 도전을 실증한다. 상호의존이 심화되는 세계에서 베트남은 동아시아의 일원으로서 경제성장의 둔화를 경험한 바 있다. 경제위기는 동아시아 경제체제의 구조적 결함을 실증한다(Vu 2000). 그러한 위기의 교훈을 반영하는 베트남의 새로운 사회경제개발전략(2001~2010)은 "지속가능한 방식의 가속적 경제성장"을 '현대화'의 전략으로 선택함으로써 경제성장, 사회정의, 환경보호 등의 조화를 추구한다(Phan 2001). 경제, 사회, 국가의 '심층적, 거시적, 통합적' 개혁이 지속될 것이며, 국가기구 특히 행정체제의 개혁은 효율성, 민주성, 투명성의 강화에 집중될 것이다. 대내적 '혁신'(renovation)과 대외적 '통합'(integration)은 '현대화'의 핵심으로서 자본, 재산, 노동, 용역, 기술 등의 전면적 시장화와 자유화가 촉진되고, 국제적 표준에 접근하는 사법개혁과 행정개혁이 가속될 것이다(Nguyen 2004).

2) 지역화: '개방적 지역주의'

탈냉전 이후 세계화의 초기단계에서 발생하는 동남아의 경제위기는 세계화에 대응하는 효과적 전략은 '폐쇄적' 대안이나[4] '방임적' 대안이 아니라 각국의 구체적 조건에 따라 세계화의 범위와 속도를 주체적으로 조절하는 '관리적' 대안이다(Haass et al. 1998; Islam et al. 2000). '개방적 지역주의'는 바로 지역적 공공재를 이용하여 세계화에 대응하기 위한 '관리적' 대안이다. 세계화에 대응하는 대외적 전략으로서 동남아의 지역화는 1980년대 종반 냉전종식과 더불어 안보협력 중심적 접근에서 '경제협력' 중심적 접근으로 전환되고, 1990년대 종반 경제위기를 계기로 '경제통합' 중심적 접근으로 진전되는 한편 지역화의 외연이 동북아를 포함한

---

4) 세계화에 대한 전략적 대안으로서 동아시아의 폐쇄적 지역주의를 지지하는 대표적 시각에 의하면, 지역적 자급자족을 위한 지역적 국제분업구조와 지역적 수입대체정책이 필수적이다 (Bello 2003).

동아시아로 확장된다(Palmujoki 2001). 지역화의 외연을 인도 등 남아시아를 포함한 아시아 전역으로 확장하는 태국의 구상에도 불구하고 아직 동아시아 중심적 구상에 대한 지지가 압도적이다(Kavi 2004).

세계화에 대응하는 지역화에 관한 총론적 유사성에도 불구하고 동남아 각국의 각론적 차별성은 다양하다. 일반적으로 산업화의 선발국가(시장경제)와 후발국가(전환경제)의 격차에 따른 차별성이 부각되며, 전자의 경우에도 경제위기의 수준에 따른 차별성이 주목된다. 선발국가의 일원으로서 위기의 경제적 효과가 가장 파괴적인 인도네시아의 경우 한 경제 장관에 의하면, "세계화에 대한 가치판단은 더 이상 타당하지 않다. 그것은 이미 주관적 평가와 무관한 21세기의 객관적 현실이다. 우리는 그에 적응하여 전진하거나 그렇지 않으면 전락할 위험을 감수해야 한다"(Dorodja 2002). 따라서 아세안자유무역지대(AFTA), 아시아 · 태평양 경제협력기구(APEC), 세계무역기구 등의 규범과 규칙이 관철되는 새로운 세계에서 경쟁력의 강화가 유일한 대안인 것이다. 그러나 현실적으로 인도네시아는 동남아의 경제통합이나 동아시아의 경제협력에 있어서 싱가포르, 말레이시아, 태국 등에 비하여 상대적으로 신중하게 접근한다(Kavi 2004).

태국의 시각에 있어서 동남아 경제위기의 연쇄적 파급효과는 지역적 상호의존을 실증하는 바, 범아시아 차원의 지역적 상호협력이 긴요하다. 국가적 자율성과 지역적 연대성의 조화는 범아시아 지역경제의 '재발명'과 '재구축'을 위한 필수적 조건인 것이다(Thaksin 2003). 따라서 '서방 정책'(Look West)에 따라 인도 등 남아시아까지 포함하는 탁씬 정부의 '아시아 협력 대화'(ACD: Asia Cooperation Dialogue)의 구상은 아시아의 동부에서 서부까지 22개국을 포괄하는 지역협력의 새로운 패러다임을 제시한다. 거시적으로 중국과 인도의 세력균형을 추구하는 '아시아 협력 대화' 구상은 동남아와 동북아의 지역통합을 추구하는 동아시아공동체(EAC: East Asian Community) 구상에 비하여 구심력이 현저하게 약화된다. 동아시아공동체의 경우조차도 중국과 일본의 경쟁적 주도, 말레이시아와 싱가포르의 적극적 지지, 인도네시아와 베트남의 소극적 입장 등이 대조적인 상황에서 '아시아 협력 대화'의 단기적 전망은 회의적이다.

말레이시아는 동남아의 경제통합은 그 '규모의 경제'로 인하여 중국에 대한 동남아의 경쟁력을 제고시킴으로써 외국자본의 투자유인을 강화할 것으로 판단한다. 그러나 동남아와 중국의 상호관계는 경쟁과 의존의 양면성을 내포하므로 중국의 부상은 동남아에 대하여 '도전'이며 '기회'이다. 동아시아의 평화와 발전을 위하여 일본과 한국을 이용하여 중국을 견제하는 한편 미국과 유럽에 대한 경쟁을 위하여 중국을 이용하기 위하여 동남아와 동북아를 포괄하는 동아시아의 광역적 협력이 긴요하다. 그러나 '동방정책'(Look East)의 연장으로서 동아시아공동체(EAC)에 적극적인 말레이시아의 시각에서도 현실적으로 동아시아의 지역주의는 유럽에 비하여 느슨할 수밖에 없다. 21세기는 '아시아의 세기'가 아니라 세계화로 인한 '지구촌의 세기'로서 동아시아의 고립은 그 지속적 발전을 저해한다. 따라서 동아시아의 지역주의는 미국의 패권주의와 대조되는 다원적 '국제주의'이다(Mahathir 2003).

싱가포르의 시각에서도 경제위기 이후 중국에 대한 경쟁력의 약화에 대처하기 위한 동남아의 시장통합은 필수적이다. 그러나 중국의 부상에 대한 균형자로서 미국의 역할도 긴요하므로 동남아는 '개방적 지역주의'를 추구해야 한다(Lee 2000). 동남아의 파국적 경제위기는 상품과 용역에 대한 역내무역의 자유화와 전문화를 통한 가속적 경제통합을 요구한다. 그러나 역외무역의 적극적 진흥도 필요한 바, 동남아의 '개방적 지역주의'에 있어서 중국과의 자유무역협정 추진은 획기적 진전이다. 중국의 부상이 제공하는 '도전'과 '기회'에 적극적으로 대응하는 한편, 미주와 유럽의 지역주의에 효과적으로 대처하기 위한 동남아와 동북아의 광역적 지역협력은 지극히 타당하고도 필요한 것이다. 그러므로 급변하는 동아시아의 지경학적 조건에 부응하기 위한 EAC 구상의 실현을 위해서 지역협력의 근본적 성격과 현실적 방향에 관한 동아시아 공동의 전망이 요구된다(Goh 2002).

그와 유사한 필리핀의 시각에 있어서 "경제적으로는 이미 세계에서

가장 통합된 지역"으로서 동아시아의 경제회복은 각개약진이 아니라 공동
대응을 요구한다(Siazon 2000). 중국은 단기적으로 동남아의 상품에 대한
막강한 경쟁자이지만, 장기적으로 동남아의 상품과 용역에 대한 거대한 수
요자이다. 동남아와 중국의 자유무역은 동남아시장의 효율성과 경쟁력을
제고할 것이다. 따라서 지역적 자유무역은 '개방적 지역주의'의 핵심적
고리로서 세계무역기구와 같은 지구적 다자주의를 보완하고 강화할 것이다
(Arroyo 2002). 동아시아 지역주의의 핵심적 과제는 무역투자, 금융통화,
동력자원, 생태환경 등 기능적 협력을 평화와 안보 등 정치적 협력과 연계
하는 것이다(Arroyo 2003). 경제위기의 교훈은 세계화의 도전은 지역협력
을 통해서만 극복될 수 있음을 시사한다. 동남아에 대한 일본과 중국의 지
원은 위기의 극복에 기여하고, '아세안(ASEAN)+3'은 위기의 와중에서 탄
생한다. 따라서 동아시아에 있어서 지역적 연대 이외의 대안은 지구적 경쟁
으로부터의 탈락일 뿐이다(Ramos 2004).

　　베트남은 동남아의 경제위기가 지역협력의 시급성을 실증하는 것으로
파악한다. 동아시아의 '개방적 지역주의'는 각국의 '현대화'를 위한 내부
자원과 외부자원의 동원에 있어서 가장 효과적인 전략이다. 상호의존이 급
속하게 심화됨에 따라 동아시아의 경제회복은 역내협력과 역외협력의 확대
를 요구한다. 역내협력을 강조하는 것이 역외협력을 배제하는 것은 아니며,
세계화의 동향, 기회, 도전에 대한 객관적 인식을 바탕으로 세계무역기구
등 다자기구에 대한 적극적 참여가 요구된다(Pham 2002). 동아시아의 심
화되는 경제적 상호의존은 평화적 갈등해결을 촉진할 것이다(Phan 2001).
베트남은 세계경제에 적극적으로 참여하여 발전의 기회를 포착할 것이며,
현재의 일부 보호정책은 잠정적이며 선택적인 조치에 불과하다. 아세안자
유무역지대(AFTA)에 따른 비관세 보호정책의 관세화, 세계무역기구 가입
을 위한 시도, 대미무역협정의 체결 등 각종 다자협정과 양자협정은 지역적
차원의 '통합'과 동시에 지구적 차원의 '통합'을 지향하는 베트남의 '개
방적 지역주의'를 실증하는 것이다(Nguyen 2004).

5. 맺음말

　1990년대 종반 동남아 경제위기의 원인은 일차적으로 정부능력의 문제로서 그 대안이 '악정'에서 '선정'까지 지극히 다양하고, 이차적으로 국가역할의 문제로서 그 대안이 발전주의적 개입에서 자유주의적 규제까지 대단히 다양하며, 궁극적으로 정치체제의 문제로서 그 대안이 폐쇄적 권위주의에서 개방적 민주주의까지 상당히 다양하다. 냉전종식에 따라 안보국가의 정당성이 약화되고 정보혁명에 따라 발전국가의 효율성이 약화되는 세계화의 가속적 전개과정은 동남아의 '근대화'를 주도하는 권위주의적 발전국가의 자유주의적 규제국가로의 전환을 요구한다. 그러나 현상유지와 현상타파 사이 지연되는 전환은 정부능력의 약화, 국가역할의 혼선, 정치체제의 균열을 촉진하며, 그에 따른 파국적 경제위기는 타율적 정치변동으로 귀결된다. 정부능력, 국가역할, 정치체제 등에 대한 '수동적 개혁'과 '능동적 개혁'의 다양한 차별성은 '세계화의 제1차 위기'에 대한 대응에 있어서 대내적으로 자유주의적이고 대외적으로 국제주의적인 전략의 기본적 유사성에 압도된다.

　그에 따라 위기의 발생 직후 세계화의 부정적 파급효과에 대한 반사작용으로서 폐쇄적 민족주의와 급진적 민중주의의 지역적 확산에 대한 기대나 우려는 철저하게 무산되며, 그 점에 있어서 타율적 식민화와 자율적 세계화의 역사적 차별성이 부각되는 것이다. 그러나 세계화의 역동적 전개과정에 잠재하는 다양한 위기의 함정에 대응하기 위한 정부능력의 개선, 국가역할의 조정, 정치체제의 재편은 그 '경로의존성' 때문에 지나친 낙관이 허용되지 않는다. 민주주의, 준민주주의, 준권위주의, 권위주의 등 동남아의 다양한 정치체제가 모두 직접적이든 간접적이든 경제위기의 파국적 파급효과에 따른 다양한 수준의 정치변동을 경험함에도 불구하고 세계화의 객관적 요구에 대한 주체적 대응에 있어서 모든 정치체제가 여전히 다양한 한계에 직면한다. 따라서 세계화의 새로운 지정학적 조건과 지경학적 조건에 효과적으로 대응하는 새로운 전망과 전략이 요청되는 것이다.

　　동남아의 경제위기가 탈냉전 이후 세계화의 초기단계에서 발생하는 것이라면, 그에 대한 실천적 경험은 세계화에 대한 효과적 대응으로서 '폐쇄적' 대안과 '방임적' 대안의 양자택일이 아니라 각국의 구체적 조건에 따라 세계화의 범위와 속도를 주체적으로 조절하는 '관리적' 대안을 지지한다. 그 점에 있어서 동남아 각국은 대내적으로 '지속가능한 발전'을 위한 '현대화'의 과제를 제기하며, 대외적으로 '개방적 지역주의'를 위한 지역화의 과제를 제기한다. 그러나 1980년대 이전 일본패권에 대한 우려와 1990년대 이후 중국패권에 대한 우려가 부침하는 동아시아의 지정학적 현실에 있어서 세계화의 '걸림돌'이 아닌 '디딤돌'로서 제기되는 동아시아의 지역주의는 경제적 상호의존이 정치적 상호의존으로 심화되는 '방류효과'(spill-over)와 정치적 상호 갈등이 경제적 상호 갈등으로 확대되는 '역류효과'(spill-back)의 전개과정에 대한 동아시아 각국의 지혜로운 공동관리를 요구한다.

참고문헌

김대환·조희연 편. 2003. 『동아시아 경제변화와 국가의 역할전환』. 서울: 한울.

丁文恩. 2004. "越南的社會主義定向市場經濟." 『轉軌通信』第2期, 總29期.
蔣 萊. 2004. "評'建設社會主義定向市場經濟'." 『轉軌通信』第2期, 總29期.
中國現代化戰略研究課題組·中國科學院中國現代化研究中心. 2003. 『中國現代化報告
　　　2003: 理論, 進程與展望』. 北京: 北京大學出版社
遲福林. 2004. "中國經濟體制的轉軌: 進.程, 挑戰與目標." 『轉軌通信』第3期, 總30期.
郭大洛. 2004. "越南的社會主義市場經濟改革." 『轉軌通信』第3期, 總30期.

Anek Laothamas. 1992. *Business Association and the New Political Economy of
　　　Thailand*. Boulder: Westview Press.
Arroyo, Gloria Macapagal. 2002. "Philippines: Growth Prospects and the Future of
　　　ASEAN." *The Future of Asia 2002*. Tokyo: Nikkei Net Interactive.
＿＿＿＿. 2003. "Her Excellency Gloria Macapagal Arroyo." *The Future of Asia 2003*.
　　　Tokyo: Nikkei Net Interactive.
Aspinall, Edward and Greg Fealy, ed. 2003. *Local Power and Politics in Indonesia:
　　　Decentralization and Democratization*. Singapore: ISEAS.
Bello, Walden. 2003. *De-Globalization*. London: Zed Books.
Beeson, Mark, ed. 2002. *Reconfiguring East Asia*. London: RoutledgeCurzon.
Berger, Mark T. 2004. *The Battle for Asia*. London: RoutledgeCurzon.
Bowie, Alasdair, and Danny Unger. 1997. *The Politics of Open Economics*.
　　　Cambridge: Cambridge University Press.
Case, William. 2002. *Politics in Southeast Asia*. London: Curzon Press.
Chai-Anan Samudavanija. 2002. *Thailand: State-Building, Democracy and Globalization*.
　　　Bangkok: Institute of Public Policy Studies.
Chua, Beng-Huat. 1995. *Communitarian Ideology and Democracy in Singapore*.
　　　London: Routledge.
Chuan Leekpai. 1998. "Lessons from East Asian Financial Crisis." Jakarta: ASEAN
　　　Secretariat.
Cumings, Bruce. 1999. "The Asian Crisis, Democracy, and the End of 'Late'
　　　Development." T. J. Pempel (ed.). *The Politics of the Asian Economic Crisis*.
　　　Ithaca: Cornell University Press.

Crouch, Harold. 2003. "Political Update 2002." Edward Aspinall and Greg Fealy (ed.). *Local Power and Politics in Indonesia*. Singapore: ISEAS.

David, Randy. 2004. "Politics of Constitutional Reform." *Philippine Daily Inquirer*, July 3.

Deyo, Frederic C. (ed.). 1987. *The Political Economy of the New Asian Industrialism*. Ithaca: Cornell University Press.

Dorodja Kuntjoro-Jakti. 2002. "Economic Progress in a Democratic Indonesia." *The Future of Asia 2002*. Tokyo: Nikkei Net Interactive.

Drysdale, Peter, ed. 2000. *Reform and Recovery in East Asia*. London: Routledge.

Estrada, Joseph. 1999. "Securing Economic Development and Stability in Asia." *The Future of Asia 1999*. Tokyo: Nikkei Net Interactive.

Evans, Peter. 1995. *Embedded Autonomy*. Princeton: Princeton University Press.

Girling, John L.S. 1981. *The Bureaucratic Polity in Modernizing Societies*. Singapore: ISEAS.

Goh Chok Tong. 2002. "Deepening Regional Integration and Cooperation." Jakarta: ASEAN Secretariat.

Gomez, Edmund Terence, ed. 2002. *Political Business in East Asia*. London: Routledge.

Haass, Richard N., and Robert E. Litan. 1998. "Globalization and Its Discontents." *Foreign Affairs*, Vol. 77, No. 3.

Hutchcroft, Paul. 1999. "Neither Dynamo Nor Domino." T. J. Pempel (ed.). *The Politics of the Asian Economic Crisis*. Ithaca: Cornell University Press.

Hutchison, Jane. 2001. "Crisis and Change in the Philippines." Gary Rodan, Kevin Hewison and Richard Robison, (eds.). 2001. *The Political Economy of South-East Asia*. 2nd ed. South Melbourne: Oxford University Press.

Inada, Juichi. 2003. "Governance Factors in Indonesian Economic Development." Yasutami Shimomura (ed.). *The Role of Governance in Asia*. Singapore: ISEAS.

Islam, Iyanatul, and Anis Chowdhury. 2000. *The Political Economy of East Asia: Post-Crisis Debates*. Oxford: Oxford University Press.

Iwasaki, Ikuo. 2003. "State Bureaucrats, Economic Development, and Governance." Yasutami Shimomura (ed.). *The Role of Governance in Asia*. Singapore: ISEAS.

Jayasuriya, Kanishka. 2000. "Authoritarian Liberalism, Governance and the Emergence of the Regulatory State in Post-Crisis East Asia." Richard Robison,

Mark Beeson, Kanishka Jayasuriya and Hyuk-Rae Kim (eds.). *Politics and Markets in the Wake of the Asian Crisis*. London: Routledge.

Johnson, Chalmers. 1999. "The developmental State: Odyssey of a Concept." Meredith Woo-Cumings (ed.). *The Developmental State*. Ithaca: Cornell University Press.

Jomo, K. S., ed. 1997. *Southeast Asia's Misunderstood Miracle*. Boulder: Westview press.

Jönsson, Kristina. 2002. "Globalization, Authoritarian Regimes and Political Change: Vietnam and Laos." Catarina Kinnvall and Kristina Jönsson (eds.). *Globalization and Democratization in Asia*. London: Routledge.

Kavi Chongkittavorn. 2004. "Regional Perspective: The EAC vs the ACD." *The Nation*, July 5.

Kerkvliet, Bebedict J. Tria and Doug J. Porter, eds. 1995. *Vietnam's Rural Transformation*. Boulder: Westview Press.

Khoo Boo Teik. 2000. "Economic Nationalism and Its Discontents." Richard Robison, Mark Beeson, Kanishka Jayasuriya and Hyuk-Rae Kim, (eds.). *Politics and Markets in the Wake of the Asian Crisis*. London: Routledge.

______. 2001. "The State and the Market in Malaysian Political Economy." Gary Rodan, Kevin Hewison and Richard Robison, (eds.). *The Political Economy South-East Asia*. 2nd ed. South Melbourne: Oxford University Press.

Kinnvall, Catarina, and Kristina Jönsson, eds. 2002. *Globalization and Democratization in Asia*. London: Routledge.

Komandjaja, Eva C. 2004. "Rise of PKS, PD 'Result of More Political Awareness'." *Jakarta Post*, April 17.

Kuwajima, Kyoko. 2003. "Health Sector and Governance in Thailand." Yasutami Shimomura (ed.). *The Role of Governance in Asia*. Singapore: ISEAS.

Lee Kuan Yew. 2000. "Will Asia's Economic Miracle Return?" *The Future of Asia 2000*. Tokyo: Nikkei Net Interactive.

______. 2004. "The Culture That Makes a Nation Competitive or Not." *Straits Times*, April 22.

Legowo, Tommy A. 2003. "Local Governance in Indonesia's Decentralization Era." Yasutami Shimomura (ed.). *The Role of Governance in Asia*. Singapore: ISEAS.

Lopez, Leslie. 2004. "Abdullah Gains in Corruption Fight." *Far Eastern Economic Review*, March 4.

Mahani Zainal Abidin. 2003. "Economic Governance in Malaysia and the Links with the Asian Crisis." Yasutami Shimomura (ed.). *The Role of Governance in Asia*. Singapore: ISEAS.

Mahathir bin Mohamad. 1999. "Asia and the Century of the World." Nikkei Net Interactive. *The Future of Asia 1999*. Tokyo.

______. 2003. "Genesis of a New Asia Order." *The Future of Asia 2003*. Tokyo: Nikkei Net Interactive.

Mauzy, Diane. 1993. "Malaysia." John McGarry and Brendan O'Leary (eds.). *The Politics of Ethnic Conflict Regulation*. London: Routledge.

______ and R. S. Milne. 2002. *Singapore Under the People's Action Party*. London: Routledge.

Mukdawan Sakboon. 2003. "Between the Lines: Dual Track or Double Standards?" *The Nation*, October 4.

Nguyen Tan Dung. 2004. "Economic Integration Tops State Agenda." *Viet Nam News*, July 8.

Nong Duc Manh. 2004. "Fundamental Changes Towards Quality Economic Growth and the Fight Against Vice." *Nhan Dan*, January 20.

Palmujoki, Eero. 2001. *Regionalism and Globalism in Southeast Asia*. New York: Palgrave.

Pempel, T. J. 1999. "The Developmental State in a Changing World Economy." Meredith Woo-Cumings (ed.). *The Developmental State*. Ithaca: Cornell University Press.

______, ed. 1999. *The Politics of the Asian Economic Crisis*. Ithaca: Cornell University Press.

Pham Gia Khiem. 2002. "Strengthen Cooperation, Promote Integration for the Future of a Prosperous Asia." *The Future of Asia 2002*. Tokyo: Nikkei Net Interactive.

Phan Van Khai. 2001. "Vietnam of Renewal, Development and Active International Economic Integration." *The Future of Asia 2001*. Tokyo: Nikkei Net Interactive.

Ramos, Fidel. 2004. "Philippines' Ex-President Ramos Urges East Asian Economic Bloc." *The Future of Asia 2004*. Tokyo: Nikkei Net Interactive.

Robison, Richard, Mark Beeson, Kanishka Jayasuriya and Hyuk-Rae Kim (eds.). 2000. *Politics and Markets in the Wake of the Asian Crisis*. London: Routledge.

______. 2001. "Indonesia: Crisis, Oligarchy, and Reform." Gary Rodan, Kevin

Hewison and Richard Robison (eds.). *The Political Economy South-East Asia.* 2nd Ed. South Melbourne: Oxford University Press.

Rodan, Gary. 2001. "Singapore: Globalization and the Politics of Economic Restructuring." Gary Rodan, Kevin Hewison and Richard Robison (eds.). *The Political Economy South-East Asia.* 2nd ed. South Melbourne: Oxford University Press.

______, Kevin Hewison and Richard Robison eds. 2001. *The Political Economy South-East Asia.* 2nd ed. South Melbourne: Oxford University Press.

Rohdewohld, Rainer. 2003. "Decentralization and the Indonesian Bureauracy." Edward Aspinall and Greg Fealy (eds.). *Local Power and Politics in Indonesia.* Singapore: ISEAS.

Shimomura, Yasutami, ed. 2003. *The Role of Governance in Asia.* Singapore: ISEAS.

Stiglitz, Joseph E. and Shahid Yusuf, eds. 2001. *Rethinking the East Asian Miracle.* Oxford: Oxford University Press.

Thaksin Shinawatra. 2002. "Asia Cooperation Dialogue: The New Asian Realism." Jakarta: ASEAN Secretariat.

______. 2003. "His Excellency Dr. Thaksin Shinawatra." *The Future of Asia 2003.* Tokyo: Nikkei Net Interactive.

Tigno, Jorge V. 2003. "Economic Viablility and Local Governance." Yasutami Shimomura (ed.). *The Role of Governance in Asia.* Singapore: ISEAS.

Transparency International. 2004. *Global Corruption Report.* Berlin.

Vogel, Ezra. 2001. *Is Japan Still Number One?* Subang Jaya: Pelanduk Publications.

Vu Khoan. 2000. "Vietnam and the Future of Asia." *The Future of Asia 2000.* Tokyo: Nikkei Net Interactive.

Wade, Robert. 1990. *Governing the Market.* Princeton: Princeton University Press.

Woo, Wing Thye, Jeffrey Sachs and Klaus Schwab, (eds.). 2000. *The Asian Financial Crisis: Lessons for a Resilient Asia.* Cambridge: MIT Press.

Woo-Cumings, Meredith, ed. 1999. *The Developmental State.* Ithaca: Cornell University Press.

World Bank. 1993. *The East Asian Miracle.* Oxford: Oxford University Press.

______. 2002. *Building Institutions for Markets.* Oxford; oxford University Press.

______. 2004. *World Development Indicators.* Washington D.C.: World Bank.

World Economic Forum. 2004. *Global Competitiveness Report.* Geneva.

동남아의 경제위기와 아세안(ASEAN)의 대응 제2장

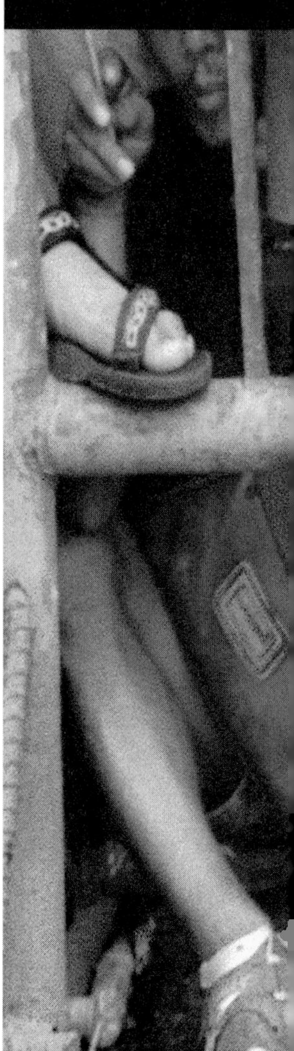

동남아의 경제위기와 아세안(ASEAN)의 대응

▌배긍찬

1. 문제제기

1967년에 창설된 아세안(ASEAN: Association of Southeast Asian Nations, 이하 아세안)이 역사상 가장 어려웠던 시기는 1997년부터 1998년까지의 기간이었다. 당초 아세안은 창설 30주년을 맞아 1997년 7월 중 미얀마, 라오스, 캄보디아 등 미가입 3개국을 모두 아세안에 가입시키고, 역내 10개국 전체가 참여하는 명실상부한 동남아의 지역협력체로서 장기적으로 이 지역 전체를 하나의 공동체로 만들어 나가려는 원대한 포부와 비전을 대내외적으로 천명함으로써 새로운 발전의 전기를 도모코자 했다. 아마도 이와 같은 계획이 축제 분위기 속에서 무난히 성사되었다면, 이는 아세안이 그간 내부적으로 안고 있었던 각종 문제들에 대한 아세안 나름의 해결방식이 성공을 거둔 것이라 자평할 수도 있었을 것이다. 즉 협의와 합의를 바탕으로 한 아세안의 점진적이고 단계적인 운영방식과 회원국들 사이의 정치, 경제적 차이를 관대하게 인정하는 상호내정 불간섭 원칙이 정당했다는 것을 재확인할 수 있었을 것이다.

그러나 1997년과 1998년의 몇 가지 주요 사건들은 이러한 아세안의 계획에 중대한 차질을 초래했을 뿐만 아니라, 내정불간섭이라는 기존의 아세안 운영 방식과 원칙이 재검토 대상으로 부각되었다. 먼저 캄보디아의 아세안 가입이 확정되기 직전 예기치 않은 훈센(Hun Sen)의 쿠데타로 인한 내부정변 때문에 무기한 연기되었고, 같은 시기 인도네시아의 삼림화재로 초래된 동남아의 연무 문제와 관련하여서도 아세안이 어떠한 실질적 대응책을 내놓지 못했기 때문이다. 더욱이 1997년 7월 태국으로부터 촉발된 동남아 금융위기가 말레이시아, 필리핀, 싱가포르 등 역내 국가들로 파급되면서, 1997년 10월에는 인도네시아가 태국에 이어 국제통화기금(IMF)의 구제금융을 요청하는 사태로까지 발전하게 되었다. 이와 같은 경제위기로 그간 동남아 지역의 안정과 번영 그리고 평화를 유지하는 데 중심적 역할을 수행해 왔던 아세안의 활동이 위축되고 역내 국가들간 내부적 단합이 이완되는 현상이 노정되었다. 설상가상으로 인도네시아의 경제위기 와중에서 1998년 5월 수하르또 대통령의 급작스런 퇴진은 아세안 내 지도력의 공백현상까지 초래하였다.

아세안은 과거 30여 년 동안 이 지역의 안정과 발전에 중요한 기여를 하여 왔으나, 1997년과 1998년에 걸친 일련의 사건들로 중대한 시련기를 맞이하게 되었다. 과연 아세안이 동남아의 지역협력체로서 적실성과 효율성을 갖고 제 기능을 수행할 수 있는가 하는 근본적인 의문이 제기될 수밖에 없는 상황이 전개된 것이다. 이러한 아세안 위기적 상황과 관련하여 일부 관측자들은 "아세안 한계론" 또는 심지어 "아세안의 실패"라고까지 평가를 내리기도 했다(Funston 1999, 205-19).

이와 같은 아세안의 위기상황은 지역협력체로서 아세안의 한계성을 드러낸 것으로 볼 수 있다. 아세안의 초기 형성과정에서부터 동남아 국가들은 자신들의 주권을 양도해야 하는 지역통합에 대해 유보적이었으며, 자국의 주권을 유지하는 범위 내에서 국가간 협력이 가능한 방안들을 모색해 왔다. 즉 아세안은 지역통합이 아닌 국가간 협력을 목표로 해왔으며, 초국가적 조직체라기보다는 주권국가들로 구성된 지역그룹(regional grouping)으로 존속해 왔다(McCloud 1995, 309-311). 이는 초기부터 하나로 통합된 유럽합중국을 목표로 낮은 단계의 초보적 경제협력에서부터 출발하여 몇 차례의 중요한 정치적 결단과 제도적 발전을 통해, 현재 고도의 정치, 경제, 사회적 통합이 이루어지고 있는 유럽의 통합과정과는 분명히 대조적인 것이다.

　지역협력체로서 아세안의 한계성은 역사적으로 동남아 정치와 경제의 구조적 취약성에 기인한 것으로 볼 수 있다(Beeson 2002, 549-64). 동남아의 근현대사를 볼 때 이 점은 보다 더 명료해진다. 동남아의 근대사는 서구 식민지배세력에 의한 자본주의 세계경제체제로의 강제적 편입과 왜곡된 식민지 종속발전, 이에 따른 경제적 수탈과 가난 그리고 지속적인 정치적 분열로 점철되어 왔다. 그리고 20세기 동남아는 제2차 세계대전 중 일본의 점령통치, 전후 탈식민화 과정과 동서냉전의 도래라는 공통의 외부적 조건하에서, 다종족적 사회구성에 기인한 근대민족국가 형성의 미완결로 특징지어질 수 있다(Bastin et al. 1968). 또한 한 때 경제 기적으로까지 칭송되었던 동남아 자본주의 경제발전도 실제로는 축조된 허상에 불과한 것으로 폄하되고 있으며, 자생적 발전의 토대가 결여된 동남아 경제는 외부적 지원 없이는 독자 생존하기 어려운 것이 현실이다(Kunio 1998). 이와 같은 경제, 사회적 조건들은 자연스럽게 권위주의적 통치체제와 친화력을 가질 수밖에 없었으며, 민주주의와 민주정치는 오히려 성장과 발전의 장애물로 인식되었던 것이다.

　동남아 국가들은 이러한 대내외적 조건과 환경하에서 자신들의 취약성을 극복하기 위해 나름대로 창의적인 대응을 모색해 왔다. 1967년 아세안이 창설된 배경도 바로 이러한 맥락에서 이해될 수 있다. 당시 동남아 비공산국가들의 가장 큰 위협은 냉전체제하에서 취약할 수밖에 없었던 자신들의 안보문제였으며, 최대 관심사는 자신들의 정치적 생존과 국가주권을 지켜나가는 문제였다. 애초부터 지역통합을 염두에 두고 역내협력을 시도했던 서유럽국가들과는 달리, 동남아 국가들은 지역그룹을 형성함으로써 자신들의 취약한 안보를 증진시켜 나갈 수 있는 방안들을 모색했다. 하지만 동남아 국가들은 미국, 소련, 중국, 인도 등 역외 강대세력들을 의식하여 역내 국가들간 군사안보동맹을 추구할 수도 없었다. 다시 말해서 아세안은 처음부터 높은 수준의 경제, 사회적 통합이나 군사동맹을 목표로 하지 않았으며, 냉전체제하에서 자신들의 정치적 생존과 주권수호를 목표로 하는 전략적 협력체로 출범했으며, "아세안 방식"(ASEAN way)이라는 그들만의 독특한 운영방식을 채택해 왔던 것이다(Acharya 2001, ch. 2). 이후 현재까지 아세안은 그 기본성격과 운영방식이 근본적으로 바뀌지 않고 있다.

이와 같은 관점에서 볼 때 동남아 국가들이 공식적인 법과 제도적 규범보다는 비공식인 사적 유대관계를 바탕으로 한 상호내정 불간섭 원칙(non-intervention principle)을 강조하는 아세안 방식이라는 조직 운영방식을 채택했던 것은 오히려 당연한 결과로 보아야 할 것이다.[1] 하지만 이는 진정한 의미의 통합, 즉 주권의 양도를 통한 국가간 통합을 저해하는 요인으로 작용할 수밖에 없었다. 그럼에도 불구하고 아세안의 전통적 운영방식은 1997년 위기가 닥치기 이전까지 적어도 표면적으로는 별 문제가 없는 것으로 비쳐졌다. 오히려 이 기간 중 아세안 방식은 동남아 국가들의 권위주의적 통치자들과 이들의 이익을 대변하는 관료, 학자들에 의해 옹호되고 정당화되어 왔다. 이들은 동남아 특유의 정치문화에 기반한 아세안 방식야 말로 동남아적 상황에 부합하는 가장 효율적인 조직 운영방식이라고 강변해 왔다. 그 결과 동남아 각국 정부와 그들이 후원하는 관변학자들에 의해 아세안의 실상이 감추어지거나 왜곡되는 현상이 초래되었던 것이다(Jones et al. 2002, 99-101).

반면 아세안 방식은 1997년과 1998년 아세안이 위기 상황을 맞이하기 이전부터 이미 역내통합에 장애로 작용하고 있었다. 1992년부터 동남아 전체를 하나의 자유무역지대로 형성하려는 아세안자유무역지대(AFTA: ASEAN Free Trade Area)를 추진하는 과정에서 각 회원국들은 자국의 주권과 관련된 사안들에 대해 매우 민감하게 반응해 왔으며, 심지어 일부국가들은 때때로 실질적 거부 또는 유보적 태도를 보이기 다반사였다. 분명히 아세안 방식은 지역그룹으로서 아세안의 운영원칙으로 작동될 수는 있으

---

1) 아세안의 상호 내정 불간섭 원칙에 대하여 Ramcharan(2000, 60-88)과 아세안 방식의 일반적 개념에 대해서 Capie et al.(2002)를 참조할 것.

나, 아세안자유무역지대와 같이 본격적인 지역통합을 위한 정책결정방식으로서는 상당한 문제점과 한계성을 내포하고 있는 점은 부인하기 어렵다(Hund 2002, 99-122).

그럼에도 불구하고 아세안 방식은 여전히 다수 동남아 국가들에 의해 옹호되고 있다. 서구 또는 역외 관찰자들은 아세안 방식에 대해 대체로 비판적 시각을 갖고 있는 반면, 아직도 동남아 국가들은 아세안 방식의 필요성을 강조하고 있다. 이들은 정치, 경제적으로 취약하고 사회, 문화적으로 다양성을 내포하고 있는 동남아 국가들이 아세안 방식 대신 법적 강제성과 제도적 규범만을 따라 아세안을 운영할 수 없는 현실을 지적한다. 이들은 만일 아세안이 서구적 통합모델인 유럽연합(EU)과 같이 법과 제도 중심의 운영방식을 채택했다면, 아세안은 이미 내부적 분열로 해체되었거나 아니면 지금보다도 더욱 유명무실한 기구로 전락할 수밖에 없었을 것이라고 보고 있다. 따라서 이들은 현재와 같은 아세안의 운영방식을 다양한 내부적 분열요소를 가지고 있는 동남아 국가들의 갈등과 대립을 완화하고 해소하는 유일한 대안으로 간주하고 있다.

그러나 많은 외부 관찰자들이 지적하듯이, 이러한 동남아 국가들의 자기 옹호적 태도는 아세안이 갈등해결을 위한 지역협력기구가 아니라 갈등을 회피하려는 사교클럽에 불과하다는 비판을 면하기 어렵다(Narine 1999, 360). 왜냐하면 비록 아세안이 과거 냉전이라는 국제환경에 대응하기 위해 창설된 것이기는 하지만, 1990년대 초반 냉전종식 이후 새로운 외부적 환경변화에 능동적으로 대응하기 위해서는 과거의 운영방식과 원칙으로부터 변화를 모색했어야 했기 때문이다. 물론 아세안은 1990년대 새로운 환경변화에 기민하게 대응해 왔으며, 이러한 노력 덕택에 한 때 아태지역협력의 중심적 역할을 수행하는 역동적 지역협력체로 인식되어 왔다. 먼저 지역경제협력 문제와 관련하여 1992년부터 역내적으로는 아세안자유무역지대를 추진해 왔으며, 역외적으로는 동아시아경제협력(EAEC) 구상을 제기하고 아시아-태평양 경제협력체(APEC)의 운영과 1996년 아시아-유럽 경제회의(ASEM)의 창설에도 중요한 역할을 담당해 왔다. 또한 1994년 이후 아태지역 유일의 정부간 다자안보대화체인 아세안 지역포럼(ARF)을 창설, 주도해 나감으로써 지역안보대화 및 협력에 있어서도 중심적 역할을 수행해 왔다. 뿐만 아니라 궁극적으로 동남아 10개국 전체를 아세안의 협력 틀 안에 끌어들이기 위한 원대한 비전을 실행에 옮기려는 다양한 노력도 시도해 왔다.

하지만 냉전종식이라는 새로운 환경변화에 대응하여 역내외적으로 각종 협력구도를 창출하거나 자신들의 주도적 역할을 강화해 나가는 데는 성공했지만, 역내 국가들간 지역협력의 차원을 넘어서 지역통합을 이룩하기 위한 실질적인 노력이 상대적으로 부족했다는 점은 부인할 수 없다. 이러한 측면에서 볼 때 1997년 이후 표출된 아세안의 위기상황은 상당 부분 동남아 국가들 스스로 자초한 측면도 있음을 간과되어서는 안될 것이다. 결국 논의의 핵심은 아세안이 자체의 내부적 문제들을 스스로 해결할 능력이 있는가 하는 데 있다고 보여진다.

본 연구는 1997년 경제위기로 대변되고 있는 아세안의 위기에 대해 동남아국가들이 어떠한 대응을 했는지 살펴보고, 이에 대한 비판적 성찰을 통하여 21세기 아세안의 발전전망을 조망해 보려는 데 그 목적이 있다. 이와 같은 연구목적을 위하여 본 연구는 먼저 1997년 동남아 경제위기에 대한 아세안의 일차적 대응을 살펴보고, 회원국 확대, 연무 문제, 역내 리더십 공백현상 등 1997년부터 1998년 사이 아세안이 직면했던 총체적 위기 상황에 대해 검토할 것이다. 그리고 이러한 각종 역내 위기에 대한 아세안의 대응을 아세안 방식에 대한 재검토 문제, 아세안 트로이카(Troika) 설치, 아세안+3 협력 추진, 아세안 공동체 구상 등을 중심으로 심층적으로 분석할 것이다. 마지막으로 이와 같은 관찰과 분석을 토대로 21세기 동남아 지역통합의 장래를 조망하려고 한다.

2. 역내 경제위기와 아세안의 일차적 대응

아세안은 1994년 멕시코 금융위기가 발생한 직후였던 1995년에 이미 각국의 외무 장관들을 통하여 국제통화기금에 대해 이와 유사한 금융위기가 동남아에서 재발되지 않도록 국제통화의 흐름을 보다 더 면밀히 감시해 달라고 요청한 바 있다. 그러나 아세안 재무 장관들이 처음으로 회동한 것은 공교롭게도 금융위기가 발생하기 직전인 1997년 4월이었는데, 이 자리에서 각국의 재무 장관들은 상호 거시경제정책에 대한 의견교환과 각국의 금융정책과 규제에 대한 투명성 제고를 골자로 하는 아세안 협력에 대한 이해각서(a Memorandum of Understanding on ASEAN cooperation)를 채택했다.[2] 또한 아세안 재무 장관들은 캉드쉬 국제통화기금 총재와도 만나 아세안 국가들의 경제기반이 견실하기 때문에 향후에도 지속적인 성장을 이룩할 수 있다는 데 견해를 함께 하기도 했다.

이와 같은 움직임은 아세안 각국의 중앙은행들이 역내 통화불안정에 대처하기 위한 이 지역국가들의 능력을 제고하기 위해 협력하고 있음을 반영하는 것이었다. 실제로 동남아 금융위기에 대한 초기 아세안의 공동대응은 나름대로 성공적인 것으로 평가될 수 있다. 1997년 5월 국제투기세력이 태국 바트화에 대해 공세를 취했을 때, 아세안의 중앙은행들은 태국에 대규모 자금지원을 함으로써 바트화의 일시적 안정을 꾀할 수 있었다. 그러나 1997년 7월 이후 바트화가 대폭락하고 금융위기가 태국과 인도네시아에 이어 말레이시아, 싱가포르, 필리핀 등 동남아 전역에 확산되자 아세안의 중앙은행들도 더 이상의 방어가 불가능하게 되었다.

동남아 금융위기가 진정되지 않고 계속 심화될 조짐을 보이자, 아세안은 1997년 11월 마닐라 아시아-태평양 경제협력(APEC) 회의, 1997년 12

---

2) 이는 1967년에 출범한 아세안이 그간 역내금융협력과 관련하여 별다른 노력을 하지 않았다는 것을 의미하는 것으로, 창설 30여 년 가까이 역내금융협력이 사실상 전무했다는 점은 아세안의 경제협력이 상대적으로 초보적 수준임을 알려주는 증거이기도 하다.

월과 1998년 2월에 개최된 특별 재무 장관 회의, 그리고 1997년 12월 쿠알라 룸프르에서 개최된 제2차 아세안 비공식 정상회의 등을 통하여 다음과 같은 공동의 대응책을 모색했다. 그 내용은 첫째, 태국 및 인도네시아에 대한 국제통화기금(IMF)의 긴급지원을 통한 금융위기 극복, 둘째, 미국, 일본, 유럽연합 등 역외 경제대국들로부터의 외채만기연장 등을 통한 지원확보 및 국제 신인도 제고, 셋째, 동남아 및 동아시아 국가들간 교역시 역내통화결재 비중 제고, 넷째, 무역개방 및 투자환경개선 등 자유화의 진전을 위한 내부적 감시체제(a peer surveillance scheme) 구축 약속 등이다.[3]

그럼에도 불구하고 이와 같은 아세안 차원의 대응에 대해 미국 및 유럽연합 등 서구국가들의 초기 반응은 상대적으로 냉담한 것이었다. 이는 기본적으로 서구국가들이 초기에 동남아 금융위기를 심각한 것으로 여기지 않았을 뿐만 아니라, 자신들의 경제에 중요한 영향을 미칠 것으로 생각하지 않았고, 정경유착과 부패 그리고 투명성 결여 등으로 대변되는 소위 '아시아적 가치'(Asian Values)에 기인한 것으로 보았기 때문이다. 금융위기를 극복하기 위한 아세안의 대응에 대해 미국 등 서구국가들이 냉담한 태도를 보이게 한 또 다른 이유는 아세안이 동아시아국가들을 대상으로 국제통화기금과는 별도로 독립적인 아시아통화기금(AMF) 또는 아시아기금(Asian Fund)을 설립하자고 제안했기 때문이기도 하다(Narine 2001, 227-54). 이와 같은 배경에는 동아시아 경제를 주도하는 일본이 자신을 중심으로 한 역내금융기구를 설립하려는 의도가 짙게 깔려 있었던 것이 사실이다. 1997년 9월 태국에 의해 처음 공식 제기된 이 제안은 아세안과 일본으로부터는 일단 환영을 받았지만, 이를 동아시아국가들이 국제통화기금의 엄격한 조건들을 회피하기 위한 수단으로 활용할 가능성과 자신이 실질적으로 주도하는 국제통화기금의 권능이 훼손될 것을 우려한 미국의 강력한 반대에 부딪쳐 무산되고 말았다(Higgott 2000, 254-63).

---

3) 1997년 동남아 경제위기와 관련한 아세안의 일차적 대응과 관련하여 Soesastro(1999, 158-69)를 참조할 것.

한편 동남아 금융위기에 대한 아세안의 대응이 효과적이지 못했던 또 다른 이유는 사태발생이후 금융개혁과 재정긴축, IMF의 역할 등 주요 사안들에 대한 아세안 각국 지도자들의 모순된 정책과 행동으로 실질적인 공동보조를 취하기 어려웠다는 점을 들 수 있다(배긍찬 1999, 44-5). 예컨대 마하티르 말레이시아 수상의 대서방 환투기 세력에 대한 공개적 비난과 같은 것은 오히려 동남아지역의 금융위기를 가속화시키는 요인으로 작용했던 것이 사실이다. 따라서 국제통화기금과 미국, 유럽연합 등 국제사회는 동남아 금융위기에 대해 아세안을 중심으로 지역적 차원에서 접근하기보다는 개별국가별로 차별적으로 지원하는 양상을 보여 주었다. 실제로 내부적 구조조정에 적극적이었던 태국에 대한 국제사회의 지원이 원활히 이루어져 왔던 것과는 대조적으로, 상대적으로 내부개혁이 지지부진했던 인도네시아에 대한 국제사회의 지원은 소극적일 수밖에 없었다. 이는 결국 금융위기에 대한 아세안의 공동대응이 성공적이지 못했음을 반영하고 있는 것이다.

3. 아세안의 총체적 위기

그러나 1997년과 1998년 동남아 국가들이 당면했던 경제위기는 당시 아세안이 직면했던 위기적 상황의 일부분일 뿐이었다. 다시 말해서 당시 아세안의 위기는 단순히 경제위기에 국한된 것이 아니라, 그간 아세안 내부에서 누적되어온 제반 문제들이 동시다발적으로 노정되는 총체적 위기국면의 상황이 연출되었기 때문이다. 1990년대 중반부터 추진해 온 아세안 회원국 확대 문제, 인도네시아 삼림화재에서 비롯된 역내 연무 문제, 수하르또 대통령의 급작스런 퇴진으로 초래된 아세안 내 리더십의 공백현상 초래 등이 바로 그런 것들이었다. 따라서 당시 아세안의 위기를 이해하기 위해서는 다차원적 고찰이 필요하다.

1) 회원국 확대

　주지하다시피 아세안은 1967년 인도네시아, 태국, 말레이시아, 싱가포르, 필리핀 등 5개국으로 출범했다. 그러나 창설 당시부터 아세안 지도자들은 이러한 협력체가 궁극적으로 역내국가 전체를 포함하는 지역협력체를 지향해 나가야 한다는 장기적 비전을 갖고 있었으며, 이는 동남아 지역주의의 중요한 기초를 제공해 주었다(Abad 2003, 40). 물론 당시 냉전체제하에서 그러한 비전은 결코 이루어질 수 없는 이상에 불과했으나, 1990년대 들어 냉전이 종식되면서 단계적으로 실현되기 시작했다. 이미 1984년에 신생 독립국 브루나이가 아세안 회원국으로 가입한바 있고, 1995년에는 베트남의 아세안 가입이 이루어졌다. 이후 아세안 회원국 확대는 가속화되어 1997년에 라오스와 미얀마가, 1999년에는 캄보디아의 가입이 이루어지면서 마침내 아세안은 역내 10개국 전체를 포괄하는 명실상부한 동남아 지역협력체로서의 모습을 갖추게 되었다.

　아세안이 과거 냉전시기 적대적 관계에 있었던 베트남과 라오스, 캄보디아 등 인도차이나 사회주의권 국가들을 회원국으로 받아들일 수 있었던 것은 상호 국내정치, 경제적 차이를 관대하게 인정하는 아세안의 내정불가침 원칙이 작용한 결과로 볼 수 있다. 또한 전통적으로 중국에 대해 높은 수준의 정치, 경제, 군사, 문화, 심리적 위협인식을 갖고 있는 아세안 국가들이 베트남, 라오스, 캄보디아, 미얀마 등 미가입국들을 쉽게 회원국으로 받아들인 이면에는, 만일 아세안이 미가입국들을 그대로 방치할 경우 이들 국가들이 냉전종식 이후 이 지역에서 꾸준히 영향력 확대를 도모하는 중국의 위성국으로 전락할 가능성을 고려한 결과이기도 했다.4)

　1997년 초반만 하더라도 아세안의 신규회원국 가입문제와 관련하여 가장 논란이 되었던 국가는 캄보디아가 아니라 미얀마였다.5) 미국 및 유럽연합(EU) 등 서구국가들은 인권과 민주주의 문제로 미얀마와 심각한 갈등

---

4) 중국과 미얀마, 라오스, 캄보디아, 베트남 관계에 대해 Muni(2002)를 참조할 것.
5) 미얀마의 아세안 가입문제와 관련하여 Than et al.(2001, 249-61)을 참조할 것.

과 마찰을 빚어 왔으며, 미얀마의 아세안 가입을 강력히 반대해 왔기 때문이다. 그럼에도 불구하고 아세안은 공동의 대응을 통하여 1997년 7월 미얀마의 가입을 결국 관철시킬 수 있었다. 이는 아세안이 미얀마 군사정권에 대해 반정부 민주지도자 아웅산 수지 여사와 공개적 대화를 갖도록 권고하고, 아세안 지도자들이 개별적으로 미얀마의 인권신장을 감시해 나가겠다는 결의를 보여 주었기 때문이다. 미얀마에 대한 아세안의 정책은 단순히 집권 군사정권을 승인한다는 차원과는 다른 것으로, 미국이 중국에 대해 취하고 있는 건설적 관여정책(constructive engagement)과도 맥락을 같이하고 있는 것이다. 즉 아세안은 인권문제로 미얀마를 계속 방치할 경우 고립된 미얀마 군사정권이 동남아국가들이 경계하고 있는 중국의 영향력하에 들어갈 수밖에 없다고 판단하고, 미얀마를 아세안의 틀 안에 끌어들여 계속적으로 관여해 나가는 것이 바람직하다는 논리를 펴 왔다.

이후 서방국가들은 미얀마 군사정권에 대해 계속 비판적 태도를 취하기는 했으나, 결국 미얀마 문제해결을 위한 아세안의 노력을 지지한다는 입장으로 선회함으로써 미얀마의 아세안 가입을 사실상 수용하는 태도를 보여 주었다. 그러나 물론 아직도 미얀마 문제가 완전히 해결되었다고 볼 수는 없다. 미국은 여전히 미얀마에 대한 무역제재조치를 해제하지 않고 있으며, EU는 아직도 미얀마가 참여하는 회의를 거부하기도 하기 때문이다. 따라서 아세안이 미얀마에 대해 추구하는 건설적 관여정책이 대외적으로 받아들여지기 위해서는 미얀마의 인권상황이 실제로 얼마나 개선될 것인가 하는 데에 달려있다고 할 수 있다.

한편, 예상치 못했던 문제는 캄보디아에서 발생했다. 아세안은 캄보디아를 미얀마, 라오스와 함께 1997년 7월 아세안의 정회원국으로 받아들이기로 했으나, 가입결정 직전 훈센의 쿠데타로 잠정 유보되고 말았다. 1997년 7월 초 훈센 측이 캄보디아 공동정권의 파트너였던 라나리드 측에 대해 무력시위를 벌이자, 아세안은 양측에게 갈등을 평화적으로 해결하고 캄보디아 문제해결을 위한 1991년 파리협정을 준수할 것을 촉구했다. 이어 아세안은 캄보디아의 아세안 가입을 연기하고 인도네시아, 태국, 필리핀 등 3개국으로 구성된 특별대책반을 구성하여 캄보디아 사태를 중재할 것을 결정했다. 이후 아세안은 쿠데타를 통해 실질적으로 캄보디아를 지배하게 된 훈센 정권에 대한 완전한 승인을 유보한 채, 1991년 파리협정에 의거하여 공동 정권을 복원시키고 자유롭고 공정한 선거를 실시할 것을 계속 요구했다. 그러나 이와 같은 아세안 측의 태도에 대해 훈센은 아세안의 정책결정이 일관성이 없다고 강력히 반발했다. 즉, 아세안이 이제까지 여타 다른 회원국들의 내부적 정치문제는 거론하지 않으면서 유독 캄보디아에 대해서 만큼은 유별난 취급을 하고 있다고 비난하고 나선 것이다. 특히 1990년 선거결과를 무시하고 정권을 탈취한 미얀마 군사정권의 아세안 가입과 인도네시아의 선거폭력, 태국의 선거부정, 베트남과 라오스의 일당독재 문제 등을 거론함으로써 이 문제를 놓고 심지어 아세안 내부에서조차 심각한 논쟁이 벌어진 바 있다.

캄보디아 문제에 대한 아세안의 입장은 아세안이 주도적으로 참여하여 법적인 틀을 마련한 1991년 파리협정을 계속 준수하여야 한다는 점에서 그렇지 않은 미얀마의 경우와는 구별되는 것이다. 즉 파리협정에 의거하여 아세안은 캄보디아 문제에 직접적으로 개입해야 한다는 것이며, 이러한 아세안의 입장은 미국, 일본 등 역외 국가들로부터 지지를 받아 왔다. 결국 캄보디아 사태해결을 위한 아세안의 입장에 대해 국제사회의 지지가 높아지자 훈센 측도 처음 예상했던 것보다는 많은 양보를 하지 않을 수 없게 되었다. 따라서 캄보디아 총선은 유엔 및 아세안 등 국제사회의 감시하에 1998년 7월 26일 순조롭게 치러졌으며, 캄보디아의 아세안 가입은 1999년에 가서야 이루어질 수 있었다.

하지만 아세안의 회원국 확대는 아세안 내부의 또 다른 문제점들을 확대재생산 할 수 있는 조건들을 제공했다. 1995년부터 1999년 사이에 이루어진 아세안 회원국 확대문제는 아세안의 내부양상을 더욱 더 복잡하게 만들었기 때문이다(Hernandez 2001, 103-20) 다시 말해서 회원국 확대에 따라 아세안 내부에 두 개의 이질적 그룹이 형성되기 시작했다는 점이다. 태국, 필리핀, 말레이시아, 인도네시아, 싱가포르, 브루나이 등 기존 선발 6개국은 여전히 내부적으로 많은 문제점들을 갖고 있기는 하지만, 상대적으로 높은 수준의 민주화와 경제성장을 이룩했으며, 서구와 인권문제로 마찰이 적은 국가들이다. 반면 이와는 대조적으로 신규 후발 가입국으로 분류되는 캄보디아, 라오스, 미얀마, 베트남 등 동남아 대륙부와 인도차이나 반도의 소위 CLMV 국가들은 대부분 경제적으로 크게 낙후된 세계 최빈국가들이며, 아직도 통제경제체제를 유지하고 있고, 잠재적으로 체제변동시 높은 정치적 불안정성을 내포하고 있을 뿐만 아니라, 심각한 인권문제들을 갖고 있는 국가들이다.

따라서 이러한 아세안 내부의 선후발 국가들간 격차문제는 아세안 내 의사결정과 합의도출에 많은 어려움을 초래할 수밖에 없는 상황이다. 실제로 1999년 이후 동남아 10개국 전체가 아세안 회원국이 된 이후 역내 두 개의 이질적 그룹이 형성되고 있다. 따라서 현재 아세안의 가장 중요한 내부적 통합의 과제는 선발국과 후발국 간 발전 격차를 줄이는 문제로 압축되고 있다. 이에 따라 동남아국가들은 1997년 12월 아세안의 장기적 발전비전으로서 '아세안 비전 2020'(ASEAN Vision 2020)을 지시했으며, 1998년 12월에는 이를 구체화하는 행동계획으로서 'Hanoi Plan of Action'을 채택한 바 있다. 이들은 모두 동남아 10개국 전체를 하나의 운명공동체로 만들어 나가는 것을 목표로 하고 있으며, 특히 역내 선후발 국가들간 격차해소를 강조하고 있다(Tay 2001, 243-72). 하지만 이 문제는 결코 단시일 내 해결될 수 없는 장기적 과제가 될 수밖에 없으며, 자체의 경제적 여력이 부족한 역내국가들만으로는 이러한 문제를 해결하는 데 분명한 한계가 존재하고 있다.

2) 연무 발생

    동남아 연무 문제 또한 회원국 확대문제와 더불어 아세안의 내부적 문제의식을 심화시키는 중요한 요인이 되었다. 사실 연무 문제는 그다지 새로운 문제는 아니었다. 인도네시아의 칼리만탄과 수마트라의 농민들은 야자유와 펄프생산을 위해 매년 숲에 불을 질러 왔으며, 이로 인한 연무로 인근 주변지역이 크고 작은 피해를 계속 입어 왔던 것이 사실이다. 동남아 연무 문제가 1997년 가을에 특히 범지역적 문제로 크게 부각된 것은 예년과는 달리 엘니뇨의 영향으로 계속되는 삼림화재와 연무로 그 피해가 막대했기 때문이다. 즉, 브루나이, 인도네시아, 말레이시아, 싱가포르 그리고 태국과 필리핀 남부까지 넓게 퍼져 해당지역 주민들의 건강에 악영향을 미쳤음은 물론 그 경제적 피해액만도 무려 14억 달러에 달하는 것으로 추정된다. 또한 이 같은 사태는 1997년에 이어 1999년에도 유사하게 재현된바 있다.

    따라서 연무 문제는 단순히 인도네시아만의 내부문제가 아니라 동남아 전체의 문제라는 사실에도 불구하고, 아세안은 이 문제해결에 소극적 자세로 일관함으로써 실질적 대응을 하지 못했다는 데 문제가 있었다. 즉 아세안은 연무 발생이라는 역내공동의 문제를 상호내정 불간섭 원칙에 따라 사실상 방관적 태도를 취했던 것이다. 먼저 인도네시아 정부는 불법적으로 자행되고 있는 방화행위를 단속할 의지도 능력도 보여 주지 못했으며, 피해 당사국들도 인도네시아에 대해 공개적인 항의조차 하지 않았다. 더욱이 아세안도 연무가 몬순으로 이미 제거된 1997년 12월에 가서야 처음으로 이 문제해결을 위한 환경 장관 회의를 개최했을 뿐이다. 이 회의에서 관련국들은 삼림화재를 예방하기 위한 행동지침을 마련했는데, 그 내용은 몇 가지 예방조치와 함께 감시체제를 마련하고 인도네시아의 소방능력을 강화하는 것 등이다. 그러나 이러한 행동지침은 엄청난 재앙을 부를 수 있는 삼림화재와 연무 문제를 근본적으로 해결하기에는 절대적으로 역부족이며 소극적이고 때늦은 조치라고 할 수밖에 없다(Tay 1998, 99-117).

다만 동남아 각국 지도자들간 비공식적인 접촉과 항의를 통하여 인도네시아 정부의 공식사과를 받아냈다는 점 정도가 하나의 진전된 소득이라 할 정도이다. 그러나 더 이상의 근본적인 대책이 마련되지 않는 한, 이와 같은 삼림화재가 인도네시아에서 계속된다면 앞으로 1997년과 유사한 사태가 발생하지 않는다는 보장도 없다. 결국 연무 문제는 아세안 차원의 지역 환경관리가 실패한 대표적 사례로 남게 되었으며, 동남아 각국이 개발의 논리를 앞세워 환경을 희생시키는 정책을 고수하는 한 환경문제와 관련된 국제무대에서 아세안의 입지는 약화될 수밖에 없는 문제이다.

3) 역내 리더십의 공백 초래

1997년과 1998년 사이 아세안이 직면했던 또 다른 위기 상황은 역내 리더십의 공백현상으로 나타났다. 주지하다시피 아세안은 조직운영 원칙상 공식적으로 주도국을 인정하고 있지 않으나, 인도네시아는 거대한 인구, 영토, 자원 그리고 지정학적 위치 덕택에 그간 아세안 내에서 자연스럽게 지도적 역할을 수행해 왔다(Smith 2000). 특히 수하르또 전 대통령은 아세안 창설 이래 30년간 역내 최장수 집권자로서 아세안의 발전과 운영에 매우 중요한 역할을 담당해 왔다. 그러나 1998년 5월 수하르또 대통령은 전격 퇴진하게 되었으며, 경제위기로 인한 국내정치적 혼란으로 인도네시아는 당분간 국제무대에서 자신의 고유한 역할을 수행하기 어려운 상태에 직면하게 되었다.

이는 곧 아세안 내 리더십의 공백현상으로 나타났다. 태국은 고도경제 성장을 바탕으로 인도차이나 국가들과 미얀마 등 주변 국가들에 대해 정치, 경제적 영향력을 행사함으로써 동남아 대륙부의 중심국가로 도약하고자 했으나, 당면한 경제위기는 지역맹주를 꿈꾸는 태국의 발목을 잡았다. 그리고 인도네시아 수하르또 전 대통령과 아세안 내 리더십을 놓고 경쟁해 왔으며, 금융위기 이후 대서방 공세를 통해 동남아를 대변코자 했던 말레이시아의 마하티르 수상도 정적 안와르 부총리 구속 등 어려운 국내정치 문제로 대내적 도전에 직면하게 됨으로써 아세안을 주도할 만한 형편이 되지 못했다. 동남아 국가 중 중장기적으로 역내 잠재적 주도국 위치를 꿈꿀 수 있는 베트남도 아직 아세안 내 지도력을 발휘할 상황은 아니었다. 결국 이러한 리더십의 공백현상은 내부결속의 이완과 아세안 운영의 부진으로 이어졌으며, 경제위기에 직면했던 아세안이 정치적으로 표류할 수밖에 없었던 중요한 원인이 되었다.

4. 아세안의 대응

1997년 이후 위기적 상황에 직면했던 아세안은 이를 극복하기 위해 다양한 차원의 대응책을 제기해 왔으며, 새로운 진로를 모색해 오고 있다. 먼저 비개입 원칙을 바탕으로 한 기존 아세안의 운영방식에 대해 재검토가 이루어진 바 있으며, 아세안 트로이카(Troika)와 같이 역내 위기시 효율적으로 대응할 수 있는 여러 가지 방안들이 제기되었다. 특히 금융위기 이후 동남아국가들의 경제성장 한계를 극복하기 위하여 역외 동북아 국가들과 협력 및 연대를 강화해 나감으로써 아세안 자체의 한계를 극복하려는 노력을 경주하고 있다. 또한 최근에는 아세안을 하나의 안보, 경제, 문화적 공동체로 형성해 나가려는 장기적 구상을 채택한바 있다.

그러나 아세안은 여전히 내정 불간섭에 대한 원칙에 대한 전향적 변화를 도모하지 못하고 있으며, 새롭게 채택된 아세안 트로이카체제가 장래 효율적으로 작동하리라는 확신을 갖고 있지도 못하다. 다만 동북아 국가들과 협력을 강화하려는 아세안+3 협력체제는 상당히 가시화, 구체화되고 있으나, 궁극적으로 약소국들의 연합체인 아세안이 동아시아의 두 강대국가인 중국과 일본의 영향력하에서 자신들의 주도권과 정체성을 어떻게 유지해 나갈 것인가 하는 점도 아직 분명치 않다. 또한 최근 아세안이 채택한 공동체 구상이 실현되기 위해서는 적어도 20여 년이라는 장기간이 소요될 것으로 보인다.

1) 내정불간섭 원칙의 재검토

아세안은 1998년 7월 마닐라에서 개최된 제31차 아세안 정례 외무 장관 회의(AMM)를 통하여 내정 불간섭 원칙에 대한 재검토 문제를 논의했으며, 이로 인해 아세안 내부의 논쟁이 뜨겁게 가열되기도 했다. 이 문제는 태국의 수린 외무 장관에 의해 공식 제기되었는데, 역내국가들간 이견이 표출되어 완전한 합의에 이르지 못했다. 수린 외무 장관은 미얀마 인권문제와 캄보디아의 신규회원국 가입문제뿐만 아니라 금융위기, 불법이민, 아동매춘 등 역내 다양한 초국가적 문제들을 해결하기 위해 아세안은 전통적 비개입 정책으로부터 개방성과 투명성을 바탕으로 하는 새로운 건설적 개입(constructive intervention) 또는 융통성 있는 관여정책(flexible engagement)으로 전환해야 한다는 주장을 펼쳤다.

이처럼 태국이 내정 불간섭 원칙에 대한 재검토 문제를 제기한 직접적 이유는 인접 미얀마의 국내정치 불안정 때문에 이미 10만 명 이상의 미얀마 난민 및 불법 이민자가 태국으로 대거 유입되고 있기 때문이며, 미얀마 인권문제로 유럽연합 등 서구국가들과 아세안이 외교적 마찰을 계속 빚어 왔기 때문이다. 또한 개방성 및 투명성 그리고 고도의 상호의존을 요구하는 세계화가 이미 거스를 수 없는 대세가 되고 있는 마당에 아세안 운영도 더 이상 예외가 될 수 없다는 인식도 깔려 있다. 그리고 이것은 아세안자유무역지대의 추진과 회원국 확대를 통하여 아세안이 공동체를 지향하는 상황에서 향후 아세안의 운영이 보다 더 공식화, 제도화될 필요성이 커지고 있다는 추세를 반영하고 있는 것이기도 하다.

이에 대해 필리핀은 지지의사를 보내는 반면 전통적 비개입 원칙 고수를 주장하는 싱가포르, 인도네시아, 말레이시아는 반대의사를 표명했다. 결국 논의는 일국의 내정문제로 타국에 영향을 미칠 수 있는 사안들에 대해서 개입이나 관여보다는 상호대화 증진(enhanced interaction)을 모색한다는 선에서 일단 마무리되었다. 그러나 상호대화 증진이라는 것은 기존의 아세안 운영방식에 비추어 볼 때 결코 새로운 정책이라 할 수 없으며, 다만 타협의 모양을 갖춘 외교적 수사에 지나지 않은 것이 사실이다(Haacke 1999, 581-611).

이 문제는 동남아 각국 정치체제의 민주화 및 개방성 정도와 아세안 내 리더십 향배와도 관련이 있는 문제이다. 태국이 건설적 개입이라는 새로운 원칙을 제기한 이면에는 1990년대 태국이 이룩한 민주화를 바탕으로 세계화 및 보편적 가치의 확산으로 대변되고 있는 변화된 국제환경하에서 아세안 운영에 새로운 방향을 제시함으로써 역내 리더십을 확보하려는 의도로 볼 수 있으며, 태국과 함께 민주화의 진전을 이룩한 필리핀 역시 이에 동조한바 있다. 반면 민주화의 수준에 있어서 답보상태에 머물고 있으며 상대적으로 폐쇄적이고 보수적 정치체제를 유지하고 있는 말레이시아, 인도네시아, 싱가포르 등은 이러한 태국의 개입정책에 제동을 걸었으며, 베트남, 라오스, 미얀마 등 국내적으로 일당지배체제 또는 억압적 군부 권위주의 통치체제를 유지하고 있는 국가들도 조용히 반대의사를 표시했다. 이들 국가들은 태국의 제안이 다양한 정치, 경제, 종교, 문화, 인종적 배경을 가진 동남아국가들에게 적용하기에는 상당히 비현실적이며, 지나치게 서구적 접근방식이라는 비판적 시각을 갖고 있다.

태국의 제안을 지지했던 필리핀도 기본적으로는 건설적 개입정책이 바람직하다고 보고 있으나, 아직도 다수의 동남아국가들이 이러한 새로운 아세안 운영원칙을 받아들이기는 시기상조라는 점을 인정하고 있다. 따라서 이 문제는 당분간 완전한 합의에 이르지 못할 것으로 보이며, 건설적 개입 또는 융통성 있는 관여정책이 아세안의 새로운 운영원칙으로 자리잡아나가기까지는 상당한 시간과 내부적 진통이 뒤따를 수밖에 없을 것이다. 더욱이 내정불간섭 원칙의 변경을 주장했던 태국도 2001년 탁씬 수상이 집권하면서 건설적 개입정책에 대한 후퇴를 시사함으로써, 과거의 입장으로 회귀하는 모습을 보여 주었고 아세안의 운영원칙 변경문제는 더 이상 공개적으로 거론되지 않고 있다.

그러나 2003년 5월 미얀마 사태에 대한 아세안의 반응은 향후 아세안의 내정불간섭 원칙에 대한 새로운 가능성을 시사하는 것으로 보인다. 미얀마 군사정부가 또 다시 야당 지도자 아웅산 수지 여사와 야권세력에 대한 대대적 탄압을 가하자, 아세안 국가들은 전과는 달리 미얀마 정부를 공개적으로 비난하고, 미얀마 정부에 대해 야권과 대화하고 타협하도록 압력을 가했기 때문이다. 물론 최근 미얀마 사태에 대한 아세안의 반응이 곧바로 내정불간섭 원칙의 근본적인 변화를 의미하는 것은 아닐지라도, 향후 아세안은 역내정세에 중대한 영향을 미칠 수 있는 사안에 대해서는 보다 공개적인 논의와 대응을 할 수 있는 여지를 보여 준 것으로 평가된다.

2) 아세안 트로이카(Troika) 설치

아세안은 1999년 11월 마닐라에서 개최된 비공식 정상회의의 결정에 따라 각료급의 '아세안 트로이카' 설치 및 운영에 관한 원칙에 합의했다. 아세안이 이와 같은 결정을 내린 배경은 1997년 동아시아 금융위기에 아세안이 능동적으로 대처하지 못했다는 반성에 기인한 것으로, 아세안이 동남아 지역협력체로서 변화하는 새로운 환경에 적극적으로 대응하지 못할 경우 그 적실성과 효율성이 크게 손상될 것이라는 우려 때문이다. 아세안 트로이카는 비상설기구로서 회원국간 순번제로 맡고 있는 아세안 상임위원회

(ASC: ASEAN Standing Committee) 의장이 역내 평화와 안전을 위협하는 위기상황이 발생했다고 판단할 경우, 전직, 현직, 차기 의장국 등 3국의 외무 장관들로 구성된 특별 임무팀(task force)을 구성하여 위기에 대응함으로써 아세안 협력을 한 차원 높이려는 데 그 목적이 있는 것이다.

그러나 아세안 트로이카가 정상적으로 작동하기까지는 많은 문제점과 불확실성이 남아 있는 것도 사실이다. 먼저 아세안 트로이카는 의결기구가 아닌 협의기구이며 주어진 과제 이외의 업무는 수행할 수 없을 뿐만 아니라, 무엇보다도 회원국들의 내부 정치문제에는 간여할 수 없도록 되어 있기 때문이다. 더욱이 아세안 트로이카가 실제로 작동하기 위해서는 문제 당사국을 포함한 10개국 전체의 합의를 필요로 하기 때문에 사실상 독자적 행동영역 및 재량권이 거의 없다고 볼 수 있다.

아세안 트로이카는 1997년 캄보디아에서 현 훈센 수상에 의한 쿠데타가 발생했을 때 처음으로 시도된바 있으나, 1999년 동티모르 사태 발생시에는 아세안이 실질적으로 아무런 역할도 하지 못했다.[6] 동남아지역은 해적, 마약, 테러, 난민, 불법이민 등 다양한 초국가적 안보문제들이 존재하고 있으며, 특히 인도네시아는 아쩨(Ache) 일부 지역의 분리독립 움직임, 말루쿠 지역의 종교분쟁, 연무 등 주변국들에게 중대한 영향을 미칠 수 있는 많은 내부문제들을 안고 있다. 강력하고 효율적인 아세안 트로이카 구상은 미얀마와 마약 및 난민문제로 어려움에 직면해 있는 태국과 필리핀 등 아세안 운영에 있어서 융통성(flexible engagement)을 강조하는 역내 민주화의 선도적 국가들에 의해 옹호되어 왔으나, 미얀마, 베트남, 캄보디아, 라오스 등 아직도 다수의 역내국가들은 아세안의 전통적 비개입원칙을 고수하고 있기 때문에 트로이카 설치방안은 애초 구상보다는 훨씬 희석된 형태를 띠게 되었다. 따라서 향후 아세안 트로이카가 역내위기 상황에 효율적으로 기능하기 위해서는 상당한 시일이 필요할 것으로 보인다.

---

6) 캄보디아에 대한 아세안 트로이카 적용 문제에 대해서 Jarasa(1999, 209-14)를, 동티모르 문제에 대한 아세안의 대응과 관련하여서는 San(2000, 279-301)을 각각 참조할 것.

3) 아세안+3 협력체제 추진

　　동아시아 지역은 1990년대 이후 역내 국가들간 무역 및 투자관계 증진 등 경제적 상호의존관계가 심화되어 왔음에도 불구하고, 이러한 발전에 상응하는 지역협력구도를 구체화시키려는 노력이 상대적으로 미흡했던 것이 사실이다. 물론 이와 관련하여 어떠한 노력도 시도되지 않았던 것은 아니지만, 동아시아지역에는 이 지역국가들만을 대상으로 하는 어떠한 공식적 지역협력체도 결성되지 않았다. 1990년대 초반 당시 유럽연합 및 북미의 북미자유무역지대(NAFTA) 결성 등 범세계적 지역주의화 추세에 대응하여 말레이시아의 마하티르 수상에 의해 제기된 동아시아 경제협의회(EAEC) 구상도 일본 등 주요 관련국들의 소극적 태도와 미국 등 역외국들의 강력한 반발에 부딪쳐 무산되고 말았으며, 동아시아의 지역협력 문제는 한동안 표류해 왔던 것이 사실이다(배긍찬 1995).

　　그러나 1996년 아시아-유럽 경제회의(ASEM)의 출범과 1997년 동아시아국가들을 강타한 금융위기는 역내 국가들간 경제협력을 바탕으로 한 지역통합을 촉진하는 중요한 계기를 제공했다. ASEM의 출범에 따라 고도로 통합된 유럽연합과 그룹 대 그룹간 직접협상을 하게 된 동아시아 국가들은 처음으로 지역적 정체성(regional identity)의 도전에 직면하게 되었고, 경제위기에 대한 국제통화기금의 처방 및 서방 선진국들의 무관심과 소극적 대응에 실망한 동아시아 국가들은 자조적 차원에서 역내 국가들간 본격적인 경제협력의 필요성을 절감하게 되었기 때문이다. 특히 아세안 입장에서 동북아 국가들과 새로운 형태의 지역협력체제를 모색하게 된 배경은 동남아 국가들만으로는 당면한 경제위기를 극복하는 데 일정한 한계가 있을 뿐만 아니라, 향후 지속적인 경제성장을 위해서 중국, 일본, 한국 등 동북아국가들의 성장 잠재력을 십분 활용할 필요성이 커졌기 때문이다.

　　동아시아 지역협력과 관련하여 가장 먼저 이니셔티브를 취했던 역내 세력은 물론 동아시아경제협력(EAEC)을 추진했던 아세안이었으며, 이는 곧 아세안+3 협력구도로 표출되었다. 아세안은 1997년 12월 쿠알라 룸프르에서 개최된 아세안 창설 30주년 기념 정상회의에 한국, 중국, 일본 등 동북아 3국의 정상들을 초청함으로써 아세안+3 협력체제를 출범시켰다. 이는 역사상 최초로 동남아국가들과 동북아국가들의 정상회의였으며, 이후 아세안+3 정상회의는 정례화되어 동아시아 지역협력의 중심구도로 자리잡아가고 있다.[7]

동아시아 국가들간 역내협력은 최근 보다 더 가시화, 제도화되고 있다. 현재까지 아세안+3 협력체제는 동아시아 지역협력을 구체화시키는 몇 가지 중요한 성과를 거두고 있다. 먼저 1999년 12월 마닐라에서 개최된 제3차 아세안+3 정상회의는 '동아시아 협력에 관한 공동선언'(Joint Declaration on East Asia Cooperation)을 채택함으로써 동아시아 지역협력에 대한 역내 국가들의 정치적 의지를 천명한바 있다.[8] 그리고 2000년 5월 최초의 아세안+3 경제 장관회의가 양곤에서 개최되었고, 이어 2000년 5월 치앙마이에서 개최된 아세안+3 재무 장관회의는 역내 국가들간 통화 스왑제도(currency swapping) 구축을 목표로 하는 중요한 금융협력방안 (CMI: Chiang Mai Initiative)에 합의한 바 있다. 또한 2000년 7월 방콕에서 최초의 아세안+3 외무 장관회의가 개최되었는데, 이는 향후 역내국가들간 정치 및 안보협력 가능성을 시사하는 것이다. 이처럼 아세안+3 협력체제는 정상회의뿐만 아니라 외무, 재무, 경제통상 장관회의 그리고 각국의 중앙은행장 및 기타 정부차원의 고위급 회의가 정례화, 제도화됨으로써, 동아시아를 대표하는 새로운 지역협력체로서 최근 국제무대에 강하게 부각되고 있다.[9]

---

7) 아세안+3 협력체제의 형성 및 발전과정에 대한 고찰로는 Webber(2001, 339-73), Stubbs (2002, 440-55), Beeson(2003, 251-65) 등을 참조할 것.

8) 한편 제3차 정상회의 직전에 일본 측 제안에 따라 한국, 중국, 일본의 정상들간 조찬회동이 이루어 졌는바, 이는 역사상 최초의 동북아 국가들간 정상회의로 기록되었다. 이 회동에서 정상들은 3국의 국책연구기관간 역내 경제협력을 위한 공동연구에 착수키로 합의하고, 이러한 동북아 3국간 정상회동도 정례화 됨으로써 동북아 및 동아시아 지역협력을 위한 새로운 전기가 마련되었다.

한편 아세안은 민간차원(track II)의 동아시아 비전그룹(EAVG: East
Asia Vision Group)과 정부차원(track I)의 동아시아 연구그룹(EASG: East
Asia Study Group) 활동을 통하여 아세안+3 협력의 개념적, 방법론적 기
반을 구축해 왔다.[10) 2001년 11월 동아시아 비전그룹 보고서는 동아시아
국가들이 공동체를 형성하기 위한 중장기적 비전을 제시했는바, 동아시아
자유무역지대(EAFTA: East Asia Free Trade Area) 창출, 역내 금융협력기
구 설립, 기존 아세안+3 정상회의 체제의 동아시아 정상회의(EAS: East
Asia Summit) 체제 전환 등을 주요 내용으로 하고 있다. 또한 2002년 11월
동아시아 연구그룹 보고서는 동아시아 비전그룹이 제시한 비전을 구체화하
기 위한 17개의 단기적 과제와 9개의 중장기적 과제를 제시한바 있다.[11)
이와 함께 동보고서는 동아시아 비전그룹이 제안했던 기존의 아세안+3 체

---

9) 한편 1999년부터 시작된 한국, 중국, 일본 등 동북아 3국간 정상회의 체제도 해를 거듭할수록
   상당히 구체화, 제도화되어가고 있다. 애초 아세안+3 정상회의 개최 직전 비공식 조찬회동 형
   식으로 시작된 한중일 정상회의가 최근 들어서 아세안+3 정상회의 체제의 발전과 함께 보다
   정례화된 공식회의 형태로 바뀌어가고 있으며, 외무, 재무, 경제통상장관회의뿐만 아니라 환
   경, 에너지 분야 등 기타 고위급 회의들도 정기적으로 개최되고 있다. 또한 3국 국책연구기관
   간 자유무역지대(FTA) 등 역내 경제협력을 모색하기 위한 다양한 연구가 진행되고 있으며,
   2003년에는 3국 협력을 정부차원에서 관리하는『3자 위원회』설치에 합의함으로써 동북아 3국
   협력도 급속히 제도화되고 있다.

10) 동아시아 비전그룹과 동아시아 연구그룹은 모두 한국 정부의 이니셔티브에 의해 추진되었다.

11) 동아시아연구그룹(EASG)이 제시한 17개 단기과제는 동아시아 비즈니스 협의회(East Asia
    Business Council) 구성, 역내 최빈개도국에 대한 일반특혜관세(GSP) 지위 및 특혜조치 부여,
    해외직접투자(FDI) 증진을 위한 우호적 투자환경 조성, 동아시아 투자정보 네트워크 구축, 역
    내 성장지대에 대한 공동의 자원, 인프라 개발 및 재정지원 확대, 인프라, 정보기술, 인적자원
    개발, 아세안 지역경제통합에 대한 지원 및 협력제공, 기술이전 및 공동기술 개발을 통한 협력
    확대, 통신 인프라 건설 및 인터넷 접근확대를 위한 공동 정보기술 개발, 동아시아 싱크탱크
    네트워크 구축, 동아시아 포럼(EAF: East Asia Forum) 설립, 동아시아 포괄적 인적자원 개발
    프로그램 시행, 빈곤경감 프로그램 수립, 기초 의료서비스 접근 제공을 위한 공동조치 시행,
    비전통적 안보 이슈에 대한 협력 메커니즘 강화, 문화, 교육 기관과의 협조를 통한 동아시아
    정체성 및 공동의식 함양, 예술, 공예, 문화유산 보존을 위한 네트워크 형성 및 전문가 교류
    증진, 동아시아 지역연구 강화 등이며, 9개의 중장기적 과제는 동아시아 자유무역지대(EAFTA:
    East Asia Free Trade Area) 형성, 중소기업에 대한 투자촉진, 아세안 투자지역(AIA) 확대를 통한
    동아시아 투자지역(EAIA) 추진, 역내 금융협력기구 설립, 역내 환율 메커니즘의 긴밀한 조율협
    력 추진, 아세안+3 정상회의의 동아시아 정상회의(EAS: East Asia Summit)로의 전환 추진, 역내
    해양환경 협력확대 추진, 에너지 정책 및 전략, 실행계획을 위한 체제구축, NGO와의 정책 협의
    및 협조를 통한 민간참여 확대 및 사회문제 해결을 위한 민관 파트너십 촉진 등이다.

제를 동아시아 정상회의 체제로 전환하는 문제와 관련하여, 동아시아 정상
회의는 아세안+3의 바람직한 장기적 목표이기는 하지만 이를 급속히 추진
할 경우 아세안이 한계화(marginalization)될 가능성이 우려되므로, 모든
참여국들이 보다 더 강한 소속감을 갖게 하기 위해서는 이를 단계적으로
추진되어야 한다는 견해를 제시하였다.[12]

　　최근 아세안+3 협력 차원에서 가장 활발하게 논의되고 있는 분야는
자유무역협정(FTA) 체결 문제이다(배긍찬 2002). 특히 2002년 제6차 아세
안+3 정상회의 전후로 역내외 국가들간 자유무역협정 체결문제는 가장 중
요한 관심 사안이 되고 있으며, 아세안은 동아시아 자유무역지대 형성의
중심축으로 급부상하고 있다. 동남아국가들은 1992년부터 추진하기 시작
한 아세안자유무역지대(AFTA: ASEAN Free Trade Area)를 2003년부터
발효시킨바 있으며, 역내투자 장벽을 제거하기 위해 아세안 투자지역(AIA:
ASEAN Investment Area)을 형성해 나감으로써 역내경제통합을 위해 지
속적인 노력을 경주하고 있다.

　　주지하다시피 아세안과 자유무역협정 체결을 가장 먼저 적극적으로
시도한 국가는 중국이다. 중국은 2001년 아세안과 향후 10년 내에 자유무
역지대를 결성하겠다는 계획을 전격 발표한바 있으며, 2002년 이를 공식
추진하기 위한 기본협정에 서명했다.[13] 또한 중국-아세안간 자유무역지대
결성계획에 크게 충격을 받은 일본은 2002년 1월 싱가포르와 신속하게 양
자 자유무역협정(FTA)을 체결한 이후 태국, 필리핀, 말레이시아, 인도네시
아, 베트남 등과도 유사한 형태의 자유무역협정 체결 가능성을 타진하고
있다. 한편 중국과 일본뿐만 아니라 역외국인 호주, 인도는 물론, 2003년

---

12) 현재 아세안+3 정상회의는 아세안 정상회의에 한국, 중국, 일본 등 동북아국가들이 초대되고
　　있는 형식을 취하고 있는데, 동북아국가들은 아세안 국가들과 동등하게 자신들도 정상회의를
　　개최할 수 있는 동아시아 정상회의 형태를 원하고 있다.
13) 이러한 중국의 발빠른 움직임은 경제적 동기 외에도 동아시아 지역협력에 주도권을 잡으려는
　　이니셔티브로 평가되는바, 특히 역내 주도권 경쟁과 관련하여 일본을 의식한 정치적, 전략적
　　고려가 강하게 작용한 결과로 보인다. 중국의 대아세안 접근동향과 관련하여 Haacke(2002)를
　　참조할 것.

싱가포르와 자유무역협정을 체결한 미국까지도 아세안 국가들과의 자유무역협정 체결 의사를 강하게 보이고 있다.[14] 역외국가 중 아세안과 자유무역협정 체결에 가장 뒤쳐진 한국도 2004년 싱가포르와 자유무역협정을 체결했다.

이처럼 아세안에 대한 중국, 일본, 한국, 미국, 인도, 호주 등 역외 국가들의 경쟁적인 자유무역협정 체결 움직임은 동남아와 아세안의 전략적 중요성이 그만큼 커져가고 있음을 의미하고 있다. 중국과 일본은 동아시아 지역협력 또는 아세안+3 협력체제 내에서 각기 주도권을 잡거나 또는 적어도 상대방에게 주도권을 허용하지 않기 위해 아세안에게 경쟁적으로 접근하고 있다. 반면 미국은 9·11 사태 이후 제2의 테러 전장화가 되고 있는 동남아의 전략적 중요성을 전면 재평가하고, 대테러전쟁과 관련하여 동남아 각국에 대한 군사, 기술적 지원 이외에도 자유무역지대(FTA)와 같은 경제적 인센티브를 제공함으로써 이 지역에 대한 미국의 개입 수준을 높여 나가려 하고 있다. 특히 아세안에 대한 미국의 새로운 접근은 향후 아세안+3가 중국을 중심으로 하는 폐쇄적 지역협력체로 발전해 나갈 가능성을 사전 차단하고, 중국-일본간 역내주도권 경쟁에 균형자 역할을 모색하기 위한 것으로도 보인다.

한편 아세안이 인도와의 자유무역지대(FTA)를 긍정적으로 검토하는 이유는 역내 강력한 영향력을 행사하고 있는 중국과 일본에 대해 전략적 균형을 이루기 위한 것으로 보이며, 아세안+3 체제에서 소외된 호주는 싱가포르와의 자유무역협정을 통하여 동남아지역에 대한 접근을 확보하기 위한 것으로 평가된다. 그러나 이와 같은 다차원적인 자유무역협정 체결 움직

---

14) 2002년 10월 아시아·태평양 경제협력(APEC) 정상회의시 미국은 아세안국가들과의 정상회의를 통하여 아세안측에게 'EAI: Enterprise for ASEAN Initiative'를 제시함으로써 향후 미국-아세안간 자유무역협정 체결 가능성을 열어 놓았다. 미국은 아세안 국가들 중 세계무역기구(WTO)에 가입하고 미국과 투자무역협정(TIFA)을 체결한 국가와는 일단 협상을 시작할 수 있다는 입장이다. 이에 따라 현재 미국은 인도네시아, 필리핀, 그리고 특히 태국과 자유무역협정 체결 논의를 활발히 벌이고 있다. 한편 호주도 2002년 싱가포르와 자유무역협정을 체결한 바 있으며, 인도와 아세안은 2002년부터 자유무역협정 체결을 검토하기 시작했다.

임들은 궁극적으로 동아시아 자유무역지대(EAFTA) 창출에 기여할 것으로 보이며, 특히 미국을 비롯하여 인도 및 호주 등 역외 국가들의 대아세안 접근강화는 아세안+3를 중심으로 하는 동아시아 지역협력체제가 폐쇄적 무역블록으로 발전해 나가기보다는 개방적 지역협력체로 유도하는 새로운 변수가 될 것으로 전망된다.

그러나 현재 아세안이 주도하고 있는 아세안+3 협력체제는 해결해야 할 몇 가지 과제를 안고 있다. 향후 동아시아 지역협력의 제도화 문제와 관련하여 가장 중요한 쟁점은 기존의 아세안+3 협력체제를 동아시아 정상회의 체제로 전환하는 문제일 것이다. 이 문제는 동남아 지역협력체로서 아세안의 정체성과 관련된 문제이기 때문이다. 아세안 국가들은 자신들이 주도하는 아세안+3 협력체제가 동아시아 정상회의 체제로 전환될 경우 중국, 일본 등 역내 강대세력들이 이를 좌지우지할 가능성을 경계하고 있으며, 정치, 경제적으로 강력한 영향력을 행사하는 동북아 국가들에 압도되어 자신들이 한계화되거나 정체성을 상실할 가능성을 우려하고 있다. 그럼에도 불구하고 아세안 국가들도 동아시아 정상회의 체제를 근본적으로 반대할 수만은 없으며 또 일정 부분 그 필요성을 인정하고 있기 때문에, 언젠가는 실현될 수밖에 없는 사안으로 보고 있는 것도 사실이다. 따라서 동아시아 정상회의는 적어도 2010년까지는 어떠한 형태로든 성사될 것으로 보인다. 과연 아세안과 동북아국가들이 동등한 자격으로 참여하는 동아시아 정상회의 체제가 가동될 때 아세안의 위상이 어떻게 변모될 것인지 지금으로서는 쉽사리 예측하기 어렵다.15)

---

15) 아세안+3 협력체제의 제도화 문제와 관련하여 또 다른 주요쟁점은 사무국 설치문제이다. 이 문제와 관련하여 동북아국가들은 기존 아세안 사무국과는 별도의 사무국을 두어야 한다고 보고 있는 반면, 아세안 국가들은 기존의 아세안 사무국에 아세안+3 협력과 관련한 기능을 추가하면 된다는 입장을 취하고 있다.

4) 아세안 공동체 구상

아세안은 2003년 10월 발리에서 제9차 정상회의를 개최하여 '아세안 협력선언 II'(Bali Concord II)를 채택하였다. 아세안 정상들은 이 선언에 서명함으로써 2020년까지 동남아국가들이 안보, 경제, 사회문화 등 3개 분야에서 새로운 아세안 공동체(ASEAN Community) 창설을 지향해 나갈 것에 합의했다.

향후 동남아 국가들이 지향해 나갈 아세안 안보공동체(ASC: ASEAN Security Community)는 회원국간 상호방위조약, 군사동맹체결 또는 공동 외교정책 등을 모색해나가기 보다는 테러 대응능력 강화, 역내분쟁의 평화적 해결 등 포괄적 안보협력을 지향하며, 동남아 우호협력조약(TAC: Treaty of Amity and Cooperation)의 고위급위원회를 공동안보체의 실현을 위한 주요 수단으로 활용할 것을 기본 내용으로 하고 있다.[16] 또한 아세안 경제공동체(AEC: ASEAN Economic Community)는 동남아 국가들의 대외경쟁력 향상, 투자환경 개선 등을 통해 회원국간 개발격차를 완화한다는 목표아래, 상품, 서비스, 자본의 이동이 자유로운 아세안 단일시장 창설을 지향하며, 인적자원 개발, 거시경제 및 금융정책 분야의 협력 확대를 도모하는 것을 주요 내용으로 하고 있다.[17] 한편 아세안 사회문화 공동체(ASCC: ASEAN Socio-cultural Community)는 인구, 교육, 실업, 사스(SARs) 등 전염병 예방, 환경오염 방지 등의 분야에서 공동협력을 강화하는 것을 주요 내용으로 하고 있다.[18]

아세안은 1976년 발리에서 개최된 제1차 정상회의시 당시 인도차이나 지역의 공산화에 따른 회원국간 공동 대처방안으로서, 아세안을 중심으로 한 보다 구체적인 지역협력관계를 발전시켜야 한다는 내용의 아세안

---

[16] 아세안의 안보공동체 개념 형성과 관련하여서는 Luhulima(2003, 281-290)를 참조할 것.

[17] 아세안 경제공동체의 개념과 관련하여 Soesastro(2003, 503-508)을 참조할 것.

[18] 이와 관련 필리핀이 세부실행계획을 작성, 차기 외무장관회의에 보고하고 차기 아세안 정상회의시 승인할 계획이다.

친선협약선언(Declaration of ASEAN Concord: Bali Concord I)과 동남아 우호협력조약(TAC: Treaty of Amity and Cooperation)을 채택한 바 있다. 1976년 아세안 친선협약선언은 1967년 아세안 출범시 채택했던 방콕선언에 비해 보다 더 정치적 처방책의 성격을 공개적으로 드러낸 것으로서, 각국이 지역적 탄력성(regional resilience)을 강화함으로써 대내외적 안보적 도전에 공동대처해 나갈 것을 천명한 것을 주요내용으로 하고 있다. 따라서 2003년 아세안이 채택한 발리협약선언(Bali Concord II)은 2020년까지 아세안을 하나의 공동체로 만들어 나가기 위한 청사진으로서 아세안의 발전에 획기적 전기를 마련한 것으로 평가된다.

아세안이 이와 같은 공동체를 추진하려는 배경은 1997년 금융위기 이후 역내 국가들의 경제침체가 지속되고 있는 가운데, 동아시아 경제성장의 새로운 중심축으로 부상하고 있는 중국과 함께 거대한 성장 잠재력을 가진 인도 등 역외 국가들에 비해 국제경쟁력이 약화되고 있음을 감안하여, 그간의 느슨한 협의체 성격을 탈피하여 각 분야의 실질협력을 증진함으로써 내부결속과 스스로의 정체성을 공고히 하고 대외적 위상을 제고하려는데 있다. 애초에 아세안은 경제분야를 중심으로 한 공동체를 구상하였으나, 이번 정상회의 주최국이자 역내 최대국가로서 동남아지역의 전략적 중심(strategic centrality)에 서있는 인도네시아가 안보개념을 추가함으로써, 아세안은 안보공동체(ASC), 경제공동체(AEC), 사회문화 공동체(ASCC)의 성격을 갖은 포괄적 형태의 공동체를 지향하게 된 것이다.

아세안은 유럽의 경우와는 달리 안보공동체를 실현하기 위해서 동맹체제나 공동의 외교정책을 추구하기보다는, 포괄적 안보협력을 통해 분쟁의 평화적 해결을 도모해 나갈 것으로 보인다. 따라서 향후 아세안이 역내 초국가적 안보 이슈들을 다루기 위한 안보공동체를 형성해 나가는 과정에서 그간 아세안이 강조해 왔던 국가주권의 불가침성, 내정불간섭 원칙, 실질적인 만장일치적 합의방식 등 전통적 아세안의 운영방식과 원칙에 대한 재검토가 불가피하게 될 전망이다. 그러나 과연 아세안이 전통적 운영원칙을 변경할 의지를 갖고 있는지에 대해서는 상당한 불확실성이 내포되어 있다.

또한 아세안이 경제공동체를 구축해 나가는 과정에 있어서, 유럽통합 과정에서 독일과 프랑스와 같이 태국과 싱가포르 등 역내 선발국들의 역할이 더욱 더 중요해질 것으로 보인다. 이미 태국과 싱가포르는 역내 경제통합을 촉진하기 위해 2+X 방식을 채택함으로써, 여타 아세안 회원국들에 대해 무역자유화를 선도해 나가려는 의지를 강하게 표명하고 있다. 2+X 방식이란 태국과 싱가포르가 특정분야에 있어서 선도적 개방조치를 취해나가되, 이에 여타 국가들의 자발적 참여를 유도해 나가는 방안이다. 그러나 이러한 아세안의 공동체 구상이 예정대로 순조롭게 이루어질지는 아직도 미지수라고 할 수 있다. 과거 아세안이 그랬던 것처럼 과연 자국의 산업보호에 집착하는 상당수의 아세안 회원국들이 자발적으로 시장을 개방하고 관세를 인하하는 데 적극적으로 대처해 나갈 지에 대해 아직도 상당한 의문이 제기되고 있기 때문이다.

5. 동남아 지역통합의 장래

21세기 동남아 지역통합 과정에 직간접적으로 영향을 미칠 수 있는 다양한 도전요인들이 잠재해 있다. 그러나 동남아 지역통합의 미래를 결정하는 일차적 요인은 무엇보다도 아세안 스스로의 생존능력에 달려있다 할 것이다. 즉 아세안이 21세기 대내외적 환경변화에 능동적으로 대응해 나가면서 자체의 정체성을 지켜나갈 수 있는 능력이 있는가 하는 것이다. 현재 동남아 국가들은 대외적으로 동북아국가들과 함께 아세안+3라는 새로운 형태의 지역협력체제를 강화해 나가고 있으며, 대내적으로는 아세안을 중심으로 하는 동남아 공동체 형성을 장기적 목표로 지향해 나가고 있다. 향후 아세안이 동북아 국가들과 협력과 연대를 강화해 나가는 동시에 동남아 국가들간 안보, 경제, 사회문화적 운명 공동체를 형성해 나가기 위해서는 내정불간섭 원칙에 근거한 기존의 운영방식과는 차별성을 가지는 새로운 조직적, 제도적 변화가 필요한 시점이다. 또한 이러한 역내통합을 주도해 나갈 중심국가 또는 중심국가군의 적극적 역할도 강력히 요청되고 있다. 이와 함께 미국, 중국, 일본 등 21세기 동남아 지역통합의 영향을 미칠 수 있는 역외강대국들과의 관계도 중요한 고려변수가 아닐 수 없다.

동남아 국가들은 1997년부터 기존의 아세안 협력의 틀을 넘어서는 아세안+3라는 새로운 지역협력구도를 모색해 오고 있다. 사실 동남아 국가들에 있어서 아세안+3 협력체제는 아세안 창설만큼이나 창의적이고 혁신적인 생존양식이라 할 수 있다. 1960년대 냉전 와중에 창설된 아세안이 안보적으로 취약했던 동남아 국가들이 강대국들간 갈등과 대결상황에서 자신들의 주권과 정치적 생존을 보장하기 위한 것이었다면, 1990년대 경제위기의 와중에서 태동된 아세안+3 협력체제는 취약한 경제기반을 가진 동남아 국가들이 중국, 일본, 한국 등 동북아 국가들을 아세안이 주도하는 협력구도 안에 끌어들여 자신들의 지속적인 경제발전과 성장을 도모하기 위한 것으로 볼 수 있다. 주지하다시피 아세안+3는 아세안의 협력 틀 안에서 동북아 국가들의 참여와 지원을 유도하려는 것으로서, 아세안의 이니셔티브에 의해 출범, 운영되고 있다. 그리고 아세안은 자신들의 운영방식과 원칙을 아세안+3 협력체제에도 계속 적용시킴으로써, 스스로 주도권을 유지코자 하는 노력을 지속적으로 경주하고 있다.

그러나 과연 아세안+3가 아세안이 기대하는 대로 동남아 중소국가들에게 언제나 정치, 경제적으로 이익을 보장해 줄 수 있을지는 여전히 의문으로 남아있다. 아세안과 중국, 일본, 한국 등 동북아의 경제강국들과의 통합이 반드시 동남아 국가들에게 경제적인 이득을 보장하는 것만은 아닐 수 있기 때문이다. 뿐만 아니라 동남아 약소국 연합체인 아세안은 아세안+3 협력구도가 언젠가는 중국, 일본 등 강대국들에 의해 좌지우지될 가능성을 항상 경계할 수밖에 없는 상황이다. 즉 현재와 같이 아세안이 주도하는 아세안+3라는 형태의 협력구도가 언제까지 가능할지 의문이기 때문이다. 동남아와 동북아 국가들은 이미 중장기적으로 아세안+3 협력체제를 동아시아 정상회의 체제로 전환해 나갈 것을 합의한바 있다. 아세안+3 협력체제가 동아시아 정상회의 체제로 전환된다면 아세안이 더 이상 독점적으로 주도권을 가질 수 없으며, 동남아 10개국과 동북아 3개국이 똑같은 자격(equal footing)으로 협력체제를 운영하게 된다는 것을 의미한다. 그럴 경우 아세안은 자신들의 정체성이 한계화될 가능성을 우려하지 않을 수 없다. 따라서 이 문제는 관련국들간 원칙적인 합의를 보기는 했으나, 구체적 추진은 아직 본격적으로 이루어지지 않고 있다.

결국 문제의 핵심은 동남아국가들이 자신들의 정체성을 유지하기 위해서 아세안을 중심으로 기존의 지역그룹(regional grouping) 차원을 넘어서는 본격적인 지역통합(regional integration)을 얼마나 심도 있게 이루어낼 수 있는가 하는 데 달려 있다고 할 수 있다. 이와 관련한 아세안의 대응은 2003년에 채택한 아세안 공동체 구상으로 나타나고 있다. 향후 동남아 국가들이 아세안 공동체 구상을 통하여 정치, 경제적으로 의미 있는 역내통합을 구현할 수 있다면, 이는 중국, 일본, 한국 등 동북아국가들에 대해 상대적으로 높은 협상력을 갖게 될 것이다. 반대로 동남아 국가들이 내부적으로 결속력을 강화하고 역내통합을 이룩하는 데 실패한다면 강력한 동북아국가들의 정치, 경제적 영향력에 그만큼 취약할 수밖에 없을 것이다. 따라서 향후 아세안+3 협력과정에 있어서 아세안의 전략적 위상은 동남아 국가들간 역내통합의 수준에 달려있다고 해도 과언이 아닐 것이다.

하지만 동남아 국가들이 높은 수준의 지역통합을 이룩하기 위해서는 몇 가지 전제조건들이 충족되어야 한다. 그 중에서 가장 중요한 것으로서 역내 주도국의 역할을 들 수 있다. 일반적으로 성공적인 지역통합을 위해서는 경제적 상호의존 증대와 같은 경제적 조건과 함께, 역내 국가들에게 통합을 위해 필요한 유무형의 공공재를 제공할 수 있는 주도국의 리더십과 같은 정치적 조건도 충족되어야만 하기 때문이다(Mattli 1999). 그러나 현재의 상황에서 과연 아세안 내 이러한 주도국이 역할을 하고 있는가 하는 점은 의문이 아닐 수 없다.

일반적으로 동남아에서 인도네시아, 태국, 베트남 등 3개국이 국력의 총체적 측면에서 역내 주요국으로 인식되어 오고 있다. 이들 중 인구, 영토, 자원의 측면에서 역내 최대국인 인도네시아가 1967년 창설 이후 아세안 내 실질적 주도국으로서 역할을 담당해 왔으나, 1998년 수하르또 퇴진 이후 아직도 뚜렷한 역내주도국이 부상하고 있지 않은 것이 사실이다. 태국이 탁씬 수상 집권 이래 탄탄한 국내적 정치지지 기반과 빠른 경제회복을 바탕으로 아세안의 주도국으로서 역할을 적극 모색해 오고 있으며, 특히 역내경제협력 과정에서 싱가포르와 더불어 지역통합을 촉진하는 선도적 역할을 자임하고 있다. 또한 전통적으로 인도차이나반도의 중심국이자 1997년 경제위기의 영향을 상대적으로 적게 받은 베트남도 역내 리더십 구축을 위해 암중모색해 오고 있다.

그럼에도 불구하고 당장 태국과 베트남이 과거 인도네시아의 역할을 대신하여 아세안의 주도국이 되기에는 아직도 역부족인 것으로 보인다. 태국은 동남아 대륙부의 중심에 위치하고 있는 지정학적 위치와 경제발전과 민주화를 균형적으로 이룩한 역내 선발국이기는 하나 인구, 영토, 자원의 측면에서 인도네시아를 완전히 대체할 수 있는 역량을 갖추고 있다고 보기는 어려운 것이 사실이다. 또한 장래 동남아 국가들 중 가장 역동적인 산업국가가 될 수 있는 잠재력을 가진 베트남도 여타 동남아국가들과 문화적, 이념적 차이 때문에 역내 리더십을 발휘하는 데 한계가 있을 것으로 보인다. 결국 아세안의 역내 리더십은 과연 현재 정치, 경제적으로 수많은 어려움에 처해있는 인도네시아가 얼마나 빨리 내부의 문제들을 해결함으로써 자신의 국제적 역할을 다시 수행할 수 있는가에 달려 있다고 볼 수 있다. 그러나 현재 인도네시아의 상황이 적어도 단기간에 호전될 가능성이 크지 않기 때문에 인도네시아가 역내 리더십을 행사하기까지는 상당한 시일이 소요될 것으로 전망된다.

이와 함께 아세안이 높은 수준의 역내통합을 이룩하기 위해서는 기존의 아세안 운영체제와 방식에 근본적인 변화가 수반되어야 한다(Wanandi 2001, 25-34). 상호 내정불간섭 원칙과 각국의 비토권을 인정하는 사실상의 만장일치적 합의방식만을 가지고는 실질적인 지역통합을 도모하기 어려운 것이 현실이다. 과연 동남아 국가들이 이러한 새로운 도전에 능동적이고 효율적인 대응을 적절히 할 수 있을까? 이에 대한 전망은 현 단계에서는 그다지 긍정적이지 못하다. 한때 내정불간섭 원칙에 대한 수정을 강력히 주장했던 태국도 이후 태도를 바꾸어 과거의 운영방식으로 회귀한바 있으며, 동남아 각국은 아직도 기존의 운영방식에 집착하고 있기 때문이다.

물론 여기에는 회원국 확대와 같은 현실적인 조건들이 존재하고 있는 것도 사실이지만, 이는 기본적으로 동남아 국가들의 민주화 수준과도 관련이 있는 문제이다. 개방성을 바탕으로 한 민주화가 전제되지 않는 한 상호 내정 불간섭 원칙이 변경될 가능성은 그다지 크지 않을 것이기 때문이다. 1990년대 이후 태국, 필리핀, 인도네시아 등 상당수 동남아 국가들이 민주화의 중요한 진전을 이룩했지만, 아직 어떠한 국가도 민주화의 공고화 단계에 확실히 진입했다고 평가하기 어렵다(Case 2002). 아세안은 여전히 동남아 권위주의 정권들의 집합체적 성격을 유지하고 있다. 따라서 향후 아세안의 운영방식과 원칙 변화의 문제는 동남아 국가들의 민주화 수준과 연계될 것으로 보이며, 궁극적으로 아세안이 권위주의 정권의 집합체적 성격을 어떻게 탈피할 것인가 하는 문제로 귀착된다 할 것이다.

동남아 지역통합의 장래와 관련한 마지막 주요 고려변수는 아세안과 역외강대국들과의 관계이다. 1997년 경제위기는 동남아국가들로 하여금 미국을 중심으로 세계화된 자본주의 시장경제체제의 위력을 새삼 실감케 했으며, 9·11 사태 이후 미국은 이 지역에 새로운 전략적 관심을 가지고 접근을 강화하고 있다. 또한 아세안에게 일본은 여전히 중요한 경제파트너로서 동남아국가들은 일본의 자금과 기술을 계속 필요로 하고 있다. 반면 최근 다수 동남아국가들에게 정치, 경제적으로 보다 중요한 영향력을 갖기 시작한 역외세력은 중국이다. 과거 냉전기 적대관계였던 중국은 냉전종식 이후 아세안국가들과 관계정상화를 이룩했으며 최근, 특히 1997년 경제위기 이후 대아세안 접근강화를 위한 외교적, 경제적 공세를 가속화하고 있다. 이와 함께 최근 서남아의 대국 인도도 동남아국가들의 주요 경제 파트너로 새롭게 부각되고 있다.[19]

그러나 향후 동남아국가들에게 가장 중요한 역외 강대세력은 21세기 세계질서 주도권을 유지하려는 미국과 이에 대한 잠재적 도전세력인 중국이며, 이들 국가들과의 관계는 향후 아세안의 진로에 심대한 영향을 미치는 변수로 작용할 것이다(Gungwu, 2003). 9 · 11 사태 이후 미국은 동남아를 중동 및 중앙아시아 다음으로 간과할 수 없는 국제테러의 온상으로 간주하기 시작했으며, 필리핀, 말레이시아, 인도네시아, 태국, 싱가포르 등에서의 대테러전을 직간접적으로 지원하고 있다. 반면 동남아 지역 내 회교국가들과 비회교국가들은 미국이 주도, 후원하는 대테러전쟁에 대한 상이한 반응과 대응을 보임으로써, 아세안의 내부적 단합을 이완시킬 수 있는 미묘하고 민감한 상황이 연출되고 있다(Shiddique 2003).

보다 중요한 것은 이와 같은 미국의 새로운 움직임은 최근 이 지역에 영향력 확대를 꾀하고 있는 중국을 견제하기 위한 것이라는 점이다. 중국은 자신을 전략적으로 견제, 포위하려는 미국에 대응하여 아세안의 친중화를 적극적으로 도모하고 있을 뿐만 아니라, 동남아지역에 광범위하게 분포되어 있는 화교들과의 연대를 강화함으로써 동남아 경제를 자신을 중심으로 하는 대중화경제권으로 편입을 시도하고 있다. 상당수 동남아국가들은 이와 같은 중국의 대아세안 접근에 대해 대체로 수용적 태도를 취하고 있으나, 일부 국가들은 미국과의 관계를 고려하여 중국에 여전히 유보적 태도를

---

19) 최근 아세안이 인도와의 협력관계를 중시하고 있는 이유는 아세안+3 협력 차원에서 정치, 경제적 영향력 확대 경쟁을 벌이고 있는 중국과 일본에 대해 전략적으로 평형을 이루기 위한 것으로 보인다. 이와 관련하여 Subianto(2003, 4-10)을 참조할 것.

취하고 있는데, 이러한 각국의 상이한 대응도 아세안의 내부적 결속을 약화시킬 수 있는 요인이 될 수 있다. 다시 말해서 동남아국가들은 일방적으로 미국의 패권을 따를 수만도 없는 동시에 최근 급속히 영향력을 확대해나가고 있는 중국을 무시할 수도 없는 선택의 딜레마에 직면하고 있다. 문제는 중소국가들의 연합체인 아세안이 동남아지역에 대한 영향력 확대경쟁을 벌이고 있는 미국과 중국에 대해 효율적으로 활용할 수 있는 적절한 카드가 사실상 없다는 점이다.

그럼에도 불구하고 향후 아세안이 내부적 갈등과 분열로 사실상 유명무실하게 되거나 또는 외부적 도전이나 역외 강대세력의 영향력 때문에 자신들의 정체성을 완전히 상실할 가능성은 거의 없어 보인다. 진정으로 놀라운 것은 과거 30여 년간 아세안이 이룩한 성과는 비록 크지 않은 것일지라도 아세안은 지속적으로 끈질긴 생명력을 유지해 오고 있다는 점이다. 이는 분명히 정치, 경제적으로 취약한 동남아 국가들이 자신들의 생존을 위해서 외부의 도전이나 위협에 대해 공동으로 대처함으로써, 스스로 내부적 결속과 정체성을 유지해야할 전략적 필요성에 대해 폭넓은 공감대를 형성하고 있다는 점을 의미한다.

참고문헌

배긍찬. 1995. "EAEC 추진전망." 『주요국제문제분석』 95-16. 서울: 외교안보연구원.
______. 1999. "동남아시아 동향: 아세안 중심." 서울대학교 국제지역원 (편). 『아시아 · 태평양 1998~1999』. 서울: 서울대학교 출판부.
______, 2003. "아세안+3 협력과 동아시아 정체성." 『동남아시아연구』 13(1).
외무부. 2003. 『아세안 개황』. 서울: 외교통상부.

Abad, M. C. Jr. 2003. "The Association of Southeast Asian Nations: Challenges and Responses." Michael Wesley (ed.). *The Regional Organizations of the Asia-Pacific: Exploring Institutional Change*. Hampshire: Palgrave Macmillan.
Archarya, Amitav 2001. *Constructing a Security Community in Southeast Asia: ASEAN and the Problems of Regional Order*. London: Routledge.
Bastin, John and Harry Benda. 1968. *A History of Modern Southeast Asia: Colonialism, Nationalism and Decolonization*. New Jersey: Prentice Hall.
Beeson, Mark. 2002. "Southeast Asia and the Politics of Vulnerability." *Third World Quarterly*. 23(3).
______, 2003. "ASEAN Plus Three and the Rise of Reactionary Regionalism." *Contemporary Southeast Asia*. 25(2).
Capie, David and Paul Evans. 2002. "The ASEAN Way." *The Asia-Pacific Security Lexion*. Singapore: ISEAS.
Case, William. *Politics in Southeast Asia: Democracy or Less*. Richmond: Curzon
Funston, John. 1999. "Challenges Facing ASEAN in a More Complex Age." *Contemporary Southeast Asia*. 21(2).
Gungwu, Wang. 2003. "Foreword: New Challenges for ASEAN." Sharon Shiddique et al. (Compiled.). *The 2nd ASEAN Reader*. Singapore: ISEAS.
Haacke, J. 1999. "The Concept of Flexible Engagement and the Practice of Enhanced Interaction: Intramural Challenges to the ASEAN way." *The Pacific Review*. 12(4)
______, 2002. "Seeking Influence: China's Diplomacy Toward ASEAN After the Asian Crisis." *Asian Perspective*. 26(4).
Hernandez, Carolina G. 2001. "Challenges for Society and Politics." Simone Tay et al. (eds.). *Reinventing ASEAN*. Singapore: ISEAS.
Higgott, Richard. 2000. "Regionalism in Asia-Pacific: Two Steps Forward, One Step

Back?" Richard Stubbs and Geoffrey R. D. Underhill (eds.). *Political Economy and the Changing Global Order.* Ontario: Oxford University Press.

Hund, Markus. 2002. "From 'Neighborhood Watch Group' to Community: The Case of ASEAN Institutions and the Pooling of Sovereignty." *Australian Journal of International Affairs.* 56(1).

Jarasa, Junito P. 1999. "The ASEAN Troika on Cambodia: A Philippine Perspective." Desmond Ball and Amitav Acharya (eds.). *The Next Stage: Preventive Diplomacy and Security Cooperation in the Asia-Pacific Region.* Canberra: Strategic and Defence Studies Center, ANU.

Jones, David Martin and Michael L. R. Smith. 2002. "ASEAN's Imitation Community." *Orbis.* 46(1).

Kunio, Yoshihara. 1998. *The Rise of Ersatz Capitalism in Southeast Asia.* Singapore: Oxford University Press.

Luhulima, C. P. F. 2003. "Overview of the Political Dimension of ASEAN Security." *Indonesian Quarterly.* 31(3).

Mattli, Walter. 1999. *The Logic of Regional Integration: Europe and Beyond.* Cambridge: Cambridge University Press

McCloud, Donald G. 1995. *Southeast Asia: Tradition and Modernity in the Contemporary World.* Boulder: Westview Press.

Muni, S. D. 2002. *China's Strategic Engagement with the New ASEAN.* IDSS Monograph No. 2. Singapore: Institute of Defence and Strategic Studies.

Narine, Shaun. 1999. "ASEAN into the Twenty First Century: Problems and Prospects." *The Pacific Affairs* 12(3).

______, 2001. "ASEAN and the Idea of an Asian Monetary Fund: Institutional Uncertainty in the Asia-Pacific." Andrew Than and J. D. Kenneth Boutin (eds.). *Non-Traditional Security Issues in Southeast Asia.* Singapore: IDSS.

______, 2002. "ASEAN in the Aftermath: The Consequences of the East Asian Economic Crisis." *Global Governance* 8(2).

Ramcharan, Robin. 2000. "ASEAN and Non-Interference: A Principle Maintained." *Contemporary Southeast Asia* 22(1)

San, Khoo How. 2000. "ASEAN as a Neighborhood Watch Group." *Contemporary Southeast Asia* 22(2)

Shiddique, Sharon. 2003. "Islam in Southeast Asia: At the Crossroads." *Regional Outlook: Southeast Asia 2003-04.* Singapore: ISEAS.

Smith, Anthony L. 2000. *Strategic centrality: Indonesia's Changing Role in ASEAN.*

Singapore: ISEAS.

Soesastro, Hadi. 1999. "ASEAN during the Crisis." H. W. Arndt and Hall Hill (eds.). *Southeast Asia's Economic Crisis: Origins, Lessons, and the Way Forward.* Singapore: ISEAS.

______. 2003. "Toward an ASEAN Economic Community." Sharon Siddique et al. (compiled). *The Second ASEAN Reader.* Singapore: ISEAS.

Stubbs, Richard. 2002. "ASEAN Plus Three: Emerging East Asian Regionalism?" *Asian Survey* 42(3).

Subianto, Landry Haryo. 2003. "ASEAN and the East Asian Co-operation: Searching for a Balanced Relationship." *Indonesian Quarterly* 31(1).

Tay, Simon. 1998. "What should be done about the Haze?" *Indonesian Quarterly* 26(2).

______, 2001. "Institutions and Process: Dilemmas and Possibility." In Simon Tay et al (eds.). *Reinventing ASEAN.* Singapore: ISEAS.

Than, Tin Maung Maung and Mya Than. 2001. "ASEAN Enlargement and Myanmar." Mya Than and Carolyn L. Gates (eds.). *ASEAN Enlargement: Impacts and Implications.* Singapore: ISEAS.

Wanandi, Jusuf. 2001. "ASEAN's Past and the Challenges Ahead." Simone Tay et al (eds.). *Reinventing ASEAN.* Singapore: ISEAS.

Webber, Douglass. 2001. "Two Funerals and a Wedding? The Ups and Downs of Regionalism in East Asia and Asia-Pacific After the Asian Crisis." *The Pacific Review* 14(3).

태국의 경제위기와 정치적 선택　제3장

제3장

태국의 경제위기와 정치적 선택*

▌김홍구

1. 문제제기

1997년 발생한 동아시아 지역의 외환위기 확산은 대다수 동남아시아 국가들에게 경제위기와 함께 크고 작은 정치·사회적 위기로 확산됨으로써 또 다른 정치·사회적 변동을 유인하게 되었다. 1980~90년대를 통하여 급속한 경제성장을 이룩하면서 동아시아 지역 신흥공업국들을 뒤쫓는 '새로운 용'으로 등장한 태국은 동아시아 경제위기의 진원지였다. 당시 태국의 상황은 "버마의 공격을 받아 초토화되어 버렸던 아유타야 왕국의 상황보다 심각했다"고 비유되기도 했다. 그러나 경제위기에 직면한 태국은 오히려 정치적 영역에서는 민주적 헌법의 개정과 정권교체를 이루어 정치개혁을 본격적으로 추진하게 되었다.

태국에서는 1992년 5월 민주화항쟁 이후 정치개혁과 헌법개정에 관한 논의가 이루어져 1996년 헌법초안위원회(CDA: Constitution Drafting Assembly)가 구성되었으며 위원회는 1997년 5월 헌법개정안을 발표했으나 대다수 정치인과 관료 등은 강력하게 반대하고 있었다. 그러나 경제위기의 구조적 요인을 정치적 요인에서 찾는 견해가 확산됨에 따라 더 이상 정치개혁을 지연시킬 명분을 잃은 정치권은 의회에서 헌법개정안을 통과시키게 되었다. 뿐만 아니라 헌법개정안의 의회 통과 후 경제위기를 초래하고

---

* 이 논문은, "태국의 경제위기와 정치적 선택,"『동남아시아연구』제14권 2호(2004), pp. 229-262
에 게재된 것임.

정치부패로 얼룩진 쾀왕마이당(New Aspiration Party)의 차왈릿(Chavalit Yongchaiyut) 정권도 퇴진하게 되었다.

이후 역사적으로 태국 정치발전의 가장 중요한 고비마다 국민적 지지를 받아 왔던 쁘라차티빳당(Democrat Party)의 추언(Chuan Leekpai) 정권이 집권한 후 본격적인 정치·경제개혁을 추진하게 되었다. 추언 정권은 1997년 개정헌법에 따라 만들어진 반부패위원회(National Counter Corruption Commission)와 선거관리위원회(Election Commission) 등의 활발한 활동을 통해 정치개혁을 착실하게 추진하였다. 또한 개정헌법에 따라 강화된 국민들의 정치참여, 시민사회운동세력의 부패정치 감시활동 등도 정치개혁에 크게 기여했다. 그러나 추언 정권은 경제위기 극복을 위한 구조조정 과정에서 이른바 국제통화기금(IMF) 방식의 경제개혁에 불만을 갖게 된 세력들의 반발에 직면하게 되었으며, 2001년 1월 하원의원 선거에서 타이락타이당(Thai Rak Thai Party)에게 크게 패하게 되었다. 2001년 하원의원 선거는 1997년 개정헌법에 따라 치러진 최초의 하원의원 선거였으며, 이를 계기로 태국의 정치개혁은 더욱 본격적으로 이루어지게 되었다. 그리고 이 개혁은 대중영합주의적(populist) 정책을 주요한 선거공약으로 제시하고 압도적인 의회 의석을 차지하게 된 타이락타이당의 탁씬(Thaksin Shinawatra) 수상에 의해서 주도되었다.

지금까지 살펴 본 바와 같이 오늘날 태국 정치체제의 특징이나 정치적 변화의 양상을 파악하기 위해서는 1997년 경제위기에 직면한 정치적 선택에서 비롯된 정치개혁의 추이를 이해해야만 할 것이다. 태국의 정치개혁은 추언과 탁씬 두 개의 정권을 거치면서 그 양상이 변화되어 왔다. 이 글의 목적은 경제위기에 직면한 태국의 정치적 선택은 어떤 것이었고, 경제위기 극복과정에서 그 정치적 선택은 어떻게 발전해 갔으며, 또 그 잠정적인 결과는 어떤 것인가를 살펴보는 데 있다.

2. 경제위기와 정치적 변화의 배경

1) 경제위기의 정치적 원인

1997년 8월 경제위기가 발생한 이후 국제통화기금(IMF)과 태국 정부는 긴급구제금융지원(총 172억 달러)을 조건으로 태국경제 구조조정에 관한 IMF 프로그램에 합의하게 되었다. 태국 경제위기의 원인은 1990년대 중반 이후 급격한 경상수지 적자의 누적과 과도한 외채, 부동산 부분의 거품 붕괴, 환율정책의 실패, 금융부문의 후진성, 과도한 자본시장 개방 등이었다. 그러나 보다 구조적으로 살펴보면 경제위기의 원인은 단순한 경제적 측면에서 비롯된 것이 아니고 정치적 측면에서 그 원인을 찾아야 할 것이다.

첫 번째 정치적 원인으로 꼽을 수 있는 것은 정치권과 재벌의 유착관계이다. 경제위기 발생에서 드러난 최대문제 중 하나는 엄청난 부실채권으로 인한 금융산업의 기능마비였다. 1997년 7월 2일 태국의 바트화 평가절하 결정 이후 태국 금융기관들은 지급불능상태에 빠져들면서 경제위기는 가속되었다. 낙후한 태국 금융산업에 대한 전면적 수술 없이 경제위기의 조기극복은 불가능해 보였다. 금융산업개혁과 관련하여 가장 먼저 거론되어야 할 과제는 정책금융과 함께 정실주의, 즉 정치권과 재벌의 유착관계 해소였다(윤진표 2003, 195-6).

역사적으로 태국은 국가주도의 경제발전전략을 추진하면서 정계와 재계가 강한 유착관계를 보였으며, 경제성장이 급속도로 이루어지고 있던 1980년대 중반부터 1990년대 중반까지 태국 경제의 운영 관행은 과거 권위주의 정치의 정경유착 형태를 벗어나지 못했다. 태국이 1997년 경제위기를 맞게 된 것은 금융권의 외환유동성 위기가 기폭제였다. 그러나 이러한 외환 부족 현상은 표면적인 것이었고, 시장원리가 아닌 정경유착의 논리로 인해 태국 경제가 왜곡되어 있었다는 구조적 요인에서 근본 원인을 찾아야 할 것이다.

경제위기의 또 다른 정치적 원인은 잦은 정권교체와 그로 인한 정치적 불안정에서 찾아 볼 수 있다. 다당제를 특징으로 하는 태국의 정당정치하에서 취약한 연립내각은 정당간 정책적 차이를 비롯해 내각직 분배에 대한 불만과 부정부패 등으로 불화가 야기되어 자주 교체되었다. 이로 인해서 만성적인 정치적 불안정이 조성되어 확고한 정치적 리더십 형성에 실패했으며, 그 결과 정책의 일관성이 유지되지 못하고 시장의 변화를 적절히 통제하고 조정하는 제도건설이 지체되었다. 따라서 경제위기는 단순히 금융부분의 취약성과 경기침체에서 비롯된 것은 아니었다고 볼 수 있다.

1990년대 들어서 1997년 경제위기가 발생하기 전까지 태국에는 각각 1차례씩의 쿠데타(1991년 2월)와 민주화운동(1992년 5월)이 발생했으며, 찻차이(Chatichai Choonavan), 쑤찐다(Suchinda Kraprayoon), 아난(Anand Panyarachun), 추언, 반한(Banharn Silpa-archa), 차왈릿 정권 등 무려 6개의 정권이 교체됐다. 내각의 평균수명이 1년 남짓이었던 셈인데 쑤찐다와 아난 정권을 제외한 정권들의 주요 교체 이유는 정경유착과 부정부패 때문이었다. 경제위기에 직면하게 되는 차왈릿 내각은 1996년 11월 17일 총선을 통해 등장했다. 총선 후 쾀왕마이당, 찻팟타나당(Chart Pattana Party), 낏쌍콤당(Social Action Party), 쁘라차껀타이당(Prachakorn Thai Party), 쎄리탐당(Seritham Party), 무언촌당(Muanchon Party) 등이 연정을 구성하게 되었으나 태국 역사상 가장 타락한 선거라는 오명을 듣게 되었으며 금권선거의 문제점이 심각하게 대두되었다. 6개 정당연합으로 출범한 차왈릿 정권은 이전의 태국정치가 그러했듯이 정치인들간의 파벌 안배를 고려해 경제팀을 구성했기에 경제관료집단은 1996년 말부터 나타나기 시작한 경기침체의 와중에서도 정책결정 및 집행에 있어서 줄곧 무능을 드러내 왔다. 또한 차왈릿은 경제위기가 시시각각 다가오는 와중에도 1997년 10월까지 경제부총리를 1회, 재무부 장관을 2회, 상업부 장관을 1회, 태국 중앙은행장을 2회 교체하여 일관성 있는 정책을 유지하지 못했다(김홍구 1999, 256-7).

2) 정치개혁과 헌법개정

이상과 같이 경제위기는 구조적으로 정치적 원인에서 비롯되었다는 자각에 따라 정치개혁은 더 이상 지연시킬 수 없는 것이라는 공감대가 확산되어갔다. 사실상 정치개혁에 대한 논의는 경제위기 발생 전인 1992년 5월 사태 이후 본격적으로 이루어져 왔었다. 그 결과 1994년 추언 정부에서 만들어진 헌법개정위원회(CRC: Constitutional Reform Committee)의 권고사항에 따라 반한 정부 때인 1995년 8월 민주주의발전위원회(CDD: Committee for Developing Democracy)가 만들어졌다. 민주주의발전위원회는 헌법에 대한 전면개정이 필요하다는 보고서를 작성했다. 이 보고서에는 1992년 이래 헌법개정 논의가 지지부진하게 된 이유를 의회의 방해 때문이라는 결론을 내리고 의회 밖 기구를 만들어 헌법개정안을 마련토록 할 것을 건의했다. 마침내 시민사회의 압력 속에서 의회는 1996년 11월 헌법초안위원회 (CDA: Constitution Drafting Assembly) 구성에 합의하게 되었다. 의회의 간섭을 전혀 받지 않고 활동할 수 있었던 지방대표와 학계 및 전문가 집단으로 구성된 헌법초안위원회는 1997년 5월 헌법개정안을 발표했다. 개정안은 획기적인 정치개혁의 내용을 담고 있었으나 정치권의 강력한 반대 때문에 의회통과 가능성은 낮았다(Klein 1998, 9-14).

그러나 1997년 경제위기는 헌법초안위원회가 제안한 헌법안이 의회를 통과하는 데 결정적으로 기여했으며, 1992년 5월 사태 후 진행되어 온 태국 민주정치의 공고화과정을 한층 심화시키는 계기가 되었다. 위에서 언급한 것 같이 경제위기의 구조적 요인을 정치적 이유에서 찾게 됨으로써 정치인들은 큰 압박을 느끼게 되었다.

1997년 초까지만 해도 헌법개정에 대한 의회의 지지는 명확하지 않았으며 집권여당을 주도한 쾀왕마이당의 차왈릿과 그의 측근들은 헌법초안위원회의 제안에 대해서 비판적이었다. 개정헌법안에 대한 비난은 우선 정치권으로부터 나왔다. 전직 수상 반한은 헌법을 개정한 사람들이 "나 같은 사람들이 쫓아가기엔 너무 멀리 가버렸다"고 언급한 바 있다. 부수상 싸막 (Samak Sundaravej)은 "그 헌법은 사회의 분열을 초래할 것이며 국가를 더 좋은 방향으로 변화시키지 못할 것이기 때문에 반대해야 한다"고 말했다. 내무 차관 찰름(Chalerm Yubamrung)은 헌법초안위원회 위원장인 아난을 새디스트, 히스테리적 인간이라고 매도하고 헌법개정안 반대에 자신이 십자가를 지겠다고도 했다(Phongpaichit et al. 2000, 120). 정당은 국회의원들이 장관직을 겸임할 수 없도록 한 조항에 대해서 반대했으며, 임명직 상원의원들은 직선 상원규정에 대해서 반대했다. 상원의장은 개정헌법에 규정된 인권위원회설치가 근로사업장의 이익에 영향을 미치고 태국의 인권위반 사례를 국제적으로 노출시킨다는 이유에서 반대했다.

군, 경찰, 민간관료들의 반대도 있었다. 농촌의 촌장들은 그들의 권한을 감소시킬 조항에 대해서 반대했다. 내무부는 지방분권, 경찰개혁, 독자적인 선거관리위원회에 선거업무를 이양하는 것에 대해 반대했다. 군은 쿠데타에 대한 시민의 저항권 조항과 언론자유화 조항에 반대했다. 경찰 역시 경찰 수사절차를 제한하는 조항에 대해 반대했다. 사법부의 반발도 있었다. 판사들은 새로운 사법적, 준사법적 기구의 신설에 비난했다. 또한 보수주의자들은 개정헌법이 너무 많은 자유를 주고 있어서 태국을 분열시키는 결과를 초래할 것이라고 주장했다(Phongpaichit et al. 2000, 120).

이런 반대에도 불구하고 헌법초안위원회의 헌법개정안에 대한 시민사회운동단체들의 적극적 지지와 경제위기로 야기된 정치·사회적 불안 요인이 오히려 자극이 되어 헌법개정안은 9월 27일 상하 양원 합동회의에서 찬성 518표, 반대 16표, 기권 17표로 통과되었다. 경제위기라는 중요한 위기(pivotal crises)는 분열된 엘리트들의 관계를 보다 타협적으로 재조직해 가장 근본적인 차이까지 해결해 주었던 것이다(Case 2002, 182-3).

개정헌법은 정치개혁에 관해서 다음과 같은 주요 내용들을 핵심으로 담고 있다(Punthong 1997). 첫째는 국민의 권리와 자유를 보장하기 위한 내용들이다. 인권보호, 성 평등의 권리, 형사 용의자의 권리(경찰 강압수사와 관련한), 언론자유, 환경을 보호할 권리, 국민의 저항권 등이 포함되어 있을 뿐만 아니라 국민들의 적극적인 정치참여를 보장하기 위해서 5만 명의 국민들이 서명하면 권력남용과 부정부패한 공직자해임을 요구할 수 있도록 했다.

둘째는 의회의 구조적 개선을 통해 정치환경을 획기적으로 개선하기 위한 내용들이다. 우선 금권정치를 불식시키기 위해서 선거구제를 돈이 많이 드는 중선구제에서 소선구제로 바꾸었으며 선거관리위원회를 신설하여 매표행위 등의 감시를 강화시켰다. 또 하원의원의 각료직 겸직을 금지해 특정 행정부서의 지역구 후견체제 고리를 단절코자 했다. 그리고 소수정당들의 무분별한 난립과 불안정한 연립정권으로부터 비롯된 정치적 불안정을 불식시키기 위해서 정당명부식 비례대표제를 도입했다. 총 유권자로부터 5% 이상의 득표율을 획득한 정당만이 비례대표의원을 배정받게 함으로써 분열된 다당제에서 안정적 양당제를 지향코자 했다. 이와 더불어 의회의 대표성을 보장하기 위해 200명의 상원의원을 직선제로 선출토록 했다. 후보자는 정당 소속이 아니며, 상·하원직을 떠난 지 1년이 지나지 않으면 상원의원이 될 수 없을 뿐 아니라 각료나 다른 정무직 공무원이 될 수 없었다.

셋째, 행정부와 입법부를 통제할 수 있는 사법권을 강화시키고 국민의 권익을 보장하기 위해 사법적, 준사법적 기구를 신설했다. 이런 취지에 의해 헌법재판소와 행정재판소가 신설되었으며 이외에도 준사법적 기구로 반부패위원회, 인권위원회, 선거관리위원회, 언론감독위원회, 환경문제감시위원회, 정부기구감사위원회, 사법위원회, 옴부즈맨 등이 설치되었다. 이 같은 위원회의 구성원은 다양성과 순수성을 보장하기 위해 각각 다른 방법으로 임명되고 정치적 중립성을 유지하게 된 상원이 국왕에게 추천토록 했다. 그리고 마지막으로 지방분권과 관련해 지방자치체가 정책, 인사, 재정에 자율성을 누리도록 했으며 지방자원의 사용과 관련한 주민들의 참여를 확대했다.

3. 추언 정권의 정치·경제개혁

1) 정치개혁의 성과와 문제점

차왈릿 정권하에서 개정헌법은 의회에서 통과되었지만 정치적 기반이 취약한 차왈릿 수상의 연립정권은 정치적 인기에 연연하여 과감한 경제구조 조정을 하지 못하고 있던 중 연립정부 내의 불협화음과 쁘라차티빳당을 비롯한 야당이 국회에 수상 불신임안을 제출케 됨으로써 1997년 11월 6일에 해산됐다. 차왈릿이 물러나고 등장한 추언 정권은 본격적으로 정치개혁과 경제위기를 극복하기 위한 구조조정 작업을 추진하게 되었다.

추언 정권은 1997년 개정헌법에 따라 만들어진 반부패위원회(National Counter Corruption Commission)와 선거관리위원회(Election Commission) 등을 통해서 정치개혁을 추진해 나갔다. 또한 개정헌법에 따라 국민들의 정치참여가 강화된 가운데 시민사회운동세력들은 금권정치와 부정부패 퇴치 노력을 벌여 정치개혁에 크게 기여했다. 그리고 2000년 3월 태국 정치사상 최초로 상원의원 직접선거를 치른 것도 추언 정권의 정치개혁 공로였다.

개정헌법에 따라 2000년 3월에 설치된 반부패위원회는 공직자재산공개법에 따라 허위재산등록 혐의로 싸난(Sanan Kachornprasat) 내무부 장관을 고발하여 장관직에서 사퇴시켰다. 싸난은 여당인 쁘라차티빳당의 사무총장으로 당내 실력자였으며, 부수상 겸 내무부 장관을 겸직하고 있었다. 현직 내무부 장관이 부정부패 혐의로 합법적 과정을 통해 고발돼 장관직에서 물러난 경우는 태국 역사상 전례가 없었던 일이었다. 그래서 이 사건을 두고 한 언론은 "혁명"이라고 표현하기도 했다(Phongpaichit et al. 2000, 131). 개정헌법에 따라 신설된 선거관리위원회는 2000년 3월 치러진 상원선거를 독립적이고 엄정하게 관리해 매표행위와 부정투표를 이유로 35개 지방에서 78명을 낙선시키고 무려 7차례나 재선거를 치르도록 했다(Chatornvong 2002,

208).[1]

　시민사회운동세력들은 다음과 같은 대표적인 사례를 통해 부정부패를 퇴치하는 데 노력했다. 첫째는 1998년 2월 발생한 원목 스캔들이다. 이 사건은 소위 쌀라윈 원목사건(Salween logging scandal)이라고 불리는데 산림국 부국장이 연루된 사건으로 불법 벌목에 따른 뇌물 공여사건이었다. 사건에 책임을 지고 산림국 부국장뿐만 아니라 연루된 지방의 산림공무원들 모두가 전보발령되거나 조사를 받게 되었다. 둘째는 의료기구 스캔들로 지방의 의사와 약사들은 그들이 정치인과 보건부 관리들로부터 원래 가격보다 높은 가격으로 특정회사로부터 의료기구를 구입하도록 강요받았다고 주장했다. 농촌의사회(RDS: the Rural Doctor Society), 약품연구그룹, 여타 NGO들은 언론에 이 사실을 공개하였으며 전직 보건부 차관을 위원장으로 하는 위원회의 조사결과 2명의 정치인과 몇 명의 고위 정부관료가 연루되었던 것으로 나타났다. 이 사건으로 낏쌍콤당(Social Action Party) 소속 장관과 정무 차관이 9월에 물러나고 사무 차관은 전보 발령되었다. 이 사건에서 주의를 끌었던 것은 1997년 개정헌법의 규정에 따라 30여 개의 NGO들이 연합해 5만 명의 서명을 받아 사건조사를 의뢰하려 했으나 저지당한 일이다. 셋째는 종자 스캔들이다. 1998년 9월 농업협동조합부 농업진흥과에서 시장가격보다 고가로 종자를 구입했다는 의혹이 언론에 폭로되어 장관은 10월 1일 장관직에서 물러나고 그가 소속한 찻타이당을 탈당했으며 두 명의 정부 고위 공무원을 포함해 50명의 공무원들이 조사를 받게 되었다(Phongsapich 1999, 333-4).

　부정부패 감시 이외에도 시민사회운동세력들은 환경 및 천연자원 보호를 위한 정책결정 참여와 농촌의 빈곤문제 해결 등의 사회정의 실현을 적극적으로 요구하기 시작했다. 1998년말 쁘라쭈업(Prachuab)도에 두 곳의 발전소 건설에 대한 반대투쟁이 있었다. 그 이유는 환경파괴 때문이었다. 결국 정부는 발전소 건설을 결정치 못했다. 개정헌법에서는 공동체 환경에

---

1) 마지막 상원의원 재선거는 2001년 5월 씨싸껫(Srisaket)에서 치러졌다.

영향을 미칠 수 있는 계획의 정책결정과정에 주민의 참여권리를 보장하고 있었다. 이것은 정부의 정책 추진에 아주 중요한 영향을 미쳤다. 컨깬(Khon Kaen)도 동란(Dong Larn)군 지역 주민들 600명은 이 지역으로부터의 이주에 반대하여 정부는 일시적으로 이들의 요구를 받아들여야 했다. 또 1998년 11월 동북부 타피오카 재배 농민들은 최저가격 보장을 요구하며 시위를 벌이기도 했다. 2000년 중반 우본라차타니(U-Bon Ratchathani)도의 콩찌얌(Kong Chiam)지역 주민들은 빈자들의 연합(the Assembly of the Poor)을 비롯한 NGO의 지원을 받아 정부청사 앞에서 빡문(Pak Moon)댐 건설에 따른 피해보상을 요구하며 시위를 벌였다. 사실상 피해보상 문제는 차왈릿 정권 때 약속한 바 있었고 실제로 일부 보상되기도 했으나 추언 정권은 1998년 6월 30일 내각의 결정을 통해 그 결정을 뒤집은 바 있었다. 추언 정권 말기까지도 이 사건은 해결되지 않았다(Bunbongkarn 2000, 4).

이상과 같이 개정헌법에 따라 새롭게 신설된 부정부패 감시기구와 시민사회운동세력의 활발한 활동에도 불구하고 부정부패와 금권정치의 폐해는 여전히 계속되고 있었다. 1999년에 있었던 야당에 의해 제출된 두 차례의 불신임동의안 제출의 중요 원인 중 하나는 추언 정부 각료들의 부정부패 문제 때문이었다. 내무부 장관 싸난은 깐짜나부리(Kanchanaburi) 토지스캔들과 고속도로 통행료 인상과 관련해, 통신부 장관 쑤텝(Suthep Tueksuban)은 SDH(synchronous digital hierachy) 전화기 스캔들 때문에 비난받았다. 이 중 내무부 장관은 허위재산등록 혐의로 고발당해 결국은 장관직에서 사퇴했다. 컴퓨터 구매부정에 연루된 고위 공무원은 반부패위원회의 고발을 받았으나 공무원위원회(Civil Service Committee)에 의해 복직되기도 했다. 통신부 차관 피쩻(Pichit Sathirachawal) 역시 허위재산등록 혐의로 기소되었으나, 2003년까지도 헌법재판소의 재판은 연기되었다(Pongsudhirak 2003, 282).

2001년 1월 하원의원 선거를 앞두고 쾀왕마이당 소속 의원의 3분의 2가 타이락타이당으로 이적함으로써 타이락타이당은 110명의 현역의원을 확보할 수 있었다. 당적 이적의 대가로 거액의 금품이 제공되었다고 알려졌다. 태국정치에서는 여전히 금권정치가 영향력을 발휘하고 있었던 것이다. 심지어 장, 차관직은 5천만 바트 내지 1억 바트에 팔리고 있었으며 찻타이당은 당 소속 의원들에게 매월 3~5만 바트를 후원하고 충성을 확보했다고 밝혀지기도 했다(Chatornvong 2002, 215).

개정헌법에 따라 2000년 3월 4일 상원의원을 직선으로 선출한 일은 역사적이고 획기적인 정치개혁 사건이었다. 1932년 입헌혁명 이후 관료지배체제를 특징으로 하는 태국의 정치체제에서 정치발전을 가로막는 중요한 요인 중 하나가 임명직 상원제도였다. 대부분 친여적인 군, 민간관료 그룹이 장악하게 되는 상원은 직선직 하원을 강력히 견제하는 의회 내부의 세력이 됨으로써 구조적으로 의회 민주주의 발전을 가로막아 왔었다. 그러나 1932년 입헌혁명 이후 70년 동안 지속되어 오던 임명 상원제도는 1997년 개정헌법으로 폐지되고 2000년에는 최초의 직접선거가 치러졌다. 이는 태국 정치발전에 대단히 중요한 의미를 갖은 것이었다. 2000년 상원선거에서는 76개도에서 200명의 의원을 주민직선으로 선출했다. 그러나 선거는 많은 문제점을 남겼다. 7차례나 재선거가 치러졌을 뿐만 아니라 상원의 정치적 중립성에 관한 우려의 소리가 여전히 많이 남아 있었다. 상원의원 200명 중 3분의 1 이상이 정치인들의 부인, 아들, 친지들이었으며, 3분의 1은 전직 정부 관료출신이었다(Chatornvong 2002, 208). 새로운 상원을 불행하게도 과거의 기득권층이 다시 장악하게 되었던 것이다. 상원의장과 상원의 상임위원장을 선출할 때도 정당의 로비가 극심해 상원의 정치적 중립성을 의심받게 되었다.

2) 경제개혁과 정치 · 사회적 반발

추언 수상은 국제통화기금 지원체제하에서 시장개방과 규제완화를 과

감히 추진했다. 그는 금융부문 및 기업부문의 구조조정과 긴축재정, 그리고 공기업의 민영화와 각종 규제완화를 지속적으로 추진해 나감으로써 2000년 6월 19일부로 국제통화기금 체제를 졸업했다고 선언하기까지에 이르렀다. 그러나 세계은행과 국제통화기금으로부터 관료체제 개혁, 부정부패청산, 국영기업의 민영화, 서구식 법체제의 정비, 정치적 압력에서 자유로운 경제정책 운용, 중앙은행의 역할 증대 등을 요구받았던 추언 수상은 신자유주의 경제정책을 추진하면서 경제개혁의 포커스를 금융개혁에 맞추어 금융기관의 불만을 사게 되었으며, 투명한 기업경영과 가족경영 방식 탈피 등을 강력히 요구받은 기업가들로부터도 실물경제를 무시한다는 비난을 받게 되었다. 뿐만 아니라 정치·사회적 반발 역시 심각했는데 이런 반발은 소위 로칼리즘(localism)의 담론을 중심으로 확대되어 나갔다(Chai-Anan 1997; Wasi 1999; Thirayut 1998).

　태국의 푸미폰(Bhumibol Adulyadej) 국왕은 1997년 경제위기가 발생했을 때 과소비경제에서 기인한 문제점들을 지적하면서 자립경제(self-sufficiency: setthakit phiyang pho)의 개념을 제시했다. 이 개념은 무한경쟁보다는 협동을 통한 공동체 생활, 즉 전통시대의 자립공동체를 염두에 둔 것으로 점증하는 세계 자본주의체제의 문제점을 인식하여 고안된 것이었다(Bhumibol 1998).

　경제위기의 원인을 서구 다국적 기업의 횡포로 이해하며 세계화와 아시아 신흥공업국을 경제적 식민지화시키려는 G-7의 제국주의적 구도에서 찾으려는 급진적 민족주의 운동의 흐름도 있었다. 이런 운동그룹들은 경제회복의 해결책을 자급자족과 저기술(low-technology)을 사용하는 농업경제 육성에서 찾고 있었다. 이런 운동그룹의 대표적인 예가 인민해방동맹(the People's Liberation Alliance: Naew Rom Prachachon Ku Chat)이다. 이 동맹은 1998년 5월에 결성되었으며 30개의 NGO와 PO로 구성되었다. 여기에 참가한 NGO들은 빈자들의 연합, NGO-CORD(Co-ordinating Committee on Development), 국영기업노동자연합(the State Enterprise

Worker Confederation), 민중민주주의캠페인(CPD: the Campaign for Popular Democracy), 태국학생연맹(SFT: the Student Federation of Thailand) 등이 있다. 이 단체들은 1997년 헌법개정에서 중요한 역할을 했으며 외환위기 이후 동맹을 결성했다(Thabchumpon 1999, 315). 이 동맹이 처음에 요구한 것은 정부가 9월로 예정된 국제통화기금(IMF)에 대한 4차 의향서(LOI) 초안의 연기와 국제통화기금과의 모든 조건 공개, 공공채무와 민간 분야 채무의 확인, 외채 지불정지, 서민을 위한 경제회복기금(Popular Economic Restoration Fund)의 설립 등이었다. 이 동맹은 1998년 6월에 세계은행 차관으로 설립되고 시민사회그룹이 집행하게 되는 사회투자기금(the Social Investment Fund)과 이것이 빈곤층에게 미치는 영향에 관한 세미나를 개최하기도 했다. 동맹의 지도급 인사들은 세계은행은 태국이 직면한 사회적 문제점에 대한 책임감을 느끼면서 태국에 대해 차관의 형태가 아닌 사회투자자금을 지원해야 한다고 주장했다. 그들은 또한 외채 지불정지와 가난한 농민들의 부채 지불정지를 요구하기도 했다. 이 동맹의 설립시기와 유사한 때 결성된 또 다른 단체는 국가회복시민그룹(the National Restoration Civic Group: Prachakom Kob Ban Ku Muang)이었다. 이 단체는 저명한 의사이며 사회 행동가인 쁘라웻(Prawesi Wasi)이 이끄는 학자 그룹, 사업가, 지방시민사회 활동가들, 특히 지방 의사 네트워크로 구성되었다. 이 단체는 검소하고 이익이 되는 소비운동을 촉진시키고 국민들에게 자립경제, 평화공존 같은 지식을 알리는 데 깊은 관심을 가졌다. 한편 탐마랏(Thammarat, good governance)담론2)을 주도했던 티라윳(Thirayuth Boonmee)은 태국의 경제위기를 대립적 시각에서 파악해 미국과 아시아 국가 사이의 정치적, 경제적 전쟁이라고 언급했으며, 외국인 투자를 유치하면서도 모든 것을 외국인들에게 팔아 넘겨서는 안 될 것이며 국제화로 나가면서도 태국의 정신을 지켜야한다고 강조했다

---

2) 탐마랏(Thammarat)이란 "thamma"(Buddhist teachings)+"rat(state)"의 합성어로 투명성, 책임감, 시민참여가 보장되는 이른바 좋은 통치구조(good goverance)를 뜻한다.

(*Bangkok Post* 1998/01/10).

시민사회운동세력 외에 국제통화기금 의무조항 실시에 대한 사회적 저항을 정치권에서 주도한 것은 쾀왕마이당이었다. 이러한 저항은 특히 지방으로부터 생겨났으며, 그 한가운데에 쾀왕마이당의 차왈릿이 있었다. 1997년 경제위기를 당하여 수상의 직에서 물러난 그는 동북부를 지역기반으로 한 당세확장에 나서 태국에서 가장 대중주의적 성격이 강한 정치인 중 하나인 찰름(Chalerm Yubamrung)을 영입했다. 그 역시 대중주의적 성향이 강한 정치인이었던 차왈릿은 1998년 말과 1999년 초에 부자-빈자의 대결 구도를 끄집어내기 시작했으며, 쁘라차티빳당이 너무 국제통화기금(IMF)적이며 사대주의적이라는 것을 공격하고, 찰름과 함께 유세를 다니면서 지속적으로 대중주의적인 메시지를 전달했다(Phongpaichit et al. 2000, 150-151).

차왈릿이 주도한 야당은 추언 정부의 경제정책에 대한 불만으로 1999년에 두 차례의 불신임안을 의회에 제출했다. 1999년 1월 28~30일 사이에 야당은 재무부 장관 타린(Tarrin Nimmanahaeminda), 내무부 장관 싸난(Sanan Kachornprasat), 통신부 장관 쑤텝(Suthep Tueksuban) 3명에 대해서 경제정책 실패, 행정의 투명성 부족 및 부정부패 혐의로 불신임안을 제출했으나 의회에서 부결되었다. 불신임안 토의에서 쾀왕마이당의 짜뚜론(Chaturon Chaisaeng)은 타린 재무부 장관이 국제통화기금에 너무 복종적이고 외국인에게 길들여져 있으며 태국의 실제 경제적 이익에 무심하다고 공격했다. 이후 차왈릿은 비교적 주니어 그룹에 속한 그를 당 사무총장에 임명하게 되었다. 쾀왕마이당은 쁘라차티빳 정부가 국제통화기금에 정식 의향서(LOI)말고도 별도의 서신(side letters)을 보냈다고 비난했으며, 사실상의 국제적 조약인 의향서를 의회승인 없이 보냈기 때문에 수상과 재무부 장관은 탄핵받아야 한다고 주장했다(Phongpaichit et al. 2000, 171).

1999년 3월 차왈릿은 지방을 돌면서 불신임 토의에서 제기된 문제를 확산시켰다. 그는 타린이 미국의 태국 지배를 허용했으며 민영화와 파산법은 국가를 외국인의 손에 팔아 넘기는 것이라고 주장했다. 그는 미국이

1997년 친미 정권인 추언 정권을 세우기 위해 그의 정치적 몰락을 유도했기 때문에 다시는 미국 편에 서지 않을 것이라고도 주장했다(*Bangkok Post* 1999/03/08). 12월에는 또 한 차례의 불신임안이 제출되었다. 12월 15~18일 동안 있었던 불신임안 토의는 1월과는 달리 전 내각에 대한 것이었다. 11월 24일 야당에 의해 하원의장에게 제출된 동의안에서는 추언정부의 부패, 관료기구의 문제점을 비난하고 있다. 추언은 비전이 부족하고 국가를 운영할 수 없으며 외국인에게 국내자원을 착취토록 허용했다고도 주장했다(*The Nation* 1999/11/13).

그러나 쾀왕마이당이 주도해 두 차례 정부불신임안이 제출되었음에도 불구하고 추언 정권은 태국 역사상 최초로 4년의 임기를 다 마치는 정권으로 기록되었다. 또 추언 정권의 경제개혁에 대한 국민적 불만에도 불구하고 차왈릿과 쾀왕마이당은 추언 정권의 대체세력이 될 수 없었다. 차왈릿이 대중주의적 성격을 띠는 정치인이라고는 하나 그는 본질적으로 구 정치세력이었고 1997년 경제위기의 직접적인 책임이 있었으며 쾀왕마이당은 당내분열에 시달리고 있었기 때문이다.

추언 정권의 신자유주의적 경제개혁과 구조조정에 대해 반발하는 세력들의 불만이 점증하는 가운데 이들의 불만을 규합한 새로운 정치세력이 등장하게 되었다. 통신업계 재벌인 탁씬(Thaksin Shinawatra)은 타이락타이당(Thai Rak Thai Party)을 창당한 후, 2001년 1월 하원의원선거를 앞두고 대중영합주의적 색채가 짙은 선거공약을 제시하고 농촌 유권자들과 서민층에 파고들기 시작했다. 타이락타이당은 당명 자체부터 민족주의적인 색채가 강하게 배어 있는 정당으로 경제위기를 극복하는 과정에서 태국의 경제주권과 국가적 자존심 상실회복을 위한다는 목적으로 창당된 우파 포퓰리스트적인 성격을 갖는 정당이었다.

4. 2001년 하원의원선거와 탁씬 정권

1) 하원의원선거와 정치개혁

2001년 1월 6일의 하원의원선거는 1997년 경제위기를 맞아 태국이 정치적으로 선택했던 1997년 개정헌법에 따라 최초로 치러진 하원의원선거였던 만큼 그 의미는 매우 컸다. 이번 선거를 통해 진정한 정치개혁을 이룰 수 있다는 기대감 속에 유권자들의 투표율은 역대 최고인 72%에 달했다.

이번 선거에서는 다당제 연립정부로부터 비롯된 정치적 불안정을 감소시키기 위하여 소선거구, 정당명부제를 도입했으며 소정의 목적을 달성하게 되었다. 탁씬의 타이락타이당은 이 같은 선거제도하에서 전체 의석(500석)의 절반에 육박하는 248석을 획득했으며 제2당인 쁘라차티빳당은 128석을 얻는 데 그쳤다. 태국 역사상 한 정당이 의회 과반수에 육박하는 의석을 얻었던 경우는 없었다. 선거결과 지금까지와 같은 다당제로 인한 정치불안은 크게 감소했다. 더욱이 선거 후 쾀왕마이당(36석), 쎄리탐당(Seritham Party, 14석)과 합당을 하고 찻타이당(41석)과는 연립정부를 구성함으로써 정치적 안정성을 더욱 높일 수 있었다. 실질적 야당은 쁘라차티빳당뿐이었다3). 뿐만 아니라 1997년 개정헌법은 수상에 대한 불신임논의를 위해서는 적어도 하원의원 5분의 2 이상(200석 이상)의 발의를 필요로 하고, 개별 각료에 대한 불신임 논의를 위해서는 5분의 1 이상(100석 이상)의 발의(헌법 185조, 186조)를 필요로 했기 때문에 탁씬은 그 어느 때보다 강력한 정부를 이끌 수 있게 되었다.

---

3) 또 다른 야당으로는 찻팟타나당(29석)이 있었으나 2003년 5월 현재 연립정부에 참여하고 있으며 기타 야당인 경우는 1~2석의 의석수만을 가질 뿐이다. 2003년 5월 현재 하원의석 분포를 보면 타이락타이당(295석), 찻타이당(39석), 찻팟타나당(31석)이 총 365석을 확보한 상태에서 연립정부를 구성하고 있으며, 야당은 쁘라차티빳당(130석)을 비롯해 4개 정당이 모두 135석을 확보하고 있다.

　　2001년 선거에서는 과거 선거와 달리 정책선거와 정당투표가 큰 중요성을 발휘했으며 구 정치인들의 세대교체도 이루어졌다. 제1당인 타이락타이당은 지역구의원 투표에서 37.06%를 차지하고 정당명부비례대표제 투표에서 40.64%를 획득함으로써 압도적 다수의 제1당이 될 수 있었다. 탁씬의 정책공약은 환심성 짙은 공약이라는 비난을 받기도 했으나 농촌과 서민층 유권자들로부터 큰 지지를 받았다. 타이락타이당의 승리는 정당명부비례대표제에 따라 유권자들이 정당선택의 기준을 정책으로 삼은 결과가 크게 반영된 것이었다. 언론에서는 타이락타이당의 성공을 정강정책과 각 계층의 유권자의 열망을 포용할 수 있는 능력으로부터 기인한다고 했다. 한편 제2당이 된 쁘라차티빳당은 지역구에서 25.90%, 정당명부비례대표제 투표에서 26.58%를 획득했는데 실패 요인은 유권자들의 관심을 끄는 정책 개발의 실패, 팀웍의 부재, 관료주의적인 접근방식 등이었다. 쾀왕마이당, 찻타이당, 찻팟타나당은 여전히 전통적인 선거방식인 온정주의와 후견-수혜관계에 의존해 선거를 치렀다(Nelson 2001, 398; McCargo 2002, 252-3).

　　2001년 선거결과는 정치개혁을 크게 촉진시킨 것은 분명하지만 문제점도 여전히 존재하고 있었다. 우선 일당독재에 대한 염려가 그것이다. 타이락타이당은 하원의석의 과반수에 육박하는 의석수를 차지하고도 합당과 연립정부를 구성해 원내 절대 다수석(365석)을 차지했다. 이에 대해 일부에서는 적어도 8년 또는 12~16년을 목표로 하는 정권 장악전략이라고 관측했다. 탁씬의 타이락타이당 확장 시도는 태국이 일당제 국가를 목표로 하고 있기 때문이라는 주장도 있었다. 타이락타이당은 싱가포르나 말레이시아(리콴유와 마하티르가 탁씬의 역할 모델일 수 있다)의 정당, 또는 일본의 자민당(Liberal Democratic Party)과 비교되기도 했다. 태국의 양대 영자 일간지는 태국의 민주주의가 위험에 빠졌다고 주장했다(Nelson 2001, 377-378).

　　금권선거와 부정선거 양상도 그대로 재현되었다. 선거 후 무려 4차례나 재선거를 실시해야 만했다. 두 번째 선거는 29개 지방 62개 선거구에서 치러졌으며 세 번째는 7개 선거구, 4번째는 2개 선거구에서 치러졌다

(McCargo 2002, 257). 매표행위를 비롯한 부정선거, 금권선거, 투표과정과 개표절차에 대한 불만이 재선거의 주요한 요인으로 꼽혔다.4) 정책이 주요한 선거의 이슈가 되기도 했으나 한편에서는 여전히 전통적인 온정주의와 후견-수혜관계, 금권에 의존해 선거가 치러지기도 했다. 정치인들의 세대교체가 이루어지기는 했으나 내용적으로 보면 구 정치인들의 가족, 친지들이 다수를 차지했다. 한 조사에 따른 세대교체 현황을 살펴보면 400명의 지역구 의원 중 200명이 신인이며, 100명의 정당명부비례대표제 의원 중 36명이 신인이었다. 동북부지역만을 조사한 바에 따르면 의원 136명 중 60명이 신인이었는데 이들 중 95%는 구 정치인들의 가족과 친지들이었으며 단지 5%만이 실제 신인이었다고 했다(McCargo 2002, 249).

위에서 언급한 것들 외에 정치개혁에 있어서 부정적인 영향을 미쳤던 선거 결과들을 살펴보면, 개정헌법은 하원의원 출마자의 학벌을 제한함으로써 선거 결과에도 영향을 미쳤으며,5) 명목상 지방분권화를 강조했지만 정당명부비례대표제가 도입됨으로써 결과적으로는 방콕의 의석수가 증가되어 엘리트적이고 도시 편향적인(elite-urban) 선거 결과를 초래하게 되었다.

2) 탁씬 정권의 특성: 대중영합주의와 권위주의

의회 내 절대적인 다수를 차지해 안정된 정치적 기반을 확보한 탁씬 정권은 대외적으로는 경제적 민족주의를 표방하고 대내적으로는 대중영합주의적(populist) 정책을 추진하기 시작했다.

---

4) 매표행위가 만연해 유권자 1인당 50~1,000바트(약 1.25달러~25달러)가 뿌려졌다. 한 조사에 따르면(Thai Farmers Research Center) 선거캠페인 기간 중 유통된 통화량은 250억 바트(6억 2,500만 달러)였는데 이 금액은 1996년 선거와 비교해 25% 증가한 것이다. 또 이 금액을 모든 입후보자수로 똑같이 나누면 입후보자 1인당 법정선거비용의 약 9배를 사용한 셈이 된다 (Ockey 2003, 671).
5) 개정헌법은 상, 하의원 출마자격을 학사학위 이상자로 규정하여 성인 인구의 90%, 지방 인구의 95%, 농업분야 종사자의 99%를 배제하는 결과를 초래했다. 2001년 하원의원 선거가 치러지기 전인 1990년대 선출된 하원의원들을 이 기준으로 평가하면 4분의 1이 이 기준에 미달했다.

　　탁씬은 2001년 4월 23일 개최된 ESCAP 총회 연설에서 투명성과 국제적 통치기준에 반대하여 관측자들을 놀라게 했다. 그는 점증하는 국제적 불확실성에 직면해 아시아 국가들은 서구 경제 모델을 포기하고 각 국 실정에 맞는 새로운 국내정책을 채택해야 한다고 주장했다. 일본, 미국, 과거 아시아 호랑이들이 경제적 어려움을 겪고 있는 것은 (과거의) 개발전략을 재고해야 한다는 것을 의미하며, 이제 한 사이즈로 더 이상 모든 것을 맞출 수 없다고도 주장했다(*Bangkok Post* 2001/04/24).[6]

　　탁씬은 선거기간 중 환심성 논란을 불러일으킨 대중영합주의적인 정책공약을 실현시켜 나갔다. 탁씬은 부실채권 문제 해결, 농가부채 상환 3년 유예, 농가 마을 당 100만 바트 지원, 의료보험제도 전국확대, 국영자산관리공사(AMC: National Asset Management Corp.) 설립과 함께 감세와 재정지출을 통한 경기부양 등 획기적인 경제정책을 추진해 나갔다. 이 같은 정책의 추진은 농촌과 서민층 유권자들의 큰 지지를 받았을 뿐만 아니라 기업들의 지지도 이끌어냈다. 국영자산관리공사(AMC)를 통해 부실채권을 매입하여 금융권의 부실채권 문제를 해결하겠다는 점은 금융권의 불안요인을 제거하여 소비와 투자가 회복할 수 있도록 하겠다는 의지로서 서민과 기업들로부터 지지를 받았다. 탁씬의 전략은 케인즈주의적인(Keynesianism) 공공지출과 소비증대를 위한 신용확대 및 국가통제를 강조하는 것이었다(Jayasuriya et al. 2004, 3).

　　이런 전략에 대해서 재정적자 부담과 조세부담 가중에 대한 우려의 목소리도 높았으나 탁씬 정권의 종합적인 경제성적은 양호했다. 2003년 태국은 사스(SARS)로 인한 관광산업 피해에도 불구하고 6% 이상의 경제성장률을 보였다. 이 수치는 주요한 다른 아시아 국가보다 높은 수준이었다.

---

6) 그러나 2001년 말경 탁씬의 경제정책은 보수적으로 기울어졌다. 그는 외국인 투자의 중요성을 강조하고 금리를 내렸으며 지연된 국영기업의 민영화계획을 다시 추진하고 기업경영의 투명성을 강조했다. 또 그는 일본에 대해서는 동아시아 경제모델을 따를 것이라는 것을, 미국에 대해서는 지속적 경제개혁을 추진할 것임을 약속했다. 이를 가리켜 태국의 네이션 신문(*The Nation*)은 탁씬노믹스(Thaksinomics)의 종말 또는 유턴이라고 했다(Funston 2002, 318).

외환보유고도 420억 달러 이상이나 되었다. 또 수십만 개의 새로운 일자리
가 창출되었으며 종합주가지수가 72%나 올랐다. 바트화는 강세였고 부동
산 시장도 호황을 맞이했으며 수출은 급속도로 증가하고 국제경영개발기구
(International Institute for Management Development)가 발표한 국제경
쟁력 순위 세계 10위에 올라있었다(Mutebi 2003, 84).

탁씬의 대중영합주의정책은 일의 효율성과 업적을 중시했다. 그는 스
스로를 CEO로 부르는 것을 즐겨했는데 "CEO 탁씬은 주식회사 태국
(Thailand Inc.)을 위해 빠른 결정을 좋아하고 빠른 결과를 원하며, 빠른
배달을 원했다 …… (*The Nation* 2001/05/21)." 탁씬은 지방행정의 효율
성을 높이기 위해 도지사들도 CEO로 만들기를 원했다. CEO 도지사들은
도 개발정책을 결정하고 예산과 인사권을 가지며 과거와 같이 내무부 산하
에 있는 것이 아니라 직접 수상의 감독하에 놓이게 된다. 이에 따르면 수상
은 각 부서를 통하지 않고 지방을 직접 통제할 수 있게 되는 것이다. 또한
탁씬은 55명의 장성들에게 CEO 도지사들의 업적을 모니터하는 임무를 맡
겼다(Nelson 2001, 376). 이에 대해서 지방의회 의원들은 지방분권화라는
정치개혁의 취지에 위배되는 정책이라고 비난하기도 했다.7)

2003년 아시아-태평양 경제회의(APEC) 정상회담이 방콕에서 개최됐
을 때 탁씬 수상은 도시미관을 해친다는 이유로 방콕 시내에 거주하는 수
만 명의 집 없는 사람들, 창녀, 주인 없는 개들을 도심에서 쫓아냈다. 또
정상회담 중의 사회적 소요를 염려하여 태국에 입국하려는 500여명의 인권
주의자들과 사회행동가들의 입국을 금지시켰다. 2003년 2월 1일에는 마약
과의 전쟁을 선포했다. 3개월 동안 58,000명이 투옥되고 2,274명이 사망했
으며 42,000명 이상의 마약거래업자들이 자수하여 큰 성과를 거두었다. 그
러나 정책추진과정에서 인권문제를 도외시했다는 비난을 받게 되었다
(Mutebi 2003, 78-80).

탁씬은 일반적인 정치인답지 않게 단정적인 어법을 즐겨 사용한다.

---

7) CEO 도지사 계획은 2001년 7월 발표되었으며, 그 해 10월 5개도에서 12개월간 시범 실시되었다.

이 역시 효율성과 업적을 중시하는 통치방식의 한 형태라고 볼 수 있다. 탁씬은 15개 분야의 사회악(검은 영향력) 일소계획을 추진하면서 부패, 홍수, 가뭄, 마약과 검은 영향력으로부터 국민들을 6년 내에 구해낼 것이라고 약속했다(*Bangkok Post* 2003/04/06). 또 2003년 1월 29일 캄보디아 수도 프놈펜에서 캄보디아인들이 태국 대사관과 태국인 소유 사업체에 방화를 했을 때도 그는 90분 내에 질서를 회복시키지 않으면 군대를 파견하겠다고 했다. 태국정부는 5대의 비행기를 프놈펜에 보냈고 질서 회복은 안 되었지만 수백 명의 태국인을 철수시킨 바 있다(Mutebi 2003, 79).

탁씬은 중요한 문제에 대해서는 자신이 나서서 직접 해결하려고 했다. 그는 빈자들의 연합 지도자와 빡문(Pak Mool)댐과 관련한 이슈에 관해 대화를 통해 해결했다. 빡문댐 건설반대 시위는 정부청사 앞에서 1년 이상 지속되어 오던 것이었다. 이후 탁씬은 매주 토요일 아침마다 30분 짜리 라디오 프로그램에 출연해서 정부의 정책에 대해서 국민들에게 직접 설명을 하고 있다.

이러한 탁씬에 대한 국민적 지지는 아주 높았다.[8] 국민들 사이에는 모든 문제의 해결을 탁씬 개인에게 맡기려는 경향이 생겨났으며 그는 종종 "백마 탄 기사"(atsawin ma khao)로 불려지기도 했다. 태국의 영향력 있는 보수주의자 쁘라윗(Prawese Wasi)은 탁씬은 국가 문제를 이해하는 몇 안 되는 사람 중의 한 사람이라고까지 칭송했다(Nelson 2001, 369). 탁씬 자신도 자신감에 넘친 발언과 행동을 주저하지 않았다. 취임 초 그는 경제 회복에 대해서 낙관적인 전망을 하면서 "…… 두려워하지 마라 …… 왜냐하면 정부가 모든 문제와 해결책을 알고 있기 때문이다"라고 언급하기도

---

8) 2000년 12월 26일 반부패위원회에서 탁씬을 허위재산등록 혐의로 고발하는 사건이 있었다. 만일 이것이 사실로 밝혀지면 탁씬은 수상의 직에서 물러나야 했다. 이때 탁씬을 지지하는 140만 명의 서명 운동이 전개되고 그에게 국가를 구할 시간을 주기 위해 재판을 1년 연기하자는 주장도 있었으며 동북부 컨깬에서는 20,000명의 주민들이 한 불교사원에 모여 그가 처벌받는 것을 피할 수 있도록 전통의식인 바이씨 쑤 콴(baisri su khwan) 의식을 거행하기도 했다 (Nelson 2001, 369-370).

했다(Funston 2002, 317).

그러나 탁씬이 많은 국민들의 지지를 받는 것은 사실이었지만, 한편으로는 탁씬 정권의 독재화를 우려하는 목소리들도 생겨나기 시작하였다. 방콕포스트는 탁씬 정권의 독재주의적 경향을 경고하면서 다음과 같이 언급했다. "태국은 회사가 아니며 국민들은 그의 고용인이 아니다. 그는 친 그룹(Shin Group)회사들9)의 고용인들이 그의 결정을 비난하는 것을 막을 수 있으나 국민들은 그들이 원할 때 말하고 정확히 생각할 모든 권리를 갖고 있으며 언론의 자유는 이 기본적 권리를 반영하고 있는 것이다"(Nelson 2001, 388-9).

전직 수상 아난은 1976년 10월 6일 사건 25주년 기념행사 연설에서 다음과 같이 언급했다. "…… 모든 것들이 아직까지 태국의 진정한 민주주의체제가 출현했다는 것을 확신시켜 주지는 않는다. …… 과거에 민주주의의 위협이 독재로부터 연유했다면 오늘날 이 위험은 우리가 예기치 않은 것으로부터 나오고 있다. 독재는 더 이상 카키색 유니폼을 입은 군으로부터 나오는 것이 아니다. 그것은 사람들의 마음에 달렸다; 민주주의를 어느 정도 이해하는 가에 달렸다; 권력이 헌법에 따라 추구되고 사용되는 가에 달렸다. 독재적인 성향의 사람에 의해 야기되는 위험은 태국에서 사라지지 않았다. 비록 정도가 적어지거나 변화되었지만 …… 따라서 28년의 투쟁은 아직 끝나지 않았다"(Nelson 2001, 392).

탁씬 개인의 인치에 많은 부분을 의존했던 대중영합주의적인 탁씬 정권은 사실상 점차 권위주의적으로 변해가고 있었다. 탁씬의 권위주의적 성향은 당내 운영방식에서 잘 나타나고 있다. 타이락타이당 당내 소장층들이 탁씬에게 당내 민주화를 요구했을 때 그들은 다른 정당으로 떠날 것을 권유받았다. 그러나 무엇보다도 탁씬의 권위주의적인 통치 성향이 뚜렷하게 나타나고 있는 것은 그의 대언론정책이다. 2001년 3월에 타이락타이당의 편집관여에 대해 반발하는 23명의 iTV 직원들이 강제 퇴출되었다. iTV는 탁

---

9) 친 그룹은 통신업계 재벌인 탁씬 소유의 그룹이다.

씬이 2000년에 매입한 TV방송국이었다. 8월에는 반부패위원회로부터 재산공개누락 혐의로 대법원에 고발되어있던 탁씬의 유죄 가능성을 담은 태국의 한 신문기사가 로이터 기사에 인용된 적 있는데 이 태국신문사는 경찰로부터 강력한 경고를 받았다. 이즈음해서 태국방송저널리스트협회(Thai Broadcasting Journalists Association)는 정부의 라디오와 TV간섭 사례 14건을 발표하기도 했으며 2001년을 "언론 간섭의 해"라고 했다(Funston 2002, 313). 뿐만 아니라 탁씬이 의장으로 있던 돈세탁방지위원회(Anti-Money Laundering Office)가 247명 이상의 유명저널리스트와 시민운동가들의 은행구좌를 조사한 사건은 언론탄압으로 오해받을 수 있는 소지가 충분히 있는 사건이었다(Pongsudhirak 2003, 285).[10]

탁씬의 권력은 전통적 권력기구인 관료체제와 군을 확고히 장악함으로써 더욱 강화될 수 있었다. 탁씬은 관료체제 재구조개혁법안(Bureaucratic Restructuring Bill)과 행정부처 구조개혁법안(Ministerial Restructuring Bill)을 의회에서 통과시켜 관료체제를 개혁했다. 기존의 14개 행정부서가 20개 부서로 증가했다. 이 같은 관료체제의 대개혁은 1세기만에 처음 이루어진 것이었다(Pongsudhirak 2003, 284-5). 관료체제를 개혁함으로써 탁씬은 관료체제의 장악력을 높일 수 있었을 뿐 아니라 연립정부 내 각 파벌을 위해 분배할 정치적 자원을 확대시킴으로써 통치 장악력을 크게 높이게 되었다. 또한 탁씬은 군 인사에 적극적으로 개입해 육, 해, 공군 3군사령관을 그의 지지자들로 임명했을 뿐만 아니라 그의 군사예비학교 동기생들을 군과 경찰의 요직에 승진시킴으로써 조만간 그들이 군과 경찰의 주요 사령관직을 맡도록 대비해 두었다(Pongsudhirak 2003, 283-4).

권위주의적인 정치적 분위기 속에서 정치개혁 의지를 의심케 하는 사건들도 자주 발생했다. 탁씬 정권의 정치개혁 의지를 의심케 하는 최초의

---

10) 탁씬은 시민사회운동세력과도 자주 갈등을 빚고 있다. 민중민주주의운동(CPD: Campaign for Popular Democracy)은 마약과의 전쟁에서 발생한 인권유린사태를 비난하기도 했으며 탁씬 정권이 NGO등록법을 제정해 NGO를 통제하려한다고 주장하기도 했다.

사건은 집권 초기에 있었던 쾀왕마이당과의 합당이었다. 탁씬은 1997년 경제위기시 책임을 지고 물러난 쾀왕마이당과 합당을 하고 당수인 구 정치인 차왈릿을 부수상 겸 국방부 장관에 임명했으며 그와 군에게 외교문제에 대해서 상당한 권한을 넘겨주었던 것이다.

개정헌법에 따라 만들어진 선거관리위원회의 임기가 2001년 5월 26일 만료되었을 때 각 정당들은 자신의 정당에 유리한 인물을 위원에 임명키 위해서 맹렬한 로비를 벌였다. 그리고 국민적 신망이 없는 인물들이 대거 위원에 임명되었으며 위원장에 임명된 씨린(Sirin Thoopklam)은 사기혐의로 상원의원 자격을 박탈당한 인사였다. 또 어떤 위원은 가짜 투표용지를 만든 혐의로 조사를 받은 적도 있었다. 그래서 38명의 상원의원들은 위원 선정과정에 대한 조사를 요구하기도 했다(McCargo 2002, 257).

반부패위원회는 탁씬 수상의 재산공개 누락혐의를 헌법재판소에 고발했으나 2001년 8월 3일 무죄판결을 내림으로써 그 순수성과 권위 손상을 초래했으며 개정헌법의 선별적 적용에 대한 논란까지 불러일으켰다. 무죄판결에 대한 탁씬의 반응은 그의 권위주의적인 정치관을 여실히 보여 주는 것이었다. 그는 자신은 태국을 위한 최상의 것이 무엇인가를 알고 있다고 믿고 있었으며 그가 확신하고 있는 것을 얻기 위해서는 법을 초월하는 것이 보다 큰 선이라는 것을 믿고 있는 듯했다(Nelson 2001, 380). 탁씬은 헌법재판소 판결이 난 후 반부패원회와 헌법재판소를 다음과 같이 공격한 적이 있었다. "1,100만 명의 유권자가 뽑은 지도자가 반부패위원회와 헌법재판소의 판결에 승복해야 한다는 것은 이상한 일이다. 양 기구는 국민이 선출하지 않는 임명된 위원과 판사로 구성된다. 이것은 우리가 간과해 버리고 있는 중요한 포인트다. 미국에서는 의회만이 대통령을 탄핵할 수 있다(*Bangkok Post* 2001/08/05)." 이러한 탁씬의 언급은 정치적 의미가 담긴 것이기는 해도 헌법에 대한 이해조차 의심케 하는 것이라고 볼 수 있다.

5. 맺음말

1997년 경제위기에 직면한 태국의 정치적 선택은 민주적 개정헌법의 의회통과와 정권교체를 통한 정치개혁이었다. 이후 태국의 정치개혁은 추언과 탁씬 양대 정권에 의해 이루어져 왔다. 추언 정권은 정치개혁과 경제위기극복을 위해 노력하면서 태국 역사상 최초로 정권 임기 4년을 채우기도 했으나 2001년 하원의원선거에서 타이락타이당에게 패했다.

2001년 하원의원선거는 1997년 개정헌법에 따라 치러진 최초의 하원의원 선거였으며 정치개혁의 획기적인 계기가 되었다. 선거 결과는 추언 정권하에서 경제개혁과 구조조정에 반발하는 세력들의 지지를 받으며 대중영합주의정책을 공약을 내세웠던 탁씬의 타이락타이당이 압승을 거두었다. 선거결과 과거와 같이 다당제로 인한 취약한 연립내각의 구성과 정치불안이 반복되는 현상은 사라졌으며 타이락타이당은 정국을 안정시키고 확고한 정치적 리더십을 확립할 수 있었다. 안정된 정치적 기반을 확보한 탁씬 정권은 대중영합주의정책을 추진해 가면서 국민들의 큰 지지를 받게 되었다.

피상적으로 보면 개정헌법에 따라 치러진 2001년 총선 이후의 태국은 전보다 민주적이 되었다고 볼 수 있지만 한편으로는 권위주의화되어 갔다.[11] 정치개혁을 이룩하고자 했던 선거를 통해 확고한 정치적 리더십을 갖게 된 탁씬은 관료체제, 군, 언론을 강력하게 장악함으로써 권력을 강화시켜나갔다. 개정헌법에 따라서 만들어진 여러 가지 사법적, 준사법적인 독립된 권한을 갖는 기구들은 점차 정치화되었으며 상원의 정치적 중립성도 훼손되었다. 결국 경제위기 후 태국의 정치적 선택이었던 정치개혁의 잠정적인 결과는 역설적이게도 권력의 권위주의화였다. 그리고 이런 현상은 경제위기 극복과정에서 정책적 선택을 둘러싸고 발생한 정치적 결과라고 볼 수 있다.

---

11) 흔히 탁씬 정권의 정치체제를 민주적 권위주의(democratic authoritarianism)또는 연성 권위주의(soft authoritarianism)라고 부르기도 한다(Pongsudhirak 2003; Mutebi 2003).

권위주의화되어 가는 탁씬의 권력을 견제할 수 있는 대안세력으로서의 야당의 역할이 미미하다는 사실은 더 큰 문제이다. 의회 내에서 수적 크게 열세인 야당 쁘라차티빳당은 차세대 후계자 문제를 둘러싼 전직 수상 추언 파벌과 당 사무총장을 지낸 싸난 파벌 간의 파벌투쟁으로 정부여당에 대한 견제를 제대로 못하고 있는 실정이다. 뿐만 아니라 대중영합주의정책을 내세운 타이락타이당에 맞선 뚜렷한 정책적인 대안을 제시하고 있지 못하다.

따라서 현재 태국의 정치체제는 견제와 균형이라는 민주주의의 기본적 원리가 제대로 작동되지 못한 가운데 있다고 볼 수 있다. 이런 정치체제하에서 절대적인 정치적 우위를 점하고 있는 탁씬의 타이락타이당은 앞으로 대중영합주의적인 경제정책의 성공적 수행을 통해 정치적 입지를 강화하면서 일당 우위의 권위주의 국가모델을 지향할 가능성이 크다고 예상된다.

이런 가능성을 약화시킬 수 있는 몇 가지 요인을 살펴보면 다음과 같다. 일부 의원들은 당 지도부에 대한 불만으로 당적 변경을 위해서는 선거 90일 전까지 당적을 변경토록 규정한 현행 헌법조항 개정을 추진하려 하고 있다. 이런 시도는 타이락타이당 일당 우위의 정치구도에 영향을 미칠 수도 있을 것이다.

쁘라차티빳당의 아성인 태국 남부에서 탁씬 정권이 집권한 이래 폭탄 테러, 방화, 무장폭동이 발생해 오던 중 가장 최근인 2004년 4월 28일 청소년 100여명이 사망하는 최악의 사건이 발생했다. 사건의 배후는 이슬람분리주의 운동세력이라는 설과 마약을 밀매하는 지역(남부)이권조직이라는 설이 혼재되어 있다. 2001년 하원의원선거에서 타이락타이당은 전국적인 강세를 보였음에도 불구하고 남부지역에서만은 단 1석을 얻는 데 그쳤으나 쁘라차티빳당은 이 지역에서 48석을 얻었다. 이번 사건의 발생으로 탁씬은 커다란 정치적 부담을 안게 되었다고 볼 수 있다.

타이락타이당에는 몇 개의 파벌이 존재한다. 탁씬 직계파벌(약 100

명), 싸너(Sanoh Thienthong)가 이끄는 왕 남 옌(Wang Nam Yen) 파벌 (약 70명), 탁씬의 여동생이 이끄는 왕 부어 반(Wang Bua Ban) 파벌(약 70명), 방콕을 기반으로 하고 있는 파벌(약 30명) 등이 있는데, 이들은 그 동안 당직이나 내각직 분배를 놓고 경쟁했었다. 현재 타이락타이당은 파벌 투쟁의 핵심이 되었던 왕 남 옌 파벌의 세가 많이 약화되어 있는 실정이며 탁씬의 당 장악력에도 큰 문제는 없다. 그러나 국민적 지지를 받고 있으며 카리스마가 있는 탁씬이 물러난 이후의 타이락타이당은 후계자 문제와 관 련해 파벌투쟁 재현의 우려가 있다. 뿐만 아니라 2001년 하원의원 선거를 즈음해 창당된 타이락타이당이 영속성을 갖고 제도화될 수 있을 것인가 여부도 눈여겨볼 점이다.

참고문헌

김홍구. 1999. 『태국학 입문』. 부산: 부산외국어대학교 출판부
윤진표. 2003. "태국의 경제성장 과정과 특징: 1997년 경제위기의 배경적 고찰." 『국제
　　지역연구』 제7권 2호.

Bhumibol, Adulyadej, King. 1998. "Phraratchadamrat yutlak setthakit baep pho
　　phiang [자립경제에 관한 국왕 연설문]." Ministry of Interior, *Setthakit
　　chumchon phung ton eng: naeo khwamkhit lae yutthasaat* [자립경제: 사고와
　　전략]. Bangkok: Ministry of Interior.
Chai-Anan, Samudavanija. 1997. *Watthanatham khue Thun* [문화는 자본이다].
　　Bangkok: P. Press.
Punthong, Yutthanaa. 1997. *Khamthaam-Khamtop Ratthathammanuun haeng
　　Raachaaanaacakthai 1997* [1997년 헌법 질의, 응답]. Krungtheep: Samnak
　　phimnitiyut.
Thirayuth, Boonmi. 1998. *Thammarat kab Kaanpatiruup sangkhom* [좋은 통치와 사회
　　개혁]. Bangkok: Amarin Printing.
Wasi, Prawes. 1999. *Seetthakit Pho Phiang lae Prachaakhom* [자립경제와 시민사회].
　　Bangkok: Mor Chaoban.

Bangkok Post 1998/01/10; 1999/03/08; 2001/04/24; 2001/08/05; 2003/04/06.
Bunbongkarn, Suchit. 2000. "Thailand: Farewell to Old-Style Politics?" *Southeast
　　Asian Affairs 1999*. Singapore: Institute of Southeast Asian Studies.
Case, William. 2002. *Politics in Southeast Asia*. Richmond: Curzon Press.
Chatornvong, Sombat. 2002. "The 1997 Constitution and the Politics of Electoral
　　Reform." Duncan McCargo (ed.). *Reforming Thai Politics*. Copenhagen:
　　NIAS Publishing.
Funston, John. 2002. "Thailand: Thaksin Fever." *Southeast Asian Affairs 2002*.
　　Singapore: ISEAS.
Jayasuriya, Kanishka and Kevin Hewison. 2004. "The Anti-Politics of Good
　　Goverance: From Global Social Policy to a Global Populism." Working
　　Paper Series No. 59 (January). City University of Hong Kong.
Klein, James R. 1998. *The Constitution of Kingdom of Thailand, 1997: A Blueprint
　　for Participatory Democracy*. The Asia Foundation Working Paper, No. 8.

Hongkong: Maruzen Asia.

McCargo, Duncan. 2002. "Thailand's January 2001 General Elections: Vindicating Reform." Duncan McCargo (ed.). *Reforming Thai Politics*. Copenhagen: NIAS Publishing.

Mutebi, Alex M. 2003. "Thailand in 2003: Riding High Again." *Asian Survey* Vol. 44, No. 1 (Jan./Feb.).

Nelson, Michael H. 2001. "Thailand's House Elections of 6 January 2001: Thaksin's Landslide Victory and Subsequent Narrow Escape." Michael H. Nelson (ed.). *Thailand's New Politics KPI Yearbook 2001*. Bangkok: White Lotus Co., Ltd.

Ocekey, James. 2003. "Change and Continuity in the Thai Po;itical Party System." *Asian Survey* Vol. 43, No. 4 (July/August).

Phongpaichit, Pasuk and Chris Baker. 2000. *Thailand's Crisis*. Chiang Mai: Silkworm Books.

Phongsapich, Amara. 1999. "Politics of Civil Society." *Southeast Asian Affairs 1999*. Singapore: ISEAS.

Pongsudhirak, Thitinan. 2003. "Thailand: Democratic Authoritarianism." *Southeast Asian Affairs 2003*. Singapore: ISEAS.

Thabchumpon, Naruemon. 1999. "Thailand: A Year of Diminishing Expectations." *Southeast Asian Affairs 1999*. Singapore: ISEAS.

The Nation 1999/11/13; 2001/05/21.

위기에 대한 필리핀의 대응과 정치적 선택: 비효율과 부정부패를 중심으로

위기에 대한 필리핀의 대응과 정치적 선택 :

비효율과 부정부패를 중심으로

■ 박기덕

1. 문제제기

요즘 들어 동남아시아의 "위기"는 1997년의 외환위기에서 비롯된 경제위기를 중심으로 논의되고 있다. 경제상황은 정치체제의 안정 여부와 밀접한 관련을 가진다. 남미에서 보는 것처럼 경제위기는 정치적 불안정을 초래하고 경우에 따라서는 체제를 변화하게 하는 요인이 되기도 한다.

1997년 경제위기 이래의 필리핀 "위기"도 위와 같은 관점에서 경제위기와 연관지어 논의할 수 있을 것이다. 그러나 필리핀은 다른 동아시아 위기국가들과는 달리 1997년 역내에 경제위기가 도래하였을 때에는 즉각적이고 자체적으로 위기상황을 나타나지는 않았다. 필리핀의 경제위기는 인접 국가들의 경제위기 여파가 전이되어 나타난 것이다. 그렇지만 필리핀의 경제는 내재되어 있는 여러 가지의 문제와 어우러져 대부분의 타 인접 국가들보다 오히려 더 깊은 위기를 오랫동안 경험하고 있다.

필리핀의 위기는 1946년 독립 이래 지속되어 온 위기의 연속선상에 있는 "구조적 위기"이기 때문에 거시적이고 체제적인 위기에 경제위기의 양상을 덧씌워 논의하는 것이 타당하다. 그렇기 때문에 현재 필리핀이 경험하고 있는 위기와 이에 대한 대응 및 그 결과는 단순히 1997년의 경제위기에만 연결시켜서 분석할 것이 아니라, 국가체제나 정치과정 등이 안고 있는 위기요인, 나아가서는 독립 이전부터 배태된 이 나라의 공동체로서의 거시적 사회구조가 부과하는 위기요인도 고려하여 분석하여야 할 것이다.

본장은 필리핀의 위기가 거시적인 국가사회체제 자체의 문제와 연관되어 나타나는 것이라고 보고, 크게 정치체제와 그 수행능력상의 문제, 그리고 정치과정 상의 문제라는 두 가지 차원으로 나누어 분석할 것이다. 국가사회체제의 문제는 국가의 자율성과 능력—특히 체제수행능력—의 차원에서 분석하고, 정치과정의 문제는 정당정치, 선거, 그리고 의회정치라는 차원에서 분석할 것이다. 각 절별로 위기의 구조와 양상 및 심도를 논의하는데, 먼저 종합적이고 거시적인 위기를 논의하고, 그 다음으로 정치과정을 정당정치, 선거 그리고 의회정치의 순으로 논의할 것이다. 그리고 그에 대한 치유책으로서의 대응과 효과를 분석할 것이다.

2. 정치사회체제의 위기

필리핀의 정치사회체제 위기는 대체로 국가와 사회 간에 형성된 비대칭적인 관계에서 비롯되며, 1997년 동아시아 경제위기를 겪은 후부터는 이 위기의 여파에 의하여 더욱 악화되었다. 대체로 국가가 사회 주류집단의 지나친 사적 이익 추구를 제어하지 못하고 오히려 그들의 도구로 작동하기 때문에 각종 비리와 부정이 난무하고 있다.

1) 약한 국가와 강한 사회

자율성과 능력이라는 두 가지 개념을 기준으로 평가할 때, 필리핀의 국가는 약한 국가의 전형이라고 할 수 있다(Villacorta 1994). 이와 같이 약한 국가는 필리핀의 역사 및 사회적 특성에 그 연원을 두고 있다. 스페인의 식민통치가 시작될 때까지 필리핀은 수많은 섬으로 분리되고 또 한 섬

내에서도 산악 등의 지형적 요인으로 서로 격리되어 하나의 국가로서 존재
하지 않았다. 카톨릭교회의 지배적인 역할과 가부장적인 사회구조는 국가
사회 전체의 통합과 국가 영역 내에서 행하여지는 자원의 배분 및 생산되는
부의 분배 양상에 현저한 영향을 미쳤다.

미국의 식민정책은 현지인에게 정치적인 실습의 기회를 주었다는 점
에서 타 열강의 식민통치방식과 구별된다. 따라서 미국의 소위 "필리핀화"
는 현지 엘리트의 관료화보다는 정치인화 내지 법률가화를 촉진시켰다. 토
지자산을 근거로 하여 성장한 엘리트의 정계 진출은 관료세력의 형성을
제약하고 정치를 지주 및 토지를 근간으로 한 산업세력의 이익분배의 장으
로 화하게 하였다. 따라서 정치인인 대통령은 필리핀 사회에 공동선으로서
작동할 수 있는 정책의 입안과 집행이라는 행정부 수장으로서의 역할보다
는 토지에 근거한 정치엘리트의 이익을 중재하는 역할을 주로 수행하는
일종의 브로커였다.

마르코스가 자기 자신을 "최강의 추장"(supreme cacique)으로 변신
시킬 때까지,1) 필리핀 국가는 권력의 중추로서의 역할을 전혀 수행하지 못
하였고, 따라서 국가권력의 중심부에 위치한 대통령은 준봉건적인 지주들
의 이익을 실현하는 데 편의를 제공하는 거간꾼에 불과하였다(Hutchcroft
1991). 여타 동아시아의 식민통치 경험 국가들과는 달리 국가는 '과대성
장' 하지 못하고, 미국에 종속하여 중심부의 이익에 봉사함으로써 이익을
챙기는 과두 경제엘리트의 실질적인 지배하에 종속되었다. 경제엘리트들은
의회에 진출하여 의회의 절대과반수를 점유하고 행정부의 각료직을 차지하
여 국가기구를 자기들 이익실현의 도구화하였다. 따라서 국가는 구조적인
자율성은 물론 도구적인 자율성도 철저히 결여하였다.

마르코스가 계엄령을 통하여 권위주의 체제를 출범시킨 이래, 국가는
행정·억압 기구들을 강화하여 민중부문을 배제하면서 강력한 리더십으로

---

1) 국가의 자율성과 그에 따른 주도권을 확보하려 했던 권위주의 체제의 마르코스를 앤더슨
   (Anderson 1988)은 "supreme cacique"라고 명명하였다.

경제에 적극 개입하였다. 테크노크라트의 역할을 강조하여 경제적 지배계층인 지주들로부터 국가를 "격리"하고자 하였지만, 궁극적으로 그가 의지할 수 있는 계급은 지주와 산업엘리트였다. 따라서 마르코스는 자기를 지지하는 측근 경제엘리트에게만 국가기관과 각종 특권에 접할 수 있는 기회를 제공하였다(Hutchcroft 1991, 428). 따라서 지배연합이 과거의 과두엘리트 전체에서 측근엘리트로 축소되었고, 대통령은 소수의 지배엘리트와 더불어 국가사회를 착취하여 사적인 이익을 충족시켰다(Aquino 1987).

1986년의 민주화는 민중부문의 정치적 비중을 제고시켜 잠정적으로나마 어느 정도 지배계급과 비지배계급 간의 세력균형을 이루게 하였고, 이에 따라 국가의 상대적 자율성이 제고되었다. 그러나 아키노 정부의 지배연합의 계급적 성분은 마르코스의 그것과 동일하였다.2) 행정부에 민중 중심적 개혁세력이 상당히 진출했던 것도 사실이지만, 주요 각료직은 마카티의 주요 경제엘리트로 충원되고, 의회정치는 계엄체제 이전의 양상으로 회귀하였다. 민주화 이후 여러 번의 총선에서 당선된 대부분의 상·하의원들이 전통적인 정치가문 출신의 백만장자들이었으며, 지방선거 당선자들도 주요 지주정치가문들 출신이었다. 라모스(Fidel V. Ramos) 대통령이 "필리핀 2000"이라는 기치하에 과두 경제엘리트의 독점적 지위에 도전하여 경제자유화와 사회간접자본의 확충이라는 거대한 목표를 제시하였지만, 그 효과는 미미하였다. 에스트라다(Joseph Ejercito Estrada)는 민중주의를 내세워 당선된 최초의 대통령이었지만 무능과 부패로 이상을 실현할 수 없었고, 그의 측근들이 새로운 특권세력화 하여 국가의 자율성을 확대하지 못하다가 축출되었다.

국가능력도 국가기관들 간 또는 국가와 외부 요인까지 포함하는 이해관계의 당사자 집단들 간의 상호작용의 함수다. 따라서 각 요인들에 따라 변화하는 동태적인 것이다. 국가의 능력이란 이와 같이 특정 요인들 간의 상호관계에 의해서도 결정되지만, 그것이 투사될 대상에 따라서도 변화한

---

2) 마르코스로부터 배제되었던 경제엘리트와 군부엘리트가 아키노 정부의 중추세력이었다.

다. 다음의 〈표 1〉에 나타난 각종 경제사회지표를 이용하여 국가의 능력을 자원동원능력, 분배능력, 규제능력, 개발능력, 대응능력 및 강제능력이라는 6개 분야로 나누어 필리핀의 경우를 분석하기로 하자.[3]

국가의 자원동원 능력지표로서 징세능력을 보면, 필리핀은 이 능력을 결여하여 만성적인 재정적자에 시달려왔다. 마르코스(Ferdinand E. Marcos) 계엄체제 시절 초기에 약간 상승하였으나, 이내 하락하다가 민주화 이후 약간 상승하였다.[4] 분배능력과도 관련이 있는 부유층의 재산소득에 대한 과세가 아주 미미하였는데, 특히 민주화 이후 더 약화되었다.[5]

〈표 1〉 국가능력지표

구분	연도	담세율 (가)	재산세 (나)	투자율 (다)	성장률 (라)	경제부분 지출 (마)	국방비 지출 (바)	사회사업 지출 (사)	경상수지 (아)	외환보유고 (자)
엘리트민주주의 시기	1960					20.8	14.4	35.9		192
	1961									103
	1962									141
	1963									148
	1964									39
	1965	9.9				19.5	12.1	40.0		92
	1966			19.7	4.4					145
	1967			20.9	6.1					214
	1968	10.1		21.1	5.6					188
	1969	10.7		20.4	4.8					118
	1970	10.4		21.2	4.6	18.4	13.5	39.8		213
	1971	11.3		20.9	4.9	17.6	14.1	39.5		244
	1972	10.5		20.6	4.8	17.2	13.4	38.9		282

---

3) 이 6개 지표는 근대화이론가들(Almond and Powell 1966)의 능력이라는 개념에 기초하여 워플 (Wurfel 1989)이 개발한 국가능력 지표다.

4) 과두민주주의 시절에는 GNP대비 국민들의 담세율이 10% 전후에 머물렀다. 경제엘리트의 과두적 국가지배구조의 타파를 중요한 이유 중의 하나로 내세우고 출범한 권위주의체제 초기에는 3% 정도 상승하였으나, 말기에는 11%대로 다시 하락하였다. 정통성을 결여한 국가의 한계가 드러난 결과라고 볼 수 있다. 민중혁명 직후 아키노 정부는 국민의 욕구를 충족시키면서 동시에 집권연합의 주축인 경제엘리트의 이익을 보호해야 하는 모순되는 이중의 과제를 안고 있었다. 라모스 정부의 등장 이후 준마르코스적 국가주의가 상대적으로 부각되고, 결과적으로 전반적인 국가의 재정능력이 강화되었고 1990년대 중반부터는 GNP의 16% 내외의 담세율을 보이고 있다. 이것은 미약한 사회보장 등으로 비교적 담세율이 낮은 한국의 경우와 비교하여도 현저하게 낮은 것이다. 예를 들면, 한국의 1990년대 초반 담세율은 GNP의 20% 전후에 이르고 있다.

5) 계엄체제하에서 총 세수 대비 재산소득세 비율은 1%에도 미달하였는데, 이는 계엄체제 말기부터 악화되어 0.3% 이하로 하락하였고, 민주화 이후에는 더욱 하락하여 전체 세수의 0.1% 내외로 하락하였다.

시기	연도	(가)	(나)	(다)	(라)	(마)	(바)	(사)	(아)	(자)
	1971	11.3		20.9	4.9	17.6	14.1	39.5		244
	1973	10.5		20.6	4.8	17.2	13.4	38.9		282
권위주의시기	1973	12.1		20.2	9.2	25.5	19.1	32.2		876
	1974	13.1		25.2	5.0	23.7	21.4	30.2		1,165
	1975	13.3		29.5	6.4	19.1	21.8	25.6		
	1976			31.0	8.0					
	1977			28.8	6.1					
	1978			28.9	5.5					1,881
	1979		0.79	31.1	6.3	32.2	10.8	20.6	-5.1	2,416
	1980		0.68	29.1	5.2	42.0	9.0	18.1	-5.9	3,140
	1981		0.72	27.5	2.9	44.6	9.8	16.8	-5.9	2,574
	1982	11.25	0.77	27.9	3.6	26.7	10.4	26.8	-8.6	1,711
	1983	11.22	0.76	29.6	1.9	29.0	9.9	26.0	-8.3	864
	1984	10.67	0.54	20.3	-7.3	15.4	6.5	18.3	-4.1	890
	1985	11.15	0.28	14.3	-7.3	33.9	10.0	23.5	-0.1	1,116
민주화 이후 시기 — 경제위기 이전	1986	11.31	0.31	15.2	3.4	27.7	7.9	22.8	3.2	2,527
	1987	13.04	0.28	17.5	4.3	16.1	8.1	17.7	-1.3	2,014
	1988	11.41	0.42	18.7	6.8	15.6	11.3	18.6	-1.0	2,111
	1989	13.65	0.54	21.6	6.2	22.8	11.4	22.2	-3.4	2,376
	1990	14.53	0.18	24.2	3.0	23.5	11.0	26.5	-6.1	2,048
	1991	15.12	0.10	20.2	-0.5	25.3	10.2	24.6	-2.3	4,526
	1992	15.51	0.12	21.3	0.3				-1.9	5,338
	1993	15.74	0.10	24.0	2.1	20.5	6.4	20.6	-5.5	5,921
	1994	16.46	0.14	24.1	4.4	21.9	5.9	25.0	-4.6	7,121
	1995	15.96	0.13	22.5	4.7	21.9	6.3	27.8	-2.7	7,775
	1996	17.02	0.15	24.0	5.8	25.3	7.4	29.5	-4.8	11,745
	1997	17.98	0.21	24.8	5.2	27.5	7.5	32.2	-5.3	8,738
민주화 이후 시기 — 경제위기 이후	1998		0.11	20.3	-0.6	24.1	5.8	32.6	2.4	10,781
	1999		0.13	18.8	3.4	25.3	5.0	33.8	9.5	15,012
	2000			21.8	4.0	25.4	5.0	34.1	8.2	15,019
	2001			19.0	3.4				1.9	15,645
	2002			17.6	5.5				5.7	16,171
	2003			16.6	4.9				4.2	16,866

(가) GNP 대비 담세율, or 후반부 tax effort(%)
(나) 총세수입 대비 재산세 비율(%)
(다) GDP 대비 총투자 비율(%)
(라) GDP실질성장률(%)
(마) 총예산 대비 경제부문 지출 비율(%)
(바) 총예산 대비 국방부문 지출 비율(%)
(사) 총예산 대비 사회사업(social services)부문 지출 비율(%)
(아) GDP대비 경상수지 비율(%)
(자) 외환보유고 (Million US dollars)

출처:
(가) 1975까지는 Cheetham and Hawkins(1976), p. 546; 1981-1983은 NSCB(1996) 〈Table 3.8〉; 1984-1997은 NSCB(1998) 〈Table 3.8〉.
(나) 1986까지는 NSCB(1996) 〈Table 15.2〉; 1987-1999는 NSCB(2000) 〈Table 15.2〉.

(다) 1991까지는 IMF(1996), pp. 154-155; 1992-2003은 IMF(2004), p. 120.
(라) 1991까지는 IMF(1996), pp. 146-147; 1992-2003은 IMF(2004), p. 114.
(마), (바), (사) 1975까지는 Cheetham and Hawkins(1976), p. 398; 1979-1991은 NSCB(1991) 〈Table 15.3〉; 1993-1995는 NSCB(1995) 〈Table 15.3〉; 1996-1997은 NSCB(1998) 〈Table 15.3〉; 1998-2000은 NSCB(2000) 〈Table 15.4〉.
(아) 1991까지는 IMF(1996), p. 145; 1992-2003은 IMF(2004), p. 111.
(자) 1983까지는 ADB(1996), pp. 282-282; 1984-1998은 http://www.adb.org/Documents/Books/Key_Indicators/2002/default.asp, pp. 320-321 (검색일 2005. 8. 24); 1999-2003은 http://www.adb.org/Documents/Books/Key_Indicators/2004/default.asp, p. 246 (검색일 2005. 8. 24).

분배능력은 체제 변동과 무관하게 지속적으로 약했다.[6] 분배문제 내지 계급문제의 상징인 토지개혁은 실질적인 효과를 보지 못하고 있다.[7] 그것은 지주 출신 의원들과 지방 유지들의 집요한 방해로 토지개혁법안이 약화되고 적용을 피하려는 여러 장치들(loopholes)이 마련되었기 때문이다. 노동문제와 관련하여 볼 때, 전반적으로 노동조합의 숫자와 가입자 수는 지속적으로 증가하여 왔지만, 단체협상건수, 관련 노동자 총수 그리고 노사분규의 빈도와 강도는 라모스 대통령 취임 이래 현격하게 감소하였다(NSCB 1996, 11-9; 11-30; 11-31; 11-32).

개발능력은 자원배분과 밀접한 관계를 보이고, 그 결과는 거시경제지

---

6) 권위주의체제의 마지막 연도인 1985년 상위 10%가 전 가계소득의 36.4%를 그리고 하위 20%가 5.2%만을 차지하고 있었는데, 이 수치는 아키노 정부가 자리를 잡기 시작한 1988년에도 거의 변함이 없었다(각각 35.8%와 5.2%). 그러나 그녀의 임기가 끝나가는 1991년에는 현저한 변화는 없지만 오히려 악화되어 각각 37.8%와 4.7%를 보이고, 라모스 정부가 안정적인 집권기를 맞은 1994년에도 큰 변화는 없으나 약간 호전되어 각각 35.6%와 4.9%를 시현하였다(National Statistical Coordination Board 1996, 2-16).
7) 마르코스의 토지개혁에 대한 강력한 주장은 자신의 전제적 권력 확립을 정당화시키는 수사에 불과하였다는 것은 여러 자료와 문헌들에 나타난 자료들로 미루어 알 수 있다. 아키노 정부의 1987년 농업개혁법은 스스로 "종합성"(comprehensiveness)을 천명하고 있음에도 불구하고, 여러 가지 문제점을 안고 있었다. 지주들이 스스로 토지개혁 대상 토지를 지정하게 하는 것이 대표적인 예다. 따라서 그들이 아무것도 하지 않아도 실질적으로 벌칙이 가해지지 않았다. 더구나 농업개혁부 관리들도 적극적으로 토지개혁의 집행에 나서지 않았다. "1987년 총선에서 당선된 의원들은 농업개혁부의 인사정책과 관련하여 자기들의 이권을 보호할 수 있는 인사들을 임명토록하고, 따라서 대부분 지역에서 농업개혁부 관리들은 지주출신 정치인들이나 지주들의 지원을 받는 정치인들의 비호하에 자신들의 자리를 유지하면서" 지주들의 이익보호에 앞장서고 있었다(Wurfel 1989, 8).

표로 나타난다고 간주된다. 국내총생산 대비 총투자비율도 체제변동과 무관하게 낮은 상태에 머물었고,[8] 중앙정부의 경제부문에 대한 지출도 투자율과 비슷한 양상을 보이고 있으나, 아키노 정부 초기에 약간 우월한 실적을 보였을 뿐이다.[9]

　　강제능력은 사회질서 유지와 관련되는 것으로 간주되지만, 필리핀에서는 반군세력을 평정하는 경찰 및 군사 능력으로 표시될 수 있다. 군사비 지출은 체제변동의 영향을 받아 계엄통치 초기에 정치에 동원된 대가를 지불하기 위하여 증대되었으나, 체제가 위기를 더해가면서 엘리트에 대한 보상을 증대시켜 주게 되어 군비에서 전용하여 이에 충당하였기 때문에 하락하였다. 민주화 이후에도 우익쿠데타 위협에 직면한 아키노 정부가 인센티브로서 군비지출을 증액하였으나, 라모스의 집권으로 군부에 대한 우려가 저하되자 다시 군비지출을 하향조정하였다.[10]

　　사회질서를 보면 미국전통의 영향과 국내반군세력의 활동으로 인하여 총기의 입수와 소지가 상대적으로 용이하고, 지리적인 격리와 민족적인 다양성으로 인하여 쉽게 증폭되는 갈등은 이 나라의 범죄 양상을 격화시키고 빈도를 증대시켜 왔다. 경제사회적인 불만은 민족주의적 정서를 정당화의

---

8) 권위주의체제 전과 후는 대체로 비슷한 20% 전후에 이르고 있으나, 권위주의 초기에는 강력한 투자정책으로 30% 전후에 이르렀고, 후기에는 15%로 하락하여, 국가 경제의 성장에 관심이 없는 경제엘리트들의 국가착취 현상을 설명해주고 있다.

9) 계엄체제하에서는 중반기에 최고조에 이르러 1981년에 최고 44.6%를 보이고 있다. 이와 같은 투자와 정부지출의 결과로 초기의 과두민주주의 체제하에서는 대체로 5% 전후이던 국내총생산 실질성장률이, 계엄체제하에서 개선되어 초기에는 최고 9.2%(1973년)를 정점으로 강세를 보였으나 차츰 하강하여 말기에는 -7.3%에 달하는 네거티브 성장으로 마르코스 체제의 존재이유를 앗아가 버렸다. 아키노 정부의 외자유치노력과 국제사회의 협력에 힘입어 민주화이후 회복세를 보이던 성장률은 말기에 다시 네거티브 성장으로 반전하여 아키노 정부의 인기는 바닥으로 떨어지고, 라모스 정부는 이를 다시 반등시켜 특히 경제엘리트들의 지지로 개헌해서라도 그의 집권을 연장하려는 노력이 있었다. 1997년 경제위기 직후인 1998년에는 네거티브 성장을 보였으나, 그 이후 4% 전후의 성장세를 보이고 있다.

10) 계엄 이전에는 대체로 중앙정부 총예산의 14% 이하를 유지하고 있었으나, 계엄초기에는 군의 정치편입 등으로 장비 및 복지 상의 유인으로서 군비를 증강하여 예산의 1/4정도를 군비에 충당하였고, 후반에는 10% 이하로 하락하였는데, 1984년에는 최저6.5%에까지 이르렀다. 민주화 초기에는 11%를 상회하였으나, 라모스 집권기에는 6% 수준으로 낮아졌고, 경제위기 이후 5%로 더 낮아졌다.

근거로 삼아 중국계 국민이나 외국 경제인들에 대한 폭력을 수반하여 나타
난 적도 있다. 계엄시기에 비하여 민주화 이후에는 범죄 빈도수가 감소하고
죄질이 가벼워지고 있다. 민주화 직후에는 과거 독재체제에 대한 염증의
반영으로 경찰력이 약간 감소하였으나, 라모스가 집권하면서부터는 거의
두 배에 이르는 경찰력의 확충으로 사회적 안전을 확보하려하고 있다. 그러
나 아직도 시내에서는 대낮에도 택시강도 및 은행강도 사건이 발생하고
있다.

고질적인 부정부패는 국가의 최고 지도자와 그 가족이 연루되어 필리
핀 정치를 혼란의 소용돌이 속으로 내던지고 있다. 전 대통령 에스트라다는
도박업자 등으로부터 받은 뇌물로 축재한 혐의로 의회의 탄핵을 받아 절차
가 진행되는 중 민중의 힘에 의하여 권좌에서 물러났다. 에스트라다를 승계
하여 부통령에서 대통령이 된 아로요(Gloria Macapagal Arroyo)도 변호사
인 남편과 하원의원인 아들이 도박업자로부터 뇌물을 받아 정치적 곤경에
처한 상태에서 한 선거관리위원에게 개표부정을 지시한 것으로 의심되는
녹음테이프가 공개되어 축출될 위기에 직면하고 있다.

이와 같이 약한 능력을 보유한 필리핀 국가는 본격적인 개발정책을
시행하지도 못하고, 각종 범죄와 분리주의운동도 효과적으로 진압하지 못
하고 있다. 대통령은 국가의 지도자로서 ·효과적으로 행동하기보다는 특정
계층이나 정파의 우두머리로서 국가를 약탈하여 자기 집단의 특수 이익을
보호하고 신장하기 위해 노력하고, 때로는 부정부패와 직간접으로 연루되
어 국가의 지도력을 훼손하고 있다.

2) 부정부패의 정치

투명성을 강조하는 역대 정부가 각기 나름의 노력을 기울였음에도 불
구하고, 그것은 형식적인 것에 지나지 않았거나 실효성을 상실하여, 후원체

제와 금권정치가 상승작용을 하면서 필리핀의 민주주의와 경제를 약화시켰다.[11] 대통령제 정부형태를 가지고 있는 이 나라에서 대통령이 보유하고 있는 정부재원에 대한 통제권이 가장 중요한 부정부패의 원인이자 국가재원의 오용을 야기하는 원천으로 간주되고 있다. 마르코스와 그의 가족들 그리고 에스트라다 등은 이와 같은 부정부패의 원흉으로 상징화되고 있다.

전통적으로 의원들의 지역구 사업을 위해 국가예산을 별도로 할당하는 정치관행(pork barrel politics)은 바로 대통령의 국가재원 통제권 및 전통적인 후원시스템과 긴밀하게 연결된다.[12] 의원들의 지역구를 위한 개발기금 명목으로 할당되는 이 예산은 의원들이나 지방 지도자들이 대통령의 정책을 지지하고 협조하는 대가로 할당된다. 이 기금의 대부분을 의원이나 지방지도자가 차지하고, 나머지는 지방정부의 지도자들로부터 하위 수혜자들(clients)에게로 내려가서 아주 적은 액수가 정부의 서비스나 프로젝트 형태로 최말단까지 내려간다. 따라서 지역개발을 위한 정부예산은 제대로 사용되지 못하고, 결과적으로 정부 주도에 의한 사업으로 인하여 국민생활이 향상될 가능성은 아주 미미하다.

한편 정치공세의 일환으로 다른 한편 필리핀에서 자행되는 금권정치의 전형을 교정하기 위한 첫걸음으로 야당 소속 상원의원 락손(Panfilo Lacson)은 2003년 자기에게 할당된 2억 페소의 포크배럴을 포기한다면서 국가의 적자예산 해소책의 하나로 타의원들도 자기처럼 포크배럴을 포기하라고 권유하고, 2004년에는 이 관행이 필리핀 정치제도를 부패하게 만드는 원흉이며, 이 기금을 수령하는 것이 의원들의 수치라고 준엄하게 주장하였지만, 매년 포크배럴은 증액되어 왔다.

---

11) *Asiaweek*誌에 실린 필리핀 옴부즈맨실을 인용한 로페즈의 기사에 의하면, 필리핀은 1980년부터 20년간 부정부패로 인하여 약 480억 달러 상당의 손실을 보았고, 이로 인하여 75억 달러에 달하는 외채를 추가로 지게 되었다(Lopez 2000, 53).
12) 포크배럴은 1823년 미국에서 의원들의 선거구 관리를 고려하여 하천 및 항구와 관련된 예산을 편성하면서 시작되었고, 시작부터 많은 비판의 대상이 되었다. 필리핀은 미국의 영향을 받아 1922년에 처음으로 도입되었다(Chua and Cruz 2004, 175-176).

대통령의 개발기금 통제권은 정치인들의 당적 이동과 정당체제 약화를 촉진한다. 대통령과 가까운 의원들이 보다 많은 개발기금을 할당받을 수 있어서 야당의원들이 여당으로 당적을 옮기기 때문이다. 그 외에도 기업체들은 보다 유리한 허가를 얻거나 입법을 성사시키기 위하여 그리고 세무조사 등을 회피하기 위하여 선거직 공직자들에게 헌금하는데, 업종이 도박업이나 밀수업처럼 불법적인 경우에 보다 많은 헌금을 낸다. 특정 기업체를 실제 소유하고 있는 정치인들은 자신의 기업체에 유리한 입법을 통하여 부당하게 부를 축적하기도 한다. 정치인들이 선거에서 매표하거나 최소한 타 후보에게 투표하지 못하게 하는 데도 많은 자금이 필요하고, 이를 조달하기 위하여 부정부패와 연결된다. 뿐만 아니라 많은 공공사업 시행에서 그리고 입법·행정·사법 삼부의 업무에 관련해서도 많은 부정부패가 자행되고 있다.[13]

필리핀에서 시민사회와 대중매체는 감시자로서 또는 정치개혁의 주창자로서 비교적 활발하게 활동한다. 경우에 따라서 그들은 직접 대통령을 축출하거나 정치개혁을 요구하는 선봉역을 담당하고 있다. 공정한 선거 보도를 위하여, 선거운동기간 중 정부가 방송사 허가를 내주거나 박탈할 수 없게 되어있다. 이런 것들은 비교적 잘 지켜지고 있어 대중매체가 근본적으로 선거운동의 중립성을 지키고 있다고 볼 수 있다. 그럼에도 불구하고 방송이나 신문은 각자 나름대로 특정 후보나 정당을 선택하여 지지하고 있다. 이런 차원에서 필리핀의 매스컴은 아시아에서 가장 자유롭게 활동하는 편이다. 그러나 이와 같은 자유가 반드시 필리핀 선거를 공정하고 자유롭게 진행하는 데 기여하는 것은 아니다. 매스컴의 관계자가 매수되어 특정 후보나 정당에 유리하게 보도하는 것이 다반사이기 때문이다. 이렇게 필리핀에서 매스컴의 부패상은 정치판의 그것과 유사하다. 이것은 마르코스 권위주의 시절에는 물론 기타 시대에도 필리핀에 만연된 현상이다. 민주화 전후

---

13) 공공서비스의 제공 및 입법·행정·사법 삼부와 관련된 부정부패에 관한 구체적인 분석은 Coronel(2000) 참조.

급격하게 증가한 대중매체들은 중립성이나 객관성과는 거리가 멀고 필리핀 정치의 부패상과 난맥상을 부채질하고 있다.

3. 비효율적이고 불투명한 정치과정

민주화 이후 과거 권위주의 시절과 가장 다른 정치과정상의 변화는 아마도 정당정치의 변화일 것이다. 정당정치는 동질적인 두 개의 정당이 경쟁하는 양당체제에서 온갖 이념과 이익을 대표하는 수많은 정당이 난립하여 경쟁하는 극단다당제 하의 경쟁체제로 변화하였다(박기덕 2001). 선거제도 자체도 변화되었지만, 정당체제의 변경에서 비롯된 경쟁의 양상과 선거관리의 변화도 상당하였다. 경제위기 직후 민주화 이래 처음으로 선거를 통해 실질적인 정당간 정권교체를 실현하였다. 그럼에도 불구하고 필리핀의 정치는 정통성을 창출하지 못하고 비효율로 점철되어 있다는 것이 일반적인 평가다. 구조적인 문제를 안고 있다는 것이다.

1) 극단다당제와 무력한 정당

전통적으로 필리핀 정당정치는 가문을 배경으로 지역 유권자의 지지를 동원하여 당선되는 의원들이 주도하기 때문에 이념-정책 지향성이 약하다. 종전 후 독립하여 처음 국민당의 일당체제가 정립되었지만, 바로 이로부터 분당한 일파가 자유당을 형성하여 1972년 계엄으로 인한 일당독재체제 성립 이전까지 양당제가 지속되었다. 분당이 이념이나 정책상의 차이에 기인하기보다는 권력투쟁이나 감투싸움에서 비롯된 것이기 때문에 사적인 보상을 중심으로 경쟁하고 협력하는 양당체제가 성립된 것이다. 따라서 정당들은 국가발전을 위한 정책을 입안하기보다는 대통령직을 비롯한 각종 선거직 및 임명직과 그에 따른 이권을 차지하기 위하여 경쟁하였다. 정치이념이나 정책적 차이를 두고 경쟁하지 않았기 때문에 필요에 따라 정치인들에게 당적은 별 의미가 없는 것이어서 당적 변경이 다반사였다. 특히, 의원 당선자들은 대대적으로 대통령을 당선시킨 정당으로 이적하였다.

이권에 접근하는 첩경인 선거직에는 대부분 엘리트층 출신들이 당선되었고, 그들은 기존 상황을 변경시킬 이유가 별로 없었다. 비엘리트 출신은 조직력이나 자원이 빈약하여 출마하기도 어렵고, 출마하더라도 당선되기 어렵다. 따라서 정당정치는 엘리트들만의 정치놀음으로 시종하였다고 해도 과언이 아니다. 권위주의 시절의 일당독재체제는 이런 경쟁 양상을 변경하였지만, 대통령에 대한 충성과 지지의 대가로 이권을 부여받았기 때문에 국가적 개발정책이나 개혁은 불가능하였다. 민주화 이후에는 과거 엘리트민주주의 시절의 정당정치 관행이 상당히 되살아나고, 그에 더하여 극단다당제의 정당체제를 형성하여 정치의 불안정을 심화시키고 있다.

정당체제가 과거 양당제로부터 극단다당제로 변화한 것은 마르코스 체제 말기에 그에 대항하기 위해서 그리고 그가 축출된 후에는 각자 새 체제 내에서 보다 많은 권력과 이익을 확보하기 위하여 많은 정당이 경쟁적으로 창당된 데서 비롯되었다.[14) 대부분의 정당이 정책이나 이념과 무관하게 지도자의 이권과 야심에 따라 창당되거나 합당 및 버려지고 있다.[15) 따라서 정당은 평소에는 별다른 역할을 수행하지 않고 있다가 선거철에

---

14) 필리핀에서 정당 등록 절차는 타 국가에 비하여 그렇게 쉬운 편은 아니다. 정당법이 없기 때문에 정당법 대신 통합선거법(Omnibus Election Code) 제8장 60-62조에 따라, 정당은 등록원서와 함께 당대표 성명, 당헌, 정강 및 기타 관련 규칙을 선거관리위원회(Commission on Election, 또는 COMELEC)에 제출하고 언론기관에 공고하여 정당으로 활동할 수 있게 된다. 이 때 각 단계별 행정구역 총 수의 절반에 지부 또는 지구당을 설치하고 이를 공고하여야 한다. 그러나 이런 절차를 거의 지키지 않고도 정당으로서 등록되는 것이 예사다.

15) 현 대통령 아로요는 그가 1998년에 조직한 Kampi당 소속으로 부통령에 출마하여 당선되었고, 그 후 대통령이 되어서도 공식적으로 Kampi로부터 탈당하지 않은 채 2004년 대통령선거를 앞두고 Lakas당 지도자가 되었으며, 이 대통령선거에서 Kampi와 Lakas는 Liberal Party 및 NPC(Nationalist People's Coalition)와 더불어 여당연합 "K4"를 결성하여 그들의 공식 후보 아로요를 대통령으로 당선시켰다.

이르러서야 본격적인 활동을 개시하지만, 그나마 선거에서 정당의 역할은 후보자가 하는 것에 비하여 미미한 수준에 지나지 않는다.[16]

과거 한 정당 내에서의 파벌경쟁은 요즈음에는 정당연합 내의 정당 간 경쟁으로 바뀌었다. 따라서 과거에는 정당에서 만족하지 못하는 파벌이나 의원 개인이 타 정당으로 당적을 바꿨지만, 근래 들어서는 개별 정당인들의 당적 변경과 더불어 정당들이 연합파트너를 바꾸는 형식으로 이합집산의 양상이 복잡해졌다.[17] 정당정치에 참여하는 정당 수는 정당명부단체들(party-list groups)을 포함하여 100개를 훨씬 상회하고,[18] 이들은 각각 이념적으로 양 극단적인 목표를 포함한 모든 가치를 추구하고 있다. 정치적 정체성에 대한 갈등 없이 쉽게 당적을 변경하거나 연합파트너를 바꿀 수 있는 환경에서,[19] 정당들은 정강이나 이념과 무관하게 이합집산하고 또한 정당에서 여러 파벌이 각각 다른 대통령후보를 지지하면서도 정당의 간판을 유지하는 상황까지도 연출하고 있다.[20]

---

16) 2004년 대통령선거에서 아로요의 K4를 구성하는 정당들이 그랬던 것처럼, 야당후보 포(Ferdinand Poe, Jr.)를 지지했던 정당들도 후보에 의하여 미미한 대우를 받았을 뿐이다. 당시 포는 LDP(Laban ng Demokratikong Pilipino 또는 Struggle for Democratic Philipinos)의 당수 앙가라(Edgardo J. Angara)가 조기에 지지하고 나섬으로써 LDP의 한 파벌을 중심으로 지지자가 형성되었지만, 포는 LDP에 입당하지 않았고, 그 후 포가 간판 삼아 선거를 치른 것은 KNP(Koalisyon ng Nagkakaisan Pilipino 또는 Coalition of United Filipinos)였다.

17) Lakas당 같은 경우에는 의원선거에 출마하는 모든 후보자들이 탈당할 경우 의원직을 사퇴한다는 서약서에 서명을 시키지만, 실효성은 없다.

18) 가장 많은 정당이 참여하는 선거는 정당명부에 의한 하원의원선거인데, 2001년 선거에서는 정당명부와 지방선거에 후보자를 낸 정당 및 정치단체는 총 162개였다. 2001년 정당명부선거에 참여한 정당, 정당연합, 사회조직(sectoral organizations)들 중 24개만이 전국정당이었다. 2004년 선거에서는 적어도 66개의 정치집단이 정당명부선거에 참여하였다(http://www.comelec.gov.ph/results/2004partylist.html).

19) 필리핀에서 정당이 선거에 참여하려면 선출된 간부의 명단, 전국 집행위원 명단, 각 지부 및 지구당의 대표명단, 정강정책 및 명부를 선거관리위원회에 제출하여야 한다. 대부분의 정당들은 자당의 이념에 동조하고, 일정한 나이—정당별로 15~18세—에 도달하면, 지구당에서 입당서약을 하고 등록하는 것을 당원 요건으로 규정하고 있다. 그러나 대부분 사람들이 정당에 입당하지 않는다. 당원수가 적은 것은 선거법에서 피선거권의 요건을 지나치게 관대하게 규정한 것과도 관련이 있다. 예를 들면, 통합선거법이 정당들로 하여금 비당원도 공천할 수 있도록 허용하고, 당적 변경 후 1년도 경과하지 않은 사람이 새 당적으로 출마할 수 있도록 하는 것 등이다.

20) 예를 들면, NPC는 2004년 통합선거 중 대통령선거에서 둘로 나뉘어 각각 아로요(Gloria

선거 때를 제외한 평상시 정당의 재정을 규제하는 법규가 마련되어 있지 않아, 평상시에 누가 얼마만큼 기부할 수 있는가에 대한 제한이나 한도도 없다. 명백하게 정당에 기부할 수 없게 되어있는 것은 정부뿐이다. 정당은 평상시의 재정상태를 공개하거나 보고할 필요도 없고, 따라서 회계감사도 받을 필요가 없다. 당직자들의 재산 등록도 요구되지 않는다. 오직 선거기간 중에만 규제를 받는다. 평상시 정당의 재정은 선거직 당원들에 의하여 조달된다. 정당이 사업체를 소유하는 것도 허용되고, 실제로 몇 개 정당들은 사업체를 경영하고 있다. 어떤 정당들은 유사비정부기구(GONGOs 또는 government organized non-governmental organizations)를 조직하여 정부로부터 개발프로젝트 예산을 받는다. 이런 요소들이 필리핀 정당정치를 금권정치화하게 하고, 선거에서 돈의 위력은 호사가들이 지적하는 바와 같이 3G와 7M으로 상징되고 있다.[21] 이런 맥락에서 필리핀의 정치, 특히 정당정치는 투명성을 결여하고 곧바로 부정부패와 연결되어 인식되고 있으며, 정당은 정치자금의 모금이나 집행 그리고 기타 활동에 있어서 무책임한 행태를 보이고 있다.

2) 혼란과 불법의 선거

선거의 근본 의미는 사회 집단을 가능한 한 비례적으로 대표하고, 정부를 담당하도록 다수를 형성하는 데 있다. 비례적 대표와 다수형성의 양태가 한 국가의 정치과정을 크게 좌우한다. 다른 요인들과 더불어 선거 결과를 결정짓는 것은 선거제도다.[22] 필리핀은 선거의 규제 및 관리상의 근거

Macapagal Aroyo)와 포(Ferdinand Poe, Jr.) 후보를 지지하였다.

21) Gold, Goons 및 Guns가 3G이고, Money, Machine, Media(and/or Movies), Marriage, Murder(and Mayhem), Myth 및 Mergers(Alliances)가 7M이다(Coronel 2004b, 78-97).

22) 선거의 제도화에 관련된 이슈범주로는 정치자원의 동원 방식과 한계(campaigning), 투표자의 역할 규정(balloting: 선거명부와 투표방법), 선거구의 크기(magnitude) 그리고 득표수를 의석수로 환산하는 방식(formulae)의 네 가지를 들 수 있다(Rae 1971). 선거제도를 정치 전반과 연계

가 되는 법규를 열 개나 입법하였다. 그들 중 통합선거법, 전국 및 지방 선거 동시실시법(Synchronized National and Local Elections Act), 정당 명부제법(Party-List System Act), 공정선거법(Fair Elections Act) 및 해외 부재자 투표법(Overseas Absentee Voting Act) 등이 특히 중요하다.

이들 법규로 관리하는 필리핀 선거제도에서 가장 현저한 외형적인 특징은 모든 선거를 동시에 실시한다는 것이다. 정·부통령과 상원의원의 임기는 6년이고 하원의원의 임기는 3년이며, 상원은 3년마다 전체 의원 총수인 24명의 절반인 12명을 개선하고 있다. 따라서 정부통령 선거는 6년 마다 실시되지만, 상원의원 절반과 기타 선거직은 매 3년마다 선출한다. 기타 지방선거도 3년마다 실시된다. 모든 선거에서 당선자는 단순다수제로 결정한다. 국가 하원의원의 경우 2004년 선거에서는 총 236명의 의원이 당선되었는데, 그중 212명은 지역구 출신이고 24명은 정당명부선거를 통하여 당선되었다. 정당명부선거는 전체 의원수의 20%까지 정당명부에 의한 투표로 선출하여야 한다는 1987헌법에 따라 1995년에 정당명부선거법 (Party List Law)을 제정하여 2001년부터 본격적으로 시행되었는데, 이 선거에서는 52개 의석이 정당명부선거에 할당되었지만 여러 후보자들 중 5개 정당이 공천한 7명만 당선되었다.23) 2004년 선거에서는 정당명부선거에 참가한 66개 정치집단 중에서 16개가 총 투표 수의 2퍼센트 이상을 획득하여 24개 의석을 할당받았다(http://www.congress.gov.ph/members/index. php).

필리핀 선거가 정당보다는 후보자 중심으로 진행되고, 특히 대통령후

하여 논의할 때, 바람직한 정당체제를 유도하는 데 주안점을 두고 개별정당의 이익에 차등이 주어지는 것을 방치하는 방향으로 제도화할 것인가 아니면 모든 정치집단이 스스로의 정치적 이익을 추구하는데 공정한 대우를 받도록 하여 정당체제의 형성은 정치과정에 맡기도록 제도 화할 것인가가 가장 중요한 주제로 대두된다.
23) 전체 유효표의 2% 이상을 득표해야 의석을 할당받을 수 있는데, 총 12개의 정당이 이 조건을 충족시켰지만, 그중 7개 정당은 법률이 정한 바와 같이 소외집단(marginalized sectors)을 대표 하지 않는 정당이라는 이유로 선거관리위원회에 의하여 실격되었다. 그래서 5개 정당에만 7석 이 배분된 것이다.

보 지명과정에서조차 정당의 역할이 미미한데, 더욱 문제되는 것은 수십 개의 정당이 경쟁하는 선거에서 불과 몇 개의 정당만이 대통령후보를 낸다는 점이다. 따라서 각 정당은 타당의 대통령후보 중 누구를 지지할 것이냐의 문제에 봉착한다. 이때 정당의 개별 인물이나 분파가 독자적인 선택을 하여 정당의 단결력이 손상되고 나아가 정당의 존재의의가 훼손된다.[24]

선거에서 이념이나 정책이 별다른 의미를 가지지 못한다. 따라서 대통령후보들 간의 TV토론도 주요 후보들의 선거전략에 따라 좌우된다. 2004년 대통령선거에서 야당후보 포(Ferdinand Poe, Jr.)는 언론의 왜곡 보도로 손해 볼 것이라는 이유로, 그리고 현직 대통령 아로요는 야당후보들로부터 합동 공격을 당할 것이라는 이유로 불참을 선언하여 TV 토론이 성사되지 못하였다. 이와 같이 정책 대결을 벌일 수 있는 장을 포기한 후보자들도 정책개발팀을 구성하여 선거공약을 내세우기는 하지만, 여야후보 모두 별 차이 없는 장밋빛 청사진을 제시하는 데 지나지 않았다. 따라서 선거를 통한 국가정책의 지향점이 선택될 수 없다. 2004년 선거에서도 이념-정책,[25] 세대 및 성별 등은 별로 문제되지 않고,[26] 계층과 지역주의가 투표에 영향

---

24) 2004년 선거에서 LDP, NPC, Promdi 등의 정당은 파벌별로 또는 당원 개인별로 지지하는 대통령후보를 달리 선택하는 분열상을 보였다. 예를 들면 LDP는 지도부가 야당후보 Poe를 지지하였으나 몇몇 지도급 인사는 다른 후보를 지지하여 당내 파벌간의 반목이 심각한 수준에 이렀고, 대형 야당연합인 NPC의 지도자 Eduardo Cojuangco는 자신의 주요 기업체인 San Maguel 맥주회사 지분의 상당부분을 정부가 소유하고 있는 관계로 현직 대통령을 반대할 수 없었지만 연립 내 타 정당이 야당후보 Poe를 지지하는 것을 묵인하였다. 그리고 희망연합(Alyansa ng Pag-asa 또는 Alliance of Hope)은 자기들의 지도자 Raul Roco가 대통령에 출마하고 있음에도 불구하고, 중요 지도자 중의 한사람인 Lito Osmeña는 후보가 선거 막바지에 신병치료차 미국으로 갔을 때 타 후보를 지지하였다.

25) 그럼에도 불구하고 각 후보나 정당은 경쟁적으로 학자와 기술관료들을 영입하여 정강과 정책을 개발하여 공포하고 있다. 따라서 중요 후보의 정책들이 차이점보다는 공통점을 더 많이 가지고 있다. 필자가 미국, 타이완, 필리핀 및 캄보디아 대표들과 더불어 활동한 국제선거모니터그룹(International Pre-election Monitoring Group; 이하 "선거모니터그룹"이라 칭함)의 일원으로 2004년 5월 5일 오전 대통령궁에서 가진 인터뷰에서 아로요캠프의 선거사무장 클라우디오(Gabriel S. Claudio)는 아로요 진영이 우선적으로 강조하는 정책 6가지가 일자리 창출, 전 국민 의료보장, 교육, 에너지(전기) 증산, 중소기업 지원, 맑은 물, 효율적 대외관계라고 말했다.

26) 대체로 종교 자체가 문제되지 않아 이슬람교도가 이슬람교도 후보라 해서 더 지지하지도 않았고, 필리핀의 신흥종교집단을 배경으로 출마한 Eddie Villanueva는 자신의 종교집단의 지

을 미칠 것으로 예상되었다. 필리핀의 경제상태가 전반적으로 어렵다는 것을 인지하면서도 상위계층—"a"와 "b" 계층[27)—은 대체로 현직 대통령을 지지하고 빈곤층은 야당후보를 지지하였으며,[28)] 비사야는 아로요를 그리고 수도권과 민다나오는 포를 보다 더 지지하고 있었다.

선거관리위원회는 일반적인 정당 및 선거관리 관련 임무를 수행하도록 되어 있는데, 특히 대통령의 허락을 받아 군대까지를 포함한 각종 정부기관의 협조를 받아 선거관리 업무를 수행할 수 있다. 괄목할만한 것은 선거 관계 법률 위반자를 직접 기소할 수 있다는 것이다. 또한 관계법을 위반한 후보자의 자격을 박탈할 수도 있다.[29)] 그러나 위원장을 포함한 7명의 선거관리위원들은 국가의 중요 직책 담당자를 지명하는 "지명위원회"(Commission of Appointments)에 의하여 임명되는데, 상원의장이 위원장이고 또 모든 주요 정당이 대표될 수 있게 임명하기 때문에 당파적 균형은 이룰지 몰라도 위원들의 정치지향성이 소수정당의 희생하에 주요 정당들만이 이익을 보는 체제·제도의 불합리성을 노정할 소지를 안고 있다.

선거 관계법들이 공정하고 깨끗한 선거를 위해 여러 규정을 두고 있음에도 불구하고, 이 법들이 제대로 지켜지지 않는다.[30)] 선관위에 많은 권한이 부여되어 있지만, 주어진 인력, 장비 및 예산으로는 선거감시를 제대로

지를 받았지만 선거결과에 영향을 미치지 못했다. 군소 후보라 할 수 있는 Panfilo Lacson과 Raul Loco는 젊은층의 지지를 기대하였으나 그들의 젊은층에 대한 호소력이나 전체적인 득표력도 미미하였다. 또한 정당을 보고 투표한 것도 아니고 당적 변경 여부도 투표에 영향을 미치지 않았다(Thornton 2004, 49-50).

27) 필리핀에서는 전 국민 또는 가구 20%씩을 각각 a, b, c, d. e의 5개 계층으로 나누어 칭하고 있다.

28) 2004년 5월 6일 오후에 필리핀상공회의소 회의실에서 회장(Ms. Noemi L. Saludo)을 비롯한 4명의 간부들과 가진 면담에서 한 간부가 밝힌 바에 의하면, 그날 현재 회원들의 78%는 현직 대통령을 지지하고 있었다.

29) 선거법 위반에 대한 신고가 있음에도 불구하고, 선관위가 4개월 이내에 아무런 조치도 취하지 않으면, 신고자가 직접 법무부에 고소하여 조사 및 기소하게 할 수 있다.

30) 2004년선거에서는 심지어 공산반군 NPA(National People's Army)도 선거에 개입하여, 어떤 곳에서는 유권자들로부터 돈을 강탈하고, 이념적으로 자기들과 근접한 정당에게 지지자를 뺏기지 않기 위하여 명부선거에 후보를 내 선전하고 있던 Akbayan당을 협박하고 두 명의 지방당 간부를 암살하였다

할 수 없는 형편이다. 따라서 신고된 범법사항을 처리하는 데 급급하고 사전에 선거관련법 위반을 방지하기 위한 활동을 제대로 수행할 수 없다. 신고된 사항을 처리하는 경우에도 대체로 수년이 걸리고, 그 동안에 다음 선거가 도래하기 때문에 실효성이 매우 낮으며, 따라서 이 문제를 선관위에 제소하는 것은 금전적 시간적 낭비라고 인식되고 있다.

선거관리위원회가 공정하고 합법적인 선거를 진행시키는 데 있어서 선거자금에 관한 단속이 가장 문젯거리다. 대부분의 후보자나 정당이 언론에 공개하거나 선관위에 신고한 선거운동자금 액수는 신뢰할 수 없이 적고,[31] 국민 대다수는 후보자들이 선거자금을 모금하고 집행하는 과정에서 법률을 위반하고 있을 것이라고 의심하고 있다. 이와 같이 후보자들의 신고 액수가 현실성을 결여하고 또 선관위가 조사할 수 있는 인적·물적 자원이 부족하여 선거자금 신고 내역이 정확한가를 확인할 수 없다. 게다가 더 문제되는 것은 법률 규정에도 불구하고 대부분의 정당이 선거자금을 신고조차 하지 않고, 신고하는 것도 대통령선거 기간 동안의 선거자금만 신고하는 것이 예사다.

자원의 동원방식 중 선거자금에 관해서는 통합선거법에 구체적으로 규정되어 있다. 우선 공공교육기관, 외국인과 외국기업체, 금융기관(공영이건 사영이건 구분 없이), 공영기업, 정부와 계약 또는 하청계약을 맺고 있는 기업체 그리고 정부의 보조금이나 기타 지원을 받은 업체 등은 선거자금을 기부할 수 없다. 그러나 기부할 수 있는 개인이나 법인 및 단체에 대하여 기부금의 한도를 규정하지 않고 있다. 물론 대부분의 선거자금은 기업인들에 의하여 제공된다. 과거에는 임업 및 광업처럼 정부의 인가 및 허가를

---

31) 예를 들면, 1998년 선거에서 대통령에 당선된 Joseph Estrada는 총 118,484,632.00페소를 모금하였다고 신고하였고, 부통령에 당선된 Gloria Macapagal-Arroyo는 총 50,211,432.00페소를 모금하였다고 신고하였다(Magno 2004, 8). 이 선거에서 총 등록 유권자수가 약 43백만 명이었으니, 1인당 10페소 지출이 가능한 것을 고려하면, 최대 22억 페소까지 사용할 수 있다. 이는 에스트라다와 아로요가 각각 법정 상한선의 10%와 5% 정도만을 모금했다는 말이 된다. 만약 그들이 주어진 TV광고시간을 다 사용하였다고 보고 당시 TV 광고비가 현재와 같다고 가정하면, 그에 대하여 지출한 광고비는 48,390,672페소[100,813.9페소×(120분×60초÷15초)]이니, 에스트라다는 모금액의 거의 절반을 그리고 아로요는 모금액 거의 모두를 TV광고에 쏟았다는 말이 된다.

받아 운영하는 1차산업 종사 기업이 가장 많은 자금을 대는 헌금자들이었으며, 그 다음은 기업농을 경영하는 지주, 화교 그리고 기타 기업들의 순이었고, 마지막으로 밀수나 도박업 같은 '지하경제'(gray economy) 종사자들이 정치권의 보호를 확보하기 위하여 기부하여 왔다. 그러나 1986년 민주화를 전후하여 산업구조가 변화하고 임업이나 환금작물 생산 지주들의 헌금 비중이 낮아지면서, 산업자본가와 회색경제인들이 주요 헌금자로 등장하였다(Magno 1991, 9). 따라서 최근의 선거는 산업자본과 불법경제 종사자들에 의하여 크게 영향을 받고 있다.

선거자금의 한도는 1991년에 제정된 동시선거법 및 통합선거법에 규정되어 있다. 동 법률에 의하면, 정·부통령과 상원의원처럼 전국 선거구의 경우, 후보자는 등록된 유권자 1인당 10페소에 해당하는 금액이 상한선이고, 기타 선거 후보자들은 당해 선거구의 등록 유권자 1인당 3페소가 상한선이다. 또한 후보자 소속 정당은 후보자가 쓸 수 있는 금액의 절반을 쓸 수 있다. 후보와 정당의 회계책임자는 선거 후 30일 이내에 선거자금 모금액과 지출액 그리고 모든 기부자의 이름과 주소를 선거관리위원회에 보고하여야 하며,[32] 이 보고는 3년간 보관된다.

필리핀 선거는 상당히 비싼 선거다.[33] 이미 논의한 바와 같이 미디어 시간을 사는 데만도 선거자금 한도를 넘을 것으로 예상되며, 매표에 사용되는 액수와 기타 비용을 고려하면, 의미 있는 후보자들은 아무도 법정 선거비용 한도를 지키지 않는 것으로 추정된다. 제대로 선거관리위원회에 보고되지도 않고, 소속 정당에도 보고되지 않아, 이 문제를 투명화하는 것은 현 제도로는 불가능하다. 비록 정치인들은 기업인들이 터무니없는 대가를

---

32) 기부자의 주소와 성명을 명시하여 보고할 의무규정은 무기명으로 헌금할 수 있도록 허용한 것과 상충하는 것이다.

33) 마그노(Magno 2004)에 의하면, 2001년 선거에서 36,334,232명의 유권자가 선거전에 등록하였다. 따라서 상원의원 후보는 1인당 3억 6,300만 페소 이상을 선거운동자금으로 쓸 수 있었다. 이는 당시 환율로 환산하면 약 US $7백만에 해당하는 액수다. 수십 명의 상원의원 후보, 10여 명의 정·부통령후보 그리고 하원의원 후보 및 지방선거 후보 등 수만 내지 십수만 명의 후보자와 정당이 쓰는 선거자금은 필리핀의 경제규모를 생각할 때 너무나 큰 액수다.

바라기 때문에 선거자금을 많이 수령하지 못했다고 하고, 기업인들은 정치인이나 정당에게 자금을 제공해 보았자 별로 돌아오는 것도 없고, NGOs 등의 감시로 인하여 선거자금을 많이 제공하지 않는다고 주장하지만, 대체로 선거자금은 기업인들이 제공하고 있다. 엄청난 선거자금이 투입되어 경기를 왜곡하고 국부를 낭비하게 하는 것이 필리핀 선거다. 또한 여당은 공공연히 정부예산을 선거에 맞춰 집행하고 있다.

3) 비효율과 부정의 의회정치

대체로 의회의 의원들이 일반국민들보다 교육수준이 높고 경제적으로 부유한 것이 보통이지만, 필리핀에서는 일반국민들과 의원들간의 경제사회적 격차가 어느 국가의 경우보다 더 심각하다. 필리핀의 하원은 그야말로 "특권층의 의회"(House of Privilege)로서, 의원들은 거의 모두가 백만장자이고,[34] 거의 모두가 학사학위 이상을 가지고 있으며,[35] 상원도 마찬가지다. 한 번 당선되면 계속 재선될 가능성이 점차 증대하였고, 초선의원이라도 직계 가족으로부터 지역구를 물려받아 당선된 경우가 많아, 정치가문 측면에서 보면, 의회는 지속적으로 몇몇 가문 출신에 의하여 지배되고 있다고 해도 과언이 아니다. 그렇기 때문에 의원들은 그들이 대표하는 유권자들의 이익과 무관한 정치적 행태를 계속하여 왔고, 따라서 의원들이 사회현실을 구조적으로 개혁할 수 있는 입법활동을 할 것이라고 기대하기 어렵다.

대체로 부르주아 출신 대통령들이 상대해서 국정을 운영해야할 엘리

---

34) 1992년 의회 하원의원 평균 재산은 840만 페소를 상회하며, 1998년 의회에서는 하원의원 재산평균이 2,000만 페소이고 하원의원의 경우는 3,300만 페소이며, 2001년 의회에서는 하원의원 재산평균이 2,200만 페소이고 상원의원은 5,900만 페소이다(Coronel 2004a, 26).
35) 하원의원의 경우 1992년 의회에서는 199명 중 1명만이 학사학위 이하의 학력 소지자이고, 1998년 의회에서는 220명의 의원이 모두 그리고 2001년 의회는 228명 중 5명을 제외한 223명이 학사 이상의 학력 소지자이다. 상원의원의 경우, 1998년 의회에서는 22명 중 2명 그리고 2001년 의회에서는 24명 중 2명만이 학사학위 미만의 학력을 가진자들이었다(Coronel 2004a, 14, 33).

트민주주의 시절의 의회는 주로 지방의 계층적 특수 이익을 대변하는 변호사 출신 의원들로 구성되었고 기업인들의 비율도 점차 증대하였다.36) 민주화 이후에도 의원들 중 다수가 변호사 출신이라는 특징은 지속되고 있지만, 과거 엘리트민주주의 시절과 비교해 볼 때, 그들의 직업배경이 세 가지 특징을 보이면서 변화하여 왔다. 첫째 상하 양원에서 기업인들의 비중이 크게 늘어 왔지만, 둘째 법조인의 비중이 현저하게 줄었고, 셋째 주 이익 대표 부문이 변화하고 있다.37)

　필리핀 의회는 점점 더 비효율적인 기관으로 전락하고 있다. 의회예산이 급격하게 증대해 왔는데도 의정활동은 비효율적이어서 제안된 법률안들이 거의 의회를 통과하지 못하고 있다. 의원들은 의회의 회계감사규칙과 세비 지출 보고의무를 지키지 않고 있다. 포크("Pork," 의원들이 지역구사업 등에 쓸 수 있게 배당되는 자금)는 의원들의 "후원체제"(patronage networks)를 강화하는 데 쓰이거나, 의원들의 사적 용도에 쓰이고 있다.

　〈표 2〉에 나타난 바와 같이, 독립 후 첫 의회인 1946년에 선출된 1대 의회 이래 입법부에 상정된 법안 수는 대체로 급격히 증가하다가,38) 1972년에 구축된 독재체제를 타도하고 1986년에 민주화를 이룩한 다음해에 구성한 8대 의회에서는 민주주의의 제도화에 필요한 법안과 정치인들에 의하여 무분별하게 제안된 기타 법안들의 수가 무려 3만5천 건을 상회

---

36) 독립 이래 계엄선포 시까지 선출된 하원의원들의 70% 정도가 변호사 출신이었고, 10%에 이르는 70명이 기업인 출신이었다. 상원도 비슷하여, 1954~70년 중 4개 의회에서 선출된 총 96명의 의원 중에서 변호사 출신이 70명으로 전체의 73% 그리고 기업인 출신은 6명으로 전체의 7.3%를 점유하였다. 그래도 상원은 하원에 비해 직업별 의석 점유비율이 안정적이어서 상대적으로 일관성을 유지하는 편이었다(Caoili 1989, 29-30).

37) 하원의 경우 과거 10%에도 못 미치던 기업인들의 비중이 1987년에는 거의 30%에 육박하였고, 상원의 경우에도 6%를 약간 상회하던 것이, 1987년에는 거의 20%에 육박하였다. 법조인들의 비중도 하원의 경우 과거 평균 68%에 이르던 것이 1987년에는 53%로 하락하였고, 상원에서도 과거 73%에 달하던 것이 1987년에는 65%로 그리고 1992년에는 절반에도 못 미치는 46%로 하락하였다. 과거 상하 양원에 미미하나마 농업배경을 가진 의원들이 대표되었으나, 민주화 이후에는 전혀 없고, 대신 언론인이나 연예인들이 진출하기 시작하였다(박기덕 2001, 79).

38) 9대 의회 전반부까지의 입법효율성에 대해서는 이미 박기덕(2001, 81-82)에서 논의된 바 있다.

하였으나, 9대 의회 이후 제안된 법안수가 대체로 감소세를 보이고 있다. 전반적으로 제출된 법안이 법률로 확정된 비율은 초기 세 의회에서 10% 전후를 유지하고 있었으나, 사회가 혼란해지고 농민들이 소요하던 1958년 의회부터는 2% 수준으로 급락하였다. 이렇게 낮은 입법률은 민주화 이후 에도 계속되다가, 12대 의회에서는 1%에도 미치지 못했다. 대통령이 거부 권을 행사한 것까지 고려하면, 제출된 법안이 법률로 최종 성립하는 비율 은 더욱 낮아진다.

<표 2> 필리핀 의회별 의정활동 결과

의회대수 (선출연도)	제출법안			통과된 법안			제출법안 통과비율
	하원	상원	계	입법	거부	계	
1대 (1946)	783	49	832	95	0	95	11.41
2대 (1950)	1,405	130	1,535	169	37	206	13.42
3대 (1954)	2,558	171	2,729	230	12	242	8.87
4대 (1958)	2,046	198	2,244	44	4	48	2.14
5대 (1962)	3,289	320	3,609	61	10	71	1.97
6대 (1966)	11,244	322	11,566	222	29	251	2.17
7대 (1970)*	2,580	569	3,149	49	4	53	1.68
8대 (1987)	35,420	2,211	37,631	1,000	39	1,039	2.76
9대 (1992)	14,632	2,079	16,711	534	37	571	3.42
10대 (1995)	10,551	2,518	13,069	573	17	590	4.51
11대 (1998)	12,961	2,283	15,244	415	20	435	2.85
12대 (2001)	6,697	2,749	9,446	76	0	76	0.80

* 1972년 9월 마르코스에 의하여 해산되어 그 때까지의 통계이고, 이후 1986년까지 선출된 임시의회는 사실상 일당독재의 도구였음.
출처: 1~7대 의회는 Caoili(1989, 25); 8~12대 의회는 Coronel and Chua(2004, 123).

이와 같이 무작정 법률안을 제의하고도 통과시키는 데는 별로 관심이 없는 의원들을 상대로 대통령은 필요한 입법을 도출해 내야 한다. 따라서 의원들의 지지를 동원하여 필요한 법률을 통과시키기 위해서 대통령이 지 불해야 하는 대가가 바로 필리핀 정치를 고비용의 정치로 만들고 부정부패 를 일상화하게 한다. 민주화 이후 대통령의 권한이 현저하게 약화되어 의원 의 지지를 동원하는 데 보다 많은 비용을 투여하게 하고 있다. 또한 다당제의 출현으로 의원들의 선택 폭이 넓어짐에 따라 기강이 약화되어 대통령이 이들을 동원하는 데 지불해야 하는 시간적 및 물질적 비용과 대가가 증대하였기 때문이다.[39] 매관매직도 심각하여 정부의 고위관직을 사는 데 평균 22억 페소 정도 소요된다고 추정되고 있다(Thorton 2004, 54).

4. 위기에 대한 대응과 효과

전통적으로 필리핀의 경제엘리트들은 준봉건적이고 가부장적인 지배권을 확보하여 정치과정에 진출하고, 이를 기반으로 기득권을 효과적으로 확보·수호하여 왔다. 1986년의 재민주화가 새로운 국가질서를 가져오지 못하고 과거 엘리트민주주의 시절의 정치관행으로의 복귀일 뿐이라는 자괴적 비판이 결코 지나친 과장이 아니다. 그럼에도 불구하고 필리핀 국가는 여러 가지 문제들에 봉착하여 나름대로 대응하였는데, 때로는 단기적인 대증요법을 때로는 마지못하여 개혁정책을 채택하였지만, 어느 것도 만족할 만한 성과를 내지 못하고 있다.

1) 개헌을 통한 "약한 국가"로부터의 탈피시도: 잘못된 진단과 처방

약한 국가의 전형으로 운위되어온 필리핀 국가의 문제점을 해결하기 위한 방책은 너무나 의외의 방식으로 모색되고 있다. 2004년 5월 "선거모니터그룹"이 선거 직전에 실시한 주요 관계자들과의 면담에서, 그들은 필리핀의 모든 정치적 문제점과 부정부패 그리고 선거관리 등은 너무나 복잡

---

39) 이것이 앞의 첫째 이유와 더불어 과거 마르코스의 권위주의체제 도입 명분이 되었다는 사실은 대단히 시사적이다. 필리핀인들은 체제 효율성 문제의 근원이 강력한 대통령의 부재라고 보고 강력한 대통령을 원하면서도 마르코스 권위주의체제의 망령 때문에 선뜻 이를 선택하지 못하고 있다.

하고 이해관계가 얽혀있어, 법률을 개정하는 것으로는 해결할 수 없다고 보고 있었다. 헌법개정만이 문제들을 해결하기 위한 첫걸음이라는 것이 상원의원을 제외한 거의 모든 정치인, 선거관리위원, 학자, 시민사회 관계자 및 기업인들의 의견이었다. 이와 같은 국민적 합의를 염두에 두고, 당선가능성이 큰 대통령후보 캠프까지도 선거 직후부터 이 문제를 본격적으로 다룰 것이라고 약속하고, 필요한 비공식 기구를 설치하기도 하였다.[40] 대부분의 사회적 여론 주도층은 내각제, 단원제의회, 연방제 및 비례대표선거제를 채택하는 개헌을 추진하여야 한다고 주장하였다.[41] 그 이유는 필리핀 정치가 안고 있는 문제가 너무 심각하여 단순한 입법으로는 고쳐질 수 없기 때문이며, 양원제로 인하여 의회가 법률을 거의 통과시킬 수 없는 지경이기 때문이고, 각 지역에 보다 많은 자율권을 부여하기 위하여 연방제가 필요하며, 사회 각 부문을 보다 비례적으로 대표하게 하기 위하여 비례대표선거제가 필요하다는 것이다.

과거 라모스 정부는 소위 "필리핀 2000"이라는 기치하에 추진했던 경제자유화와 사회간접자본의 확충이라는 거대한 목표의 실현을 위한 전략의 일환으로 과두 경제엘리트 독점적 지위에 대하여 공세를 취했었다. 이는 미국이나 워싱턴의 양대 국제금융기구인 IMF와 IBRD가 주장하는 민영화, 무역-외환-자본시장의 자유화와 궤를 같이하는 것으로서 마르코스가 소위 "신사회체제"라는 권위주의체제를 출범시킬 때 구상했던 대 경제엘리트 전략과 상통하는 점이 있었다.

일부 대통령들이 "강력한 국가"를 추구한 것은 과두경제엘리트는 물론 시장주의적 경제개혁정책과 관련한 최소주의적 국가의 역할을 지지하는 국제금융기구의 이익과 상치하는 면이 크다. "강력한 국가"의 추구에도 불구하고, 국가는 엘리트들의 전횡이나 독점을 해소하지 못한 것은 물론이고

---

40) 2004년 5월 5일 선거모니터그룹이 면담한 아로요 대통령 선거캠프의 사무장에 의하면, 선거운동기간 중에 대통령이 이미 개헌보좌관을 임명하여 두고 있었다.

41) 예를 들면, 아부에바 등(Abueva, et al. 2002)은 이론적인 근거를 제시하면서 개정헌법 시안을 만들어 공표하고 있다.

지속적인 성장에 필수적인 전력이나 운송수단 확충 같은 서비스를 제대로 공급하지 못할 뿐만 아니라, 내외국인 기업가나 투자가의 경제활동을 위축시키는 폭력이나 범죄행위를 제대로 방지하거나 처벌하지도 못하고 있다. 이런 점에서 볼 때, 허치크로프트(Hutchcroft 1991, 431)가 관찰한 바와 같이 필리핀의 문제는 너무 강력한 국가에서 비롯되는 것이 아니고, 지배적인 경제엘리트의 비효율적인 경제행위를 제어하거나 그들로부터 징세하는 데 너무 나약하고 무능하다는 점이며, 민간부문의 추진력이 부족해서라기보다는 그들이 정부 접근을 통한 사적 이익의 추구에 주력한다는 것이 문제다.

　　　이와 같이 약한 국가와 강한 엘리트라는 정치사회 구도는 필리핀의 오래된 특징이다. 그럼에도 불구하고 선거, 특히 대통령선거를 전후해서 그간의 정설이나 변설과는 다르게 대통령에의 권력 집중에 대한 논의가 제기되고, 내각책임제나 프랑스식 이원집정제로의 개헌이 바람직하다는 논의가 제기되어 왔다. 집권세력은 대통령의 임기제한을 없애기 위한 방편으로, 그리고 야당은 정치자원 동원상의 어려움을 제거하고 새로운 경쟁양상을 전개하기 위하여 거의 동시에 이 문제를 제기한다. 그러나 항상 다음 대통령선거에서 대통령후보나 부통령후보로 나설 준비가 되어 있는 정치인들, 특히 상원의원들은 한결같이 이에 반대하고 있다. 이와 같은 개헌 논의는 2004년의 통합선거에서도 예외 없이 상당히 진지하게 제기되었고, 당시 현직대통령이자 집권연합의 후보인 아로요 대통령마저도 당선 후 개헌을 정식으로 논의하겠다고 약속하였지만, 선거가 끝나고 나서는 어느 누구도 이 문제를 심각하게 제기하지 않았다.[42] 이는 개헌론이나 각종 개혁안이 단순히 정치적인 목적으로 제기되었을 뿐이라는 증거라고 할 수 있다. 권력 구조의 변경이나 기타 제도적인 변경을 통하여 약한 국가를 강화하려는

---

[42] 가장 강력한 내각제 개헌론자였던 하원의장 호세 드 베네시아(Jose de Venecia)조차도 선거 후 별다른 문제를 제기하지 않아 전반적으로 개헌논의가 시들었다가, 아로요 가족의 부정부패 연루 스캔들이 발생한 후에 보다 적극적인 개헌논의가 부상하고 있으며, 아로요 대통령의 선거 부정 혐의가 본격적으로 제기되면서, 다시 대통령제 폐지를 중심으로 하는 개헌론이 대두하고 있다.

진지한 노력은 아직까지도 시도조차 되지 않고 있다.

2) 반부패 개혁: 엄격한 법과 무의미한 효과

필리핀 체제가 부정부패를 척결하기 위하여 기울인 노력은 크게 입법과 기구창설로 대별된다. 부정부패를 방지하기 위한 법률 제정의 시원은 미국 식민통치시절인 1932년에 제정한 수정형법(Revised Penal Code)과 행정법(Administrative Code)에 규정한 공직자의 권력남용에 대한 처벌규정에서 찾을 수 있다. 그러나 본격적인 대응은 독립 이후에서부터 찾을 수 있다. 1955년에 제정된 소위 "몰수법"(Forteiture Law, 법률 제1379호)이 최초의 부패방지법이라고 볼 수 있다. 이 몰수법은 공무원이 불법으로 획득한 재산을 국가가 몰수하도록 규정하고 있다. 그렇지만 이 법률이 제정된 지 4년이 되도록 한 번도 적용된 적이 없이 사실상 사문화되었고, 그 때문에 1959년 소위 "독직-부패방지법"(Anti-Graft and Corrupt Practices Act, 법률 제3019호)은 몰수법으로 처벌할 수 없는 경우에까지 보다 더 광범위하게 적용할 수 있도록 제정된 것이다. 예를 들면 국회의원들이 자기들의 이권과 관련되는 법안을 제안할 수 없도록 하였다. 이 법은 공무원들이 2년마다 한번씩 재산을 등록하도록 규정하였는데, 마르코스 집권 시절에는 매년 등록하도록 개정되었다.

1989년에는 "공직자 행동 및 윤리법"(법률 제6713호)이 제정되었다. 이 법은 공무원의 의무사항을 규정하고 금지하는 행위를 구체적으로 적시하였으며, 매년 성과를 보고하고 또 이를 공개하도록 규정하였다. 공무원은 자신의 소관 업무에 관련된 이권에 개입할 수 없고, 임기 중에 사적인 이익을 추구하는 사업에 관여할 수 없으며, 자신의 소속기관과 거래하는 사기업의 사람을 추천할 수 없도록 규정하였다. 또한 동년에 소위 "옴부즈맨법"(법률 제6770호)을 제정하여 기존 옴부즈맨으로 하여금 추가적으로 감사할 수 있는 권한을 부여하였다. 마르코스 정권이 1981년에 입법한 소위 "횡령법"(Plunder Law)은 공무원이 5,000만 페소 이상을 축재하는 일련의 범법 행위를 횡령이라 정의하고, 1993년에는 이 경우 최소 종신형에서 최대 사형까지 부과할 수 있게 하였다.

입법을 통한 부정부패 척결노력 외에도, 정부는 일찍이 1950년대부터 부패와의 전쟁과 투명성 제고를 위하여 여러 기구를 창설하고 정부 내에서의 수상한 행동에 대하여 수사하고 기소할 수 있는 권한까지 부여하는 경우도 있었다. 아키노(Corazon Aquino) 정권이 설치한 PCGG(Presidential Commission for Good Governance)도 그 중의 하나다. 아로요 정권은 라모스 때 설치하였다가 유명무실화되었던 "대통령 산하 뇌물 및 부패 방지 위원회"(Presidential Commission Aganist Graft and Corruption)와 "부처간 뇌물 방지 조정위원회"(Inter-Agency Anti-Graft Coordinating Council)를 부활시켜 국장급 이상부터 장관에 이르는 공무원에 대한 수사권을 부여하였다.

법제정 및 기구설치가 과연 부정부패 척결에 실효적인 역할을 하였느냐에 대한 평가는 긍정적인 것과 부정적인 것으로 갈리지만, 설사 긍정적 평가를 받을 만한 것들도 실질적으로는 정치적인 의지가 신통치 않은 가운데 거둔 성과다. 대통령 산하 위원회들과 같은 기구들은 실제 부정부패를 척결하겠다는 의지의 표시라기보다는 일종의 과시성 기구라고 평가된다. 이런 법규에 의거하여 각종 기구가 공무원을 기소하더라도 대부분 고위공무원은 제외되어서 법규와 기구의 실효성이 의심스런 상태라고 볼 수 있다. 그렇기 때문에 전임 대통령 에스트라다가 권좌에서 끌어내려졌고, 그를 승계한 현직 대통령도 남편과 더불어 부정부패 스캔들에 연루되어 정권을 위협받았지만,43) 결정적인 증거가 제시되지 않아 그럭저럭 임기를 마칠

---

43) 대통령에 대한 부정 연루 의혹은 한 기업인의 270억 페소 탈세사건을 무마하는 조건으로 30억 페소를 수령하였다는 것과 아르헨티나 회사가 필리핀에 발전소를 지을 수 있게 해주고 180억 페소를 수령했다는 것이다(Arlegue and Coronel 2002, 224).

수 있었다. 2004년의 통합선거에서 재선된 그녀는 남편과 아들의 부정부패 연루와 선거부정 혐의까지 받고 있어 임기 중에 하차할 가능성을 배제할 수 없는 상황에 처하게 하였다.

3) 정당개혁의 허와 실

이념과 정책이 의미 없고 불안정한 정당정치를 통해서 국민들이 정치적 목적을 달성하거나 집단적 이익을 제대로 실현할 수 없는 것은 지극히 당연하다. 난삽한 부정형의 정당정치 와중에서 필리핀은 아직까지 정당의 조직, 재정 및 활동의 기본을 제공하는 정당법조차도 입법화하지 못하고, 각종 이권이 정치과정에 연루되고 있다. 정당이 국가와 연결되는 근거는 "통합선거법"에 언급된 정당의 정의와 등록 및 창당공고에 관한 절차 밖에 없다. 실질적으로 정당활동에 대한 아무런 법적 근거가 마련되어 있지 않다. 또한 정당은 선거가 없는 기간에는 말할 것도 없고, 심지어 선거기간에도 주로 후보자가 필요로 하는 최소의 기능만을 수행할 뿐이고 본연의 역할은 수행하지 못한다. 정당들은 선거가 아닌 정당 자체를 위한 정치자금을 모금할 능력이 없어 독자적인 프로그램이나 활동을 진행하지 못한다. 정당 행사를 치르려면 간부나 후보자로부터 비용을 지원 받는다.

2003~4년간 필리핀 정당정치에 있어서 몇 가지 개혁이 있었다. 비록 이제까지 정당들이 수행한 개혁이 아주 미흡하지만, 몇몇 정당의 지도자들은 협력하여 투명한 선거자금의 제도화, 정당발전을 위한 국가보조금, 정당 기강확립을 위한 당적 변경 금지 및 선거관리위원 선출절차 등을 주요 내용으로 하는 정당개혁법안을 마련하기도 하였다. 하원에서는 정당법안이 3독회까지 거쳐 통과하였지만, 상원에서는 2004년 선거가 다가와 정당들이 이에 전념해야 됐기 때문에 충분히 심의할 시간이 없어 폐기되고 말았다. 특히 하원의장 드 베네시아(Jose de Venecia)가 정당법 통과를 사명으로

삼고 노력하였으나, 5월 선거 때문에 상원에서는 법안이 심의조차 받지 못
하고 폐기되었다. 주요 정당 대표들과 의회 지도자들은 늦어도 2005년 말
까지 정당법을 통과시키자고 벼르고 있다. 대부분의 정당이 정당법의 필요
성을 공감하고 있고, 또 국가보조금의 법제화 등이 시급한 사안이어서 어떤
형태로건 정당법이 입법화될 것은 확실하지만, 3년마다 도래하는 선거와
지속되는 정치일정 그리고 투명성 확보를 위한 규정들이 각자 자기 당에게
만 불리하게 작용하지 않을까 하는 우려 등으로 인하여, 언제 어떤 종류의
정당법으로 통과될 것인가는 아직도 불투명하다. 그러나 분명한 것은 대체
로 큰 정당에게 유리하게 국고보조금이 지급되도록 입법화되기 때문에 대
소정당간의 이견이 나올 것이고, 이의 관리와 감시 문제를 두고 정당, 정부
및 시민사회단체 간에 심각한 문제가 야기될 수도 있다는 점이다.

　　또한 주요 정당과 정당명부단체들이 2002년 5월 3~5일간에 모여서
채택한 "제1차 필리핀 정당회의 공동성명"(The United Declaration of
the First Philippine Political Parties Conference)은 필리핀이 안고 있는
구조적인 문제들을 지적하고, 필리핀 민주주의가 더 이상 사회 최하위층을
방기할 수 없으며,[44] 선거제도와 선거자금 및 정당정치에 관련되는 각종
사안들을 규제하는 개혁을 단행하여야 한다고 천명하였다. 특히 정당에 관
해서는 이익집단들의 강력한 압력으로부터 정당을 보호하기 위한 국가보조
금제의 도입과 당적이탈 방지를 위한 조처 그리고 지나치게 유동적인 정치
집단간의 이합집산을 안정화하고 인격화된 권력을 제도적 권력으로 대체하
는 등이 정당들에게 부과된 과제라고 제시하였다.

　　2002년 8월 30일~9월 1일 중에 여당연합과 야당연합에 소속된 주요 정
당들이 공동으로 주최하고 NIPS(The National Institute for Policy Studies),
IPER(The Institute for Political and Electoral Reforms), SRI(Strategic

---

44) 기존의 주요 정당을 통해서는 소외된 집단의 이익이 제대로 대표될 수 없다는 이유에서 정당
　　명부 하원의원을 설치하도록 법제화하였다. 그러나 2004년 5월 4일 오후 선거모니터그룹이
　　실시한 면접에서 한 명부제 후보는 이 제도가 제대로 효과를 내지 못하고 있으며, 정당정치가
　　보다 더 발전하고 사당과 같은 행태를 버리지 않는다면 폐지될 것이라고 예측하였다.

Research Institute) 및 미국의 NDI(National Democratic Institute for International Affairs)가 조직한 세미나·워크숍에서도 각 정당들은 정당개혁과 정당법의 필요성을 역설하였다.[45] 그리고 정치를 근대화하고 민주적 이상에 접근하기 위하여 개헌이 필요하다고 주장하고,[46] 이를 통해서 정치를 보다 개방적이고 투명하며 참여적으로 만들어야 한다고 주장하였으며, 지방자치를 강화하고, 다양성을 존중하여야 한다고 천명하였다.

종합해 볼 때, 정당들이 대체로 개혁의 필요성을 실감하고 있고, 또 강력하고 재정적으로 독립적이며 이념을 내포하게 될 때 필리핀 정치가 후원-수혜관계나 금권정치의 영향에서 벗어날 것이라고 믿고 있다. 또한 단순히 선거철의 머신(machine)을 넘어 시민의 이익을 분절하고, 취합하고 대표하는 역할을 제대로 실행하기를 원하며, 정책대안을 개발하고 유권자에게 다가가 지지기반을 공고화하고 싶어한다. 그리고 이런 일련의 개혁을 위해서 가장 시급한 일이 정당법을 제정하여야 한다고 생각한다. 핵심 내용은 정당에 대한 국고지원과 당적이탈 방지를 제도화하는 것이다. 그래야 정당이 주요 지도자들과 기부자들의 지나친 영향력으로부터 해방되고 후보자도 자금동원능력보다는 정책개발능력에 따라 공천될 것이라고 보기 때문이다.

그러나 이제까지 필리핀에서 선거나 부패방지를 위한 것 등 적지 않은 개혁입법이 있었지만, 제대로 시행되지 않아 실질적으로는 유명무실해져 왔다. 일부 정당들은 정책연구기관을 창설하고, 전당대회를 소집하며, 당기위원회를 설치하는 등의 내부개혁을 수행하였다. 그러나 대부분의 정당들의 행태가 실질적으로 대동소이하여 정당 내부의 투명성, 민주성 및 책임성에 별 차이가 없다. 시민의 참여와 당적이탈을 방지하기 위한 서약 등을

---

45) 2002년 8월 30일~9월 1일에 개최되었던 세미나가 주로 정당개혁을 논의하기 위해서 개최된 것이었지만, 정당과 불가분의 관계가 있는 선거와 관련해서도 2004년까지 투개표를 자동화하고 해외근로자들이 투표할 수 있도록 부재자투표제도를 개혁하는 문제 등을 제시하였다.
46) 개헌은 기존의 의회보다는 정치적 당파성을 배제한 제헌의회(Constitutional Convention)를 구성해서 추진해야 한다고 천명하였다.

제도화하였지만, 이것들이 제대로 시행되지 않아 필리핀 정당정치를 민주화하고 내실화하기에는 어림도 없는 수준이다. 모든 정당이 제도화된 재정원을 가지고 있지 않기 때문에 재원 유입을 저해하는 조처는 형식적인 수준에 머무르거나 아예 도입하지 않는 형편이다. 마르코스 집권시절에 정당정치가 심각한 위기를 맞았었고, 민주화 이후 정당정치가 활성화되고 있지만, 후원체제, 파벌주의 및 명사정당이라는 전통적으로 부정적인 현상에서 벗어나지 못하고 있다.

4) 선거개혁: 또 다른 문제의 초래

필리핀에서 시도한 선거개혁은 크게 넷으로 나눌 수 있다. 첫째는 선거자금에 관한 것이다. 특정 산업부문의 영향과 지하경제 종사자들의 영향력을 어느 정도라도 약화시키기 위한 선거공영화의 일환으로 국가에서 지원을 제공하고 있다. 그러나 아직까지 평시는 물론 선거기간에도 정부가 보조금을 정당이나 후보자에게 직접 지원하지는 않는다. 그 대신 공영방송을 이용할 수 있게 하고 있다. 과거에는 대중매체를 통한 정치광고를 금지하였지만 2001선거부터 이 금지조치를 해제하고 선거관리위원회 규정에 따라 활자 및 방송을 통하여 유료 정치광고를 낼 수 있게 허용하고 있다.[47] 따라서 과거에는 직접 유권자로부터 매표하기 위한 금권정치가 횡행하였다면, 현재는 이에 더하여 방송시간을 구매하기 위한 선거자금 때문에 금권정치가 자행되고 있다. 또한 "도매적 매표"(whole-sale vote-buying)에 드는 많은 돈도 이 문제를 악화시키고 있다. 그럼에도 불구하고 아직까지 소매적 매표도 지속적으로 자행되어 유권자 5명 당 1명은 돈을 받고 투표한

---

47) 공정선거법 제6조는 전국 선거구 후보자는 최대 180분의 라디오 광고와 120분의 TV광고를 할 수 있도록 허용하고 있다. 그런데 실제 프라임타임의 TV광고비는 가장 비싼 ABS-CBN TV의 경우 15초당 100,813.90페소이고, 가장 비싼 라디오 방송인 DZMM은 15초당 9,836.64페소다. 신문광고의 경우 가장 비싼 Philippine Daily Inquirer는 메인 섹션 1/4단 당 47,520.00페소다 (Magno 2004, 3-4).

것으로 추산되고 있다(Thorton 2004, 58). 비교적 최근에 입법된 돈세탁방지법은 선거자금을 적용 대상에서 제외하였고, 의회는 법정선거비를 상회하여 지출하여도 형사법에 저촉되지 않도록 조치하였다. 또한 선관위가 인력도 자원도 부족하여 효과적으로 감시를 할 수도 없지만, 하려해도 시간낭비일 뿐이다. 한 정당명부 출신 의원은 명부선거에 후보를 내는 군소정당들은 선거자금에서 열세지만, 정책을 내걸고 선거운동을 하기 때문에 타 대정당들에 비하여 돈을 적게 쓴다고 주장하였다. 만약 이것이 사실이라면 고비용의 선거를 정책대결의 선거로 전환하도록 유도하는 것이 필리핀 정치과정을 정상화하는 데 있어서 첫걸음이 되어야 할 것이다.

둘째, 선거운동과정에서 유권자들의 지지성향 변화추이를 인지할 수 있게 한 여론조사에 관한 것이다. 과거에는 선거일 15일전부터 여론조사결과를 공표하지 못하게 되어 있었는데, 대법원이 이를 파기하여 언제든지 여론조사를 공표할 수 있게 하였다. 이에 따라 2004년 선거 직전에는 많은 정파들이 선거운동전략의 일환으로 자체 여론조사를 실시하여 공표하였는데, 각각 자기 정파가 앞서가고 있다고 주장하고 있어 대법원의 판례가 그 근본 취지를 잃고 있다.

셋째, 해외국민에게 투표권을 부여한 것이다. 700만에 이른다는 필리핀의 해외근로자들은 궂은일을 마다하지 않고 세계 곳곳에서 노력하여 모국의 경제에 절대적으로 기여하는 송금을 하고 있고, 이를 존중하여 특히 각계의 건의에 따라 2003년 2월 "해외부재자 투표법"을 발효시키고, 해외국민들에게 투표권을 부여하였다. 그러나 2004년에 처음 실시한 재외국민 투표는 매우 실망스러운 것이었다. 겨우 36만 명만 등록하고 실제 투표자는 이보다도 적어, 그들의 경제적 공헌에 부합하는 정치적 의사표시가 제대로 이루어지지 못하였다. 재외 국민의 등록률을 낮게 한 가장 큰 이유는 등록 시 3년 후에 귀국한다는 문건에 서명하여 장기간 해외 취업을 원하는 유권자들이 귀국할 수밖에 없게 하는 것이었다. 따라서 문제되는 법규를 개정하여 유권자의 큰 비중을 차지하고 국민경제에 지대한 공헌을 하는 그들의 참정권이 행사될 수 있도록 하여야 할 것이다.

넷째, 선거진행—특히 개표—을 원활하게 하고 선거부정을 방지하기 위한 선거관리의 개혁이다. 유권자의 등록과 개표를 자동화하기 위하여 법률에 따라 한국으로부터 13억 페소에 도입한 컴퓨터시스템은 선거관리위원회가 적법한 조달절차를 거치지 않았다는 이유로 대법원에 의하여 2004년의 선거에는 사용하지 못하도록 금지되었다. 이 시스템을 사용하고자 하는 선관위의 소망에도 불구하고 사업상 및 정치상의 이해관계에 의하여 제기된 소송으로 인하여 수개월이 걸리는 개표혼란이 개표의 공정성을 의심하게 하고 결과적으로 선거의 정통성을 더욱 훼손하였다. 따라서 유권자마다 투표용지 하나에 많게는 20명 이상의 이름을 육필로 적어 넣어야 하는 투표제도는 투표장에서의 반공개투표와 개표시의 의도적 비의도적 착오와 부정의 여지를 심각하게 안고 있다.[48]

선거관리위원들의 신뢰도 매우 낮다. 2004년 선거당시 선거관리위원장은 집권당 당원이었다. 선관위 개표종사자들은 쉽게 매수될 여지가 많고 따라서 대부분의 사람들이 개표의 신뢰성에 대해 우려한다. 비록 각 개표구에서 개표 진행상황보고서 사본이 주요 후보 진영과 1986년 민주화 때 시민사회 선거감시단으로 성가를 높인 NAMFREL(National Citizens' Movement for Free Elections)에도 제공되기 때문에, 일방적인 부정선거가 쉽지는 않으나, 선거업무에 종사하는 교사들은 교육부의 직접 지휘하에서 선거업무를 수행하며,[49] 이를 지휘하는 교육부 고위관리들은 집권연합의 당원이어서 선거부정—특히 투표자 명부작정과 개표과정에서의 부정("wholesale vote buying")—의 가능성이 아주 높다.[50] 다음 선거에서

---

48) 유권자들은 대통령, 부통령, 상원의원 12명, 하원의원, 지사, 부지사, 시장, 시의원, 정당명부 투표 등 수많은 후보자 이름 및 정당이름을 직접 기입해야 한다. 각 직책별로 복수의 후보가 출마하기 때문에 투표용지와 별도의 후보자 명단이 제공되고, 이 시스템에 익숙하지 못한 사람들이 아주 많아 이들은 넓은 탁자 위에서 선거 종사원들이나 옆의 타 투표자의 도움을 받아 투표한다. 따라서 투표 내용이 사실상 공개되고 조력자의 영향에 따라 투표할 가능성이 아주 높다.

49) 2004년 선거에서 64만여 명의 선거종사자 가운데 75%가 교사였다(Thornton 2004, 45-46).

이 선거관리 컴퓨터시스템이 사용될 것으로 기대되지만, 기존의 제도에 이해관계가 걸린 정파들의 입장에 따라 사용여부가 결정될 것이다.

5. 맺음말

필리핀의 위기는 1997년의 경제위기 이전에도 심각하게 논의되어 왔다. 체제 전반적인 문제를 안고 있다는 것이 일반적인 평가다. 본장에서는 이를 국가체제 전반에 관한 것과 정치과정에 관한 것으로 나누어 분석하였다. 체제 차원에서는 약한 국가가 강력한 사회집단을 제대로 다루지 못하는 것이고, 정치과정 차원에서는 구조와 작동 메커니즘이 비효율과 부정부패를 초래하는 것이 필리핀의 위기다.

이와 같은 위기를 극복하기 위하여 필리핀은 대체로 잘못된 진단을 내리고 그에 대한 처방을 내리거나, 설사 올바른 진단을 하더라도 잘못된 대응 방식을 채택하는 경우가 많다. 약한 국가와 강한 사회를 특징으로 하는 사회에서 대통령이 너무 강력한 권한을 가지기 때문에 내각제나 프랑스식 이원집정제로 정부형태를 고치고 연방제를 채택하는 것을 궁극적인 처방으로 내세우는 것이 가장 전형적인 것이다. 약한 국가에서나마 정치자원을 동원하고 배분하는 대통령의 권한이 상대적으로 크다 할지라도, 그것은 문제의 핵심이 아니다. 행정부 수장의 권한이 상대적으로 약한 정부형태를 선택한다면, 약한 국가가 더욱 약해질 가능성이 크다. 연방제는 필리핀에서 나름의 장점을 발휘할 여지는 있지만, 중앙의 권한이 안정적인 경우에 한한다.

정치과정에 내재된 문제에 대한 진단은 어느 정도 타당성을 가지지만,

---

50) 2004년 5월 초 선거 직전에 실시한 필자를 포함한 선거모니터그룹과의 면담에서 야당 대통령 후보 진영은 4백만의 추가유권자가 포함되어 있다고 비난하고, 선거관리위원장도 선거인명부가 정확하게 작성되지 않았다고 인정하였다. 최근 아로요 대통령이 선거관리위원과 가진 전화 통화 내용이 공개되어 강력한 퇴진 압력을 받고 있는 것도 필리핀 선거관리의 문제점을 보여주고 있다.

정치동학과 행위자들의 이해관계로 인하여 합리적인 개혁과 개혁된 제도의 작동이 거의 불가능하다. 정당과 선거에 관해서는 어느 정도 개혁의 시도가 있었지만, 입법과정의 지연과 선거의 도래로 정당법 제정이 미뤄지거나 선거관리 상의 이해관계로 인하여 제대로 효과를 발휘하지 못하였다. 그러나 비효율적이고 부정부패를 조장하는 의회정치에 대한 개혁은 시도조차 하지 않고 있다. 체제에 의하여 재생산되는 부정부패 시스템은 필리핀 정치의 안정을 요원하게 하고 있다.

참고문헌

박기덕. 2001. "필리핀 정당체제의 변화와 정당정치의 문제점." 『동남아시아연구』 11 (가을호).

Abueva, Jose V., Rey Magno Teves, Gaudioso C. Sosmeña, Clarita R. Carlos and Michael O. Mastura. 2002. *Towards A Federal Republic of the Philippines with a Parliamentary Government: A Reader.* Manila: Center for Social Policy and Governance Kalayaan College, Local Government Development Foundation, Lihok Pideral-Kusog Mindanaw and Konrad-Adenauer-Stiftung, Philippines.

Almond, Gabriel A, and G. Bingham Powell, Jr. 1966. *Comparative Politics: System, Process, and Policy.* Boston: Little, Brown.

Anderson, Benedict. 1988. "Cacique Democracy in the Philippines: Origins and Dreams," *New Left Review* no. 169.

Aquino, Belinda A. 1987. *Politics of Plunder: The Philippines under Marcos.* Quezon City: Great Books.

Arlegue, Celito and John Joseph S. Coronel. 2000. "Philippines." in Peter M. Manikas and Laura L. Thornton (eds.). *Political Parties in Asia: Promoting Reform and Combatting Corruption in Eight Countries.* Washington, D.C. National Democratic Institute for International Affairs.

Caoili, Manuel A. 1989. "The Philippine Congress and the Political Order." in Renato Velasco and Sylvano Mahiwo (eds.). *The Philippine Legislature Reader.* Quezon City: Great Books Publishers.

Chua, Yvonne T. and Booma B. Cruz. 2004. "For the Love of Pork." in Coronel, Sheila S., Yvonne T. Chua, Luz Rimban and Booma B. Cruz (eds.). *The Rulemakers: How the Wealthy and Well-born Dominate Congress.* Quezon City: Philippine Center for Investigative Journalism.

Coronel, Sheila S. 2000. *Betrayals of the Public Trust: Investigative Reports on Corruption.* Quezon City: Philippine Center for Investigative Journalism.

______. 2004a. "House of Privilege." in Coronel, Sheila S., Yvonne T. Chua, Luz Rimban and Booma B. Cruz (eds.). *The Rulemakers: How the Wealthy and Well-born Dominate Congress.* Quezon City: Philippine Center for Investigative Journalism.

______. 2004b. "Born to Rule." in Coronel, Sheila S., Yvonne T. Chua, Luz Rimban and Booma B. Cruz (eds.). *The Rulemakers: How the Wealthy and Well-born Dominate Congress*. Quezon City: Philippine Center for Investigative Journalism.

Coronel, Sheila S. and Yvonne T. Chua. 2004. "The Perks of Lawmaking." in Coronel, Sheila S., Yvonne T. Chua, Luz Rimban and Booma B. Cruz (eds.). *The Rulemakers: How the Wealthy and Well-born Dominate Congress*. Quezon City: Philippine Center for Investigative Journalism.

Hutchcroft, Paul D. 1991. "Oligarchs and Cronies in the Philippine State: The Politics of Patrimonial Plunder." *World Politics* 43-3.

Lopez, Antonio. 2000. "Philippine Deja Vu: Yet Another Anti-Graft Body, But Will It Really Help?" *Asiaweek* (July 21).

Magno, Alexander. 1991. "The Altered Terrian of Electoral Politics in the Philippines." Lecture delivered at the University of Hawaii at Manoa, April 30.

Magno, Francisco A. 2004. "Campaign Finance." Power Point presentation.

Rae, Douglas W. 1971. *The Political Consequences of Electoral Laws*, revised edition. New Haven: Yale University Press.

Russell, J. and Edward K. Hawkings. 1976. *The Philippines: Priorities and Prospects for Development*. Washington, D.C.: World Bank.

Thorton, Laura L. 2004. *Party-on-Party Monitoring of Asian Electoral Campaigns: Taiwan, South Korea, Philippine and Indonesia, Final Report*. Washington, D.C.: National Democratic Institute for International Affairs.

Villacorta, Wilfrido V. 1994. "The Curse of the Weak State: Leadership Imperatives for the Ramos Government." *Contemporary Southeast Asia* 16-1.

World Bank. 2001. "East Asia Update—Special Focus: Poverty Reduction and International Development Goals" March 21

Wurfel, David. 1989. "State and Society in the Philippine: Capacity and Autonomy in Rural Areas." paper delivered at the 19th Annual Canadian Council for Southeast Asian Studies Conference, Unversity of British Columbia, Nov. 3-5.

〈각종 통계자료 및 웹사이트〉
ADB(Asian Development Bank). *Key Indicators of Developing Asian and Pacific Countries*. 1996.

IMF. *International Financial Statistics* 1996, 2004.

NSCB(National Statistical Coordination Board). *Philippine Statistical Yearbook*, 1991, 1995, 1996, 1998, 2000년판.

http://www.adb.org/Documents/Books/Key_Indicators/2002/default.asp

http://www.adb.org/Documents/Books/Key_Indicators/2004/default.asp

http://www.comelec.gov.ph/results/2004partylist.html

http://www.congress.gov.ph/members/index.php

인도네시아의 경제위기와 정치적 선택: 개혁을 위한 진통

제5장

인도네시아의 경제위기와 정치적 선택 :

개혁을 위한 진통*

■ 이동윤

1. 문제제기

　　인도네시아는 1997년 발생한 외환위기를 필두로 급격한 경제위기와 정치·사회적 혼란을 겪게 되었으며, 이 과정에서 국민들의 강력한 민주화 욕구가 분출됨으로써 1998년 5월에는 32년간 독재 권력을 향유하였던 수하르또(Suharto) 대통령이 하야하고 본격적인 민주화과정을 맞이하게 되었다. 이후 인도네시아는 정치권력을 승계한 하비비(B. J. Habibie) 정부에 의해 일련의 개혁 조치들이 추진되었으며, 1999년 6월 실시된 의회선거에서는 야당세력이 국회(DPR: Dewan Perwakilan Rakyat)의 다수를 차지하여 민주화의 커다란 고비를 넘기게 되었다. 그러나 2002년 7월에는 합법적 절차를 거쳐 대통령이 된 와히드(Abdurrahman Wahid) 대통령이 의회 내부의 권력 장악 부재와 부패 혐의로 국회와 국민협의회(MPR: Majelis Permusyawaratan Rakyat)의 탄핵을 받고 퇴진하게 됨으로써 민주투쟁당(PDI-P: Partai Demokrasi Indonesia-Perjuangan)의 메가와띠(Megawati Sukarnoputri) 부통령이 대통령직을 승계하고 새로운 정부를 이끌게 되었다.

　　사실상 1997년 말부터 시작된 경제위기 이후 인도네시아에서 급속도로 전개된 일련의 정치변동은 장기간 지속되었던 권위주의체제가 붕괴되고

---

* 이 논문은, "경제위기와 정치적 선택: 인도네시아 사례를 중심으로," 『한국정치학회보』 제37집 3호(2005), pp. 277-298에 게재된 것을 수정·보완함.

새롭게 민주주의체제가 수립되는 민주화과정이었다고 평가할 수 있다. 1997년 경제위기 이후 인도네시아의 정치변동을 연구한 기존 논의들은 1997년 발생한 경제위기에 기인하여 국민들 사이에 내재되었던 권위주의적 정부에 대한 불만과 민주화 욕구가 폭발함으로써 수하르또의 신질서 (Orde Baru) 체제가 무너지고 민주화과정이 촉발되었다고 주장하고 있다.[1] 즉, 경제성장과 발전을 권위주의체제의 미덕으로 상징화하였던 수하르또 정권이 1997년 경제위기에 직면하여 국민들의 불만과 민주화 욕구를 효과적으로 제어하지 못함으로써 결국 정권 퇴진과 체제 붕괴를 맞이하게 되었다는 것이다.

그러나 이들 논의들은 1997년 외환위기의 발생과 경제위기의 확산이 정치변동을 초래하였다는 거시적인 관점에 동의하면서도 그 세부적인 동인과 변동과정에 대해서는 아직도 많은 이견을 제시하고 있다. 그것은 민주화과정이 함유하고 있는 정치변동의 요인들이 다양하기 때문이기도 하지만, 인도네시아라는 국가 자체가 내재하고 있던 다양한 변동요인들이 이번 과정을 통하여 동시에 분출되었기 때문이기도 하다. 또한 기존 논의들은 일면 경제위기에 기인하는 인도네시아의 정치적 변동과정을 비교적 소상하게 기술하고 있음에도 불구하고, 경제위기에 따른 정부(국가)의 정책적 대응과 국민들의 정치적 선택이 상호 어떤 역학관계를 통해 영향을 미쳤으며, 이것이 정치변동과 어떻게 연계되었는가를 체계적으로 설명하지 못하고 있다.

그렇다면 1997년 경제위기 이후 인도네시아에서 발생한 일련의 정치변동은 어떤 동인과 역학관계를 통하여 설명될 수 있는가? 특히 경제위기에 직면한 인도네시아에서는 어떤 정치적 선택과 결정이 이루어졌으며, 그 결과는 어떤 형태로 표출되었는가? 이러한 의문점들에 기초하여 본 연구는 경제위기에 따른 인도네시아 정부와 국민들의 정치적 대응과 선택, 그리고 그 결과를 보다 포괄적으로 고찰함으로써 일련의 정치변동 양상들을 심층

---

1) 이러한 논의에 대해서는 에스트라드(Estrade 1998, 78-84), 에크뢰프(Eklöf 1999), 부디만 (Budiman 1999), 가네산(Ganesan 2001), 리들(Liddle 2002, 381) 등을 참조할 것.

적으로 분석하고자 한다. 특히 본 연구는 1997년 경제위기로 촉발된 인도네시아의 정치적 위기와 변화 양상을 각각의 정권별로 나누어 검토하고, 위기에 대응하는 정부와 국민들 사이의 정치적 선택과 균열이 정치변동의 차원에서 어떤 결과를 초래하였는가를 개혁정책의 성과에 초점을 맞추어 설명하고자 한다.

2. 이론적 논의 및 연구방법: 경제위기와 정치적 선택

흔히 경제위기는 정치위기로 연계되며, 이러한 위기 상황은 정부와 국민들 사이의 상호 대응과 역학관계에 따라 정치변동을 유발할 수 있다. 특히 경제성장과 발전이 정치체제나 정치권력의 정치적 정당성과 불가분의 관계를 맺고 있는 제3세계 국가들의 경우 경제위기는 곧 정치위기라고 지칭될 만큼 매우 중대한 문제로 간주되며, 이것은 권위주의 국가의 민주화과정뿐만 아니라 이미 새롭게 태동된 민주주의체제가 공고화되는 과정에서도 커다란 영향을 미칠 수 있다.[2] 일례로 1997년 발생한 외환위기는 동남아 국가들에 있어서도 개별 국가들마다 크고 작은 정치·사회적 불안과 혼란을 초래하였으며, 이것은 다시 국가에 대한 국제신뢰도를 약화시켜 보다 심각한 경제위기와 정치위기를 유도하였다(Beeson 2002, 554).

이에 따라 본 연구는 "경제위기는 정치위기를 초래할 수 있다"는 기본전제하에서 인도네시아의 경제위기와 정치변동을 분석하고자 한다. 흔히 정치권력이나 정치체제의 변동은 이것이 가져오는 성과(performance), 특히 경제 부문의 성과와 깊은 상관관계가 있으며(Haggard et al. 1995, 6-7), 이것은 정치체제나 정치권력의 성격이 민주적이던지 권위적이던지에 상관

없이 공통적으로 나타나는 현상이다. 경제적 요인이 정치체제나 정치권력
의 정당성을 확립시켜 주는 중요한 역할을 한다면, 경제위기는 보다 신속하
고 직접적으로 정치체제 자체의 정당성 위기로 전환되기 쉽고, 이러한 경우
정치체제는 급격하게 붕괴될 수 있다. 그러나 이와 대조적으로 정치체제나
정치권력의 정당성이 경제적 요인 이외의 다른 요인들로 충족될 수 있다면,
경제위기가 필연적으로 정치위기나 정치체제의 변화로 이어지는 것은 아니
다(진미경 1989, 154).

다른 한편으로 경제위기 자체만으로 정치체제의 붕괴나 정치변동이 자
연스럽게 유발되는 것은 아니다. 경제위기에 대응하는 정치권력과 정부의
대응 능력, 그리고 정부의 정책적 대응에 대해 지지·수용·거부하는 국민
들의 상호 작용이야말로 정치체제의 유지나 붕괴를 결정짓는 중요한 요인으
로 작용할 수 있다(Gill 2000, 12-3). 이에 따라 경제위기와 정치변동을 설명
함에 있어서는 "위기에 따른 정부의 정책적 대응과 국민들의 정치적 선택은
정치변동의 수준과 연계되어 서로 다른 유형과 양상으로 전개될 수 있다
(Pempel 1999, 10-1)"는 사실을 고려해야 한다. 이미 여러 국가의 사례들을
통하여 비슷한 상황에서 비슷한 수준의 경제위기를 겪던 국가라고 할지라도
모든 국가들이 동일한 정치적 변화의 길을 밟는 것은 아니라는 사실이 다양
한 연구방법으로 입증된 바 있다(Linz 1978, 5). 예를 들어 경제위기에 직면
한 국가들의 서로 다른 정치제도와 사회구조는 상이한 정책적 대응과 정치적
선택을 유도할 수 있으며, 이에 따라 서로 다른 선택의 결과를 양산할 수
있다(Uk et al. 2003, 680; MacIntyre 2003). 권위주의체제에서 국가의 권
능은 정부정책의 효율성을 증대시킬 수 있으나, 반대로 위기 상황에서 억압
에 대응하는 국민들의 강력한 저항과 반발을 초래할 수도 있다. 또한 민주주
의체제의 효과적 작동을 위해서는 정부(국가)와 국민들 사이에서 권력과 권
위의 안정적 균형이 이루어져야만 한다(Pye 2000, 30).

단, 이러한 모든 과정에는 외부적 요인에 대한 고려가 필요하다. 정치
적 토대와 경제적 기반이 미약한 제3세계 국가들의 경제성장과 정치발전에

서 외부적 요인은 중대한 영향을 미칠 수 있다. 특히 당면한 정치·경제적 위기 상황에서 강대국의 외교정책과 국제정치의 흐름, 국제기구의 압력 등은 정치변동에 중요한 영향을 미치게 된다(Gill 2000, 18-25). 실질적으로 1997년 발생한 동아시아 경제위기의 원인이 내부에 있었던지 혹은 외부에 있었던지 간에 그것의 모든 결과는 1990년대부터 형성된 보다 밀접해진 대내외적 요인들의 역학관계에 영향을 받았다고 볼 수 있다(Wade 2000, 87). 그러나 단기적인 차원에서 경제위기에 직면한 국가들에 대한 국제자본의 압력과 경제개혁 요구는 그 국가의 정책적 대응에 큰 영향을 미치는 것이 사실이면서도, 보다 궁극적인 차원에서는 대외적 압력에 대응하는 정부(국가)의 정책적 선택과 국민들의 정치적 선택이야말로 정치변동의 보다 근본적인 원인을 제공하게 된다. 즉, 보다 장기적 국면에서 국제사회의 외부적 압력에 대응하는 정책을 선택하는 것도 정부(국가)와 국민이라는 것이다(Pempel 1999, 11).

〈그림 1〉 경제위기와 정치적 선택

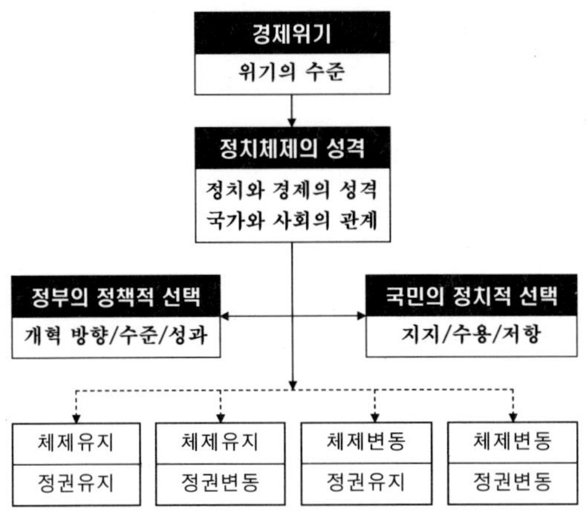

이에 따라 본 연구는 경제위기에 따른 정치위기와 정치변동을 위기(crisis), 대응(response), 결과(result)의 세 단계로 나누어 살펴보고자 한다. 첫째, 〈그림 1〉에서 보는 바와 같이 경제위기는 정치체제의 성격에 따라 그 자체의 위기 상황과 더불어 정치위기의 수준을 증폭시키거나 감소시킬 수 있다(Nelson 1990, 18; Horowitz 2001, 30-4). 특히 제3세계 권위주의 국가들에서 살펴볼 수 있듯이 경제발전과 성장이 정치권력과 정치체제의 정치적 정당성을 담보할 경우 경제위기는 정치위기와 연계되어 보다 큰 위기 상황을 초래할 수 있다. 시장에 대한 국가의 개입 정도가 크고, 정부와 국민들 사이의 관계가 보다 대립적일수록 경제위기는 곧 정부(국가)의 정책적 실패로 연계되어 보다 큰 정치적 변화로 발전할 수 있다. 그러나 민주주의체제에서는 경제정책이 실패하여 경제위기가 초래되었다고 하더라도 야당의 존재를 통하여 정치권력의 대체와 대안 제시가 가능하다. 그것은 민주주의체제에서 정부는 선거라는 국민들의 정치적 선택에 의하여 새로운 정부로 대체될 수 있기 때문이다(Crouch 1998, 48). 단, 민주주의체제의 정치권력이 지나치게 분산적이고 파편화되어 있다면, 중요한 정책적 대응이 지연되고 정치권력의 가변성이 상대적으로 증가하여 체제 자체의 안정성을 약화시킬 수도 있다.[3]

둘째, 경제위기에 따른 대응 단계에서 정부의 정책적 대응과 국민의 정치적 선택은 상호 작용하여 정치변동의 방향과 수준을 결정하게 된다. 경제적 저성장과 침체가 지속된다면, 정치권력과 정치체제는 경제적 어려움을 극복하기 위한 정책적 딜레마에 직면하게 된다(Gill 2000, 9). 이러한 과정에서 경제위기에 기인하는 개혁정책을 결정하는 각종 정치행위자들 사

---

3) 이러한 논의를 맥킨타이어(MacIntyre 2003, 27-36)는 정책결정권의 제도적 '집중성'(concentrated)과 '분산성'(fragmented)을 통해 설명하였다. 즉, 정치권력이 개인과 소수엘리트로 집중된 권위주의체제에서 정책(결정)의 가변성은 높아지고 통치와 관련된 저항의 가능성은 낮아지지만, 정책적 결과의 효율성에 대한 정치권력의 책임성은 높아진다는 것이다. 반대로 정치권력이 분산된 민주주의체제에서 정책(결정)은 견고하며 통치권력의 가변성은 높아지지만, 정책적 결과에 대한 정치권력의 책임성은 상대적으로 낮아진다는 것이다.

이의 전략적 대응과 선택은 정치변동의 중요한 요인으로 작용할 수 있다
(Haggard et al. 1995, 6-8). 정치체제의 성격을 불문하고 당면한 위기를
탈피하기 위한 각종 개혁정책의 성패는 기존의 정치체제 안에서 정치지도
자와 정부가 얼마나 효율적인 대응을 통해 국민과 반대세력들의 요구를
수용하고 정치적 안정을 꾀할 수 있는가에 달려 있다(임혁백 1994, 269-
73). 정치제도나 정치권력의 지배연합, 정치지도자의 리더십 등은 정부와
국가의 정책적 대응을 선택하게 만드는 중요한 요인으로 작용하며, 이를
통하여 정치·경제적 위기를 극복하기 위한 각종 개혁정책이 시행된다
(Nelson 1990, 29).

　　그러나 위기에 따른 정부의 정책적 대응이 개혁의 차원에서 어떤 방향
과 수준으로 전개되느냐는 지지와 수용, 저항의 형태로 나타나는 국민의
정치적 선택에 따라 서로 다른 결과를 초래할 수 있다. 각종 선거결과 및
정부·정책에 대한 지지·반대 시위는 국민들의 정치적 선택을 반영한 결
과이다. 위기에 대한 대응과정에서 정부의 개혁정책이 포괄적인 수준으로
확대되고 국민들이 그러한 개혁을 수용할 경우 정치적 변화는 미약한 수준
에 그칠 수 있으나, 정부에 의한 개혁정책이 미진하고 그 성과가 미미하여
정부정책에 대한 국민들의 저항이 커질수록 정치적 변화의 수준과 방향은
보다 증폭되어 나타날 수 있다. 실질적으로 경제위기 이후 인도네시아가
당면한 과제는 경제위기의 극복뿐만 아니라 법·제도의 민주적 정비와 부
정·부패 척결, 종족·종교 갈등을 포함하는 국가통합의 문제 등 산재되어
있는 많은 문제점들을 개선하고 개혁하는 과정으로 집중되어 있었으며
(Törnquist 2001, 182-6), 결과적으로 정부가 이러한 개혁과제들을 얼마나
효과적으로 추진하여 개선해 나가느냐에 따라 국민적 지지와 저항의 수준
은 다르게 표출되었다.

　　한편 권위주의로부터 민주주의로의 체제변동이 발생하여 새롭게 태동
된 민주주의체제가 대체세력과 정책적 대안을 제시할 수 있다고 하여도
그 자체가 성공적 경제회복을 보장해 주는 것은 아니다(Crouch 1998, 60).

특히 새롭게 형성된 민주주의체제는 그들의 지지 세력이나 기득권 세력을 동원하기 위해 지속적으로 경제적 성과에 의존해야만 한다. 흔히 오랫동안 지속되어 온 권위주의체제가 경제정책의 심각한 오류를 통해 위기를 유발하였을 경우, 상대적 정당성의 개념으로서 국민들의 저항과 정치적 선택에 의해 민주화과정이 추진될 수 있다. 이러한 경우 신생 민주주의체제는 일정 기간동안 그들의 수행능력에 대한 비판적 평가가 미루어지는 일종의 '허니문 효과'(honeymoon effect)를 갖게 되지만(Bernhard et al. 2003, 406-10), 일정 기간이 지난 이후에도 새로운 민주정부에 의하여 경제회복과 개혁의 일정한 성과가 나타나지 않는다면 신생 민주주의체제는 곧바로 심각한 정치적 위기 상황에 처할 수 있다(Linz et al. 1996, 78-9).

셋째, 위기에 대한 정부의 정책적 대응과 국민들의 정치적 선택의 결과는 정치변동의 차원에서 네 가지 유형으로 표출될 수 있다. 우선 첫 번째 유형은 아무런 정치적 변화가 발생하지 않고 정치권력과 정치체제가 그대로 존속되는 경우이다. 경제위기에 직면한 현재의 정치권력과 정치체제가 국민들의 저항을 무마하고 위기를 효율적으로 극복하여 정치적 안정을 회복한다면, 정치권력과 정치체제는 지속적으로 유지될 수 있다. 두 번째 유형은 정치체제가 그대로 유지되지만, 정권교체가 발생하는 경우이다. 위기에 직면하여 정치권력은 정치체제를 유지할 수 있는 대체세력을 등장시키거나 혹은 새로운 대안세력이 등장하여 위기를 관리하고 정치체제를 그대로 유지시킬 수 있다. 민주주의체제에서 경제위기는 새로운 대안세력으로서 야당에 의한 정권교체를 통해 극복될 수 있으며, 권위주의체제에서 위기 상황은 과도정부나 또 다른 권위주의 세력의 등장으로 위기 극복과 체제 유지가 시도될 수 있다. 세 번째 유형은 정치체제는 변동하지만 정치권력은 그대로 유지되는 경우이다. 위기에 당면한 현재의 정치권력은 위로부터의 개혁을 단행하여 점진적인 정치체제의 변화를 추진하면서 정치권력을 그대로 유지시킬 수 있다. 네 번째 유형은 정치체제와 정치권력이 모두 변동하는 경우이다. 위기가 심화되어 국민들의 저항이 거세지면, 현재의 정치권력이 유지하고 있던 정치체제가 붕괴되고 새로운 정권이 탄생하여 위기 극복을 시도할 수 있다. 이러한 각각의 유형들은 위기 상황에 따른 대응 단계의 단기적 국면에서 하나의 일관된 유형을 표출할 수도 있으나, 다른 한편으로 보다 장기적인 국면에서 각각의 유형을 순회하며 복합적이고 불안정한 양상으로 나타날 수도 있다.

3. 수하르또 체제의 붕괴와 하비비 과도정부

1) 수하르또 정권의 위기와 정치적 대응

지난 32년간 장기 집권을 통하여 수하르또 정권은 경제성장의 성공적 신화를 창출함으로써 안정적 권위주의체제를 유지할 수 있었다. 그러나 수하르또 정권의 권위주의 통치는 정치·경제적으로 크고 작은 문제점들을 내재하고 있었으며, 이러한 문제점들은 1997년 경제위기를 필두로 모든 영역에서 동시다발적으로 폭발함으로써 심각한 정치위기를 형성하게 되었다(Schwarz 1999, 1-2). 그러나 경제위기의 극복과 정치위기의 진화과정에서 수하르또 정권은 경제위기의 극복보다는 정권 유지를 위한 미온적인 대응정책을 추진함으로써 궁극적으로 정치변동을 자초하게 되었다. 경제위기의 실질적인 원인이 무엇이었던지 간에 위기를 극복하기 위한 수하르또 정권의 정책적 대응은 결과적으로 국민적 저항과 더불어 민주화 요구를 불러일으킨 것이 사실이다.[4]

---

4) 인도네시아의 경제위기가 장기적인 국면에서 위기 상황을 벗어나지 못한 이유는 정치권력의 도덕적 해이와 경제구조 등 그 내부적 요인뿐만 아니라 국제사회와 국제통화기금(IMF)의 안이한 대처 및 경제개혁 프로그램의 오류를 지적하는 논의들도 제시되고 있다(Karunaratne 1999, 8-9; McGillivray et al. 1999, 20-3; Saleh et al. 2000, 138; Goldstein 2000, 36-9).

우선 정부의 정책적 대응 차원에서 수하르또 정권의 경제위기가 조기에 수습되지 못하고 장기간 지속되며 정치위기로 연계된 것은 수하르또 정권의 몇 가지 정책적 오류 및 판단착오와 관련이 있다(Liddle 1999, 17; Niles 2001, 121). 1997년 6월 달러 당 2,350루피아였던 환율이 1998년 1월 16,500루피아로 급락하고, 동년 3~4월에도 9,000루피아를 상회하며 경제위기가 심화될 당시, 수하르또 정권의 일관되지 못한 경제정책은 국제통화기금의 긴급 구제자금 투입을 지연시킴으로써 필요 이상으로 경제위기를 증폭시켰다. 수하르또 정권은 당면한 경제위기에 대응하여 국제통화기금의 요구사항을 신속하게 처리하기보다는 일가와 측근들에게 의존하여 집권 연장에 치중함으로써 경제위기의 확산을 차단할 기회를 상실하게 되었다. 루피아화의 급락으로 1997년 10월 6일 인도네시아 정부가 국제통화기금에 대하여 긴급 구제금융을 신청하였을 당시, 국제통화기금은 정경유착과 기업구조에 대한 전반적인 개혁과 구조조정을 비롯한 대형개발사업 계획의 연기, 농산물에 대한 국가독점 폐지, 관세 인하, 파산은행 정리, 국가보조금제도 철폐 등 강력한 긴축재정을 요구하였다(Goldstein 2000, 40-1). 그러나 수하르또 정권은 1997년 10월 31일 국제통화기금과 첫 번째 협상이 타결된 이후에도 수하르또 일가 및 측근들과 연관된 은행과 대형개발사업을 개혁의 대상에서 제외시키거나 은폐시켰다. 또한 수하르또 정부는 1998년 1월 6일 "경제성장률 4%, 인플레이션 9%, 달러 당 4,000 대 1의 환율"을 전제로 한 1998년도 예산안을 발표함으로써 "경제성장률 1% 이내, 1998년 3월까지 30%의 인플레이션 유지"를 전제로 한 국제통화기금과의 합의사항을 정면으로 부정하였다.

팽창예산의 발표 이후 경제 상황이 보다 악화되자, 수하르또 정권은 1998년 1월 15일 국제통화기금과의 1차 협상안보다 더 구체화된 2차 협상안을 아무런 조건 없이 수용하였다. 그러나 수하르또 대통령은 곧바로 다시 2차 협상안과 정면으로 대치되는 언행과 정책을 지속하였다. 1998년 1월 말 수하르또 정권은 부실은행 정리 등 금융산업의 구조조정을 위해 국제통화기금의 전제조건과 상충되는 금융구조조정기구(IBRA: Indonesia Bank Restructuring Agency)를 신설하였으나, 그 성과는 미진하였다(Barton 2002, 293). 또한 수하르또 정권은 1998년 2월 들어 긴축재정을 통해 국제통화기금으로부터 330억 달러의 금융 지원을 받아야 할 형편임에도 불구하고, 수하르또의 장녀 시띠(Siti Hardijanti Rukamana)의 주도하에 km 당 1억 달러의 건설비용이 드는 자카르타 지하철공사 건설계획을 발표하는 등 국제통화기금의 협상안을 정면으로 위배하여 국제자본과 투자가들의 불신을 초래하였다(중앙일보 1998/03/09). 같은 달 수하르또 대통령은 대외적으로 각종 경제개혁 프로그램을 성실하게 수행하겠다고 천명하였음에도 불구하고, "경제위기가 인도네시아를 파멸시키기 위한 국제사회의 음모"라고 비난함으로써 국제통화기금과 대치하였다(Nasution 2000, 156).

　　위기에 대응하는 수하르또 정권의 실정은 경제 부문뿐만 아니라 정치·사회 영역에서도 표출되었다. 경제위기의 파급효과가 전국적으로 확산되고 있던 1998년 1월 수하르또 대통령은 차기 부통령으로 하비비를 지목함으로써 국민적 불만을 초래하였다. 하비비는 과거 기획청 장관시절 항공기 개발과 조선·방위산업을 추진하는 과정에서 수십 억 달러를 허비하는 등 국민들로부터 비난의 대상이었으며, 국제통화기금 역시 국가 주도의 산업정책을 펼쳐 온 그에 대해 부정적인 시각을 갖고 있었다. 또한 하비비는 그 자신이 20여 년간 장관직을 수행하면서 각종 특혜를 배경으로 그의 일가와 친족들이 경영하는 기업이 83개에 이르는 등 부패와 족벌 경영의 중심적인 인물로서 국제통화기금 관계자들 역시 부정적인 시각을 갖고 있었다(Saleh et al. 2000, 147). 이러한 여러 가지 반대 여론에도 불구하고 수하르또 대통령이 차기 대통령후보로 하비비를 선택한 것은 의아한 일이었으며, 이것은 결국 개혁정책의 추진보다는 자신에게 절대적으로 충성하는 친위세력을 통해 위기를 극복하려는 다분히 정략적인 선택이었다고 평가할 수 있다(O' Rourke 2002, 19).

　　다른 한편으로 수하르또 일가와 측근들에 의해 초래된 정경유착과 부패는 당면한 위기를 극복하는 데 있어서 또 다른 장애요인으로 작용하였다 (Robertson-Snape 1999, 595). 실질적으로 국가의 주요 이권사업에 뛰어든 수하르또의 자녀들은 국제통화기금의 요구조건에 따라 국가예산이 축소되고 그들 소유의 은행이 폐쇄되었을 당시 강력한 반발을 표출하였다.[5] 수하르또 대통령 자신도 대외적으로 국제통화기금의 요구사항을 전적으로 수용하는 입장을 취하면서도 대내적으로는 국제통화기금을 비난하는 언행을 일삼았다. 그는 경제개혁에 친화적인 인물을 경제정책을 결정하는 자리에서 제외시키고 요직으로부터 축출하였으며, 반개혁적 인사들을 내각에 기용하는 등 국제통화기금을 자극하였다. 또한 국제통화기금과의 대립이 극에 달하였던 1998년 1~2월 사이 화교에 대한 폭동을 부추기는 언행을 서슴없이 표출하는 등 대외적 약속과 대내적 실행이 모순적인 모습을 보여 주었다(신윤환 1999, 161-4).

수하르또 정권과 국제통화기금의 대립은 1998년 3월 6일 인도네시아에 대한 국제통화기금의 구제금융 지원이 연기되면서 절정에 도달하였다. 3월 10일 국민협의회에 의하여 대통령에 재선된 수하르또 대통령은 '개혁 내각'(Kabinet Reformasi)이라 지칭되었던 제7차 내각에 장녀인 시띠 하르디얀띠를 사회·복지 장관으로, 그의 오랜 친구이자 대재벌인 하산 (Muhamad Bob Hasan)을 통상·산업 장관으로 임명하였으며, 경제·기술 관료들이 배제된 인사를 단행하였다(*FEER* 1998/03/26). 그러나 이러한 인사와 대결 국면으로 경제 상황이 급격하게 악화되자 수하르또 정권은 결국 국제통화기금의 압력에 순응하여 1998년 5월 5일 무려 71%에 달하는 유가 인상과 20%의 전기료 인상, 주요 생필품인 밀가루에 대한 보조금 폐지 등을 발표하였으며, 이러한 인상은 생필품 가격의 폭등을 가져옴으로써 이에 항의하는 전국적인 항의시위와 폭동을 유발하였다(Niles 2001, 112).

---

5) 수하르또 대통령은 자신의 둘째 아들 밤방(Bambang Trihatmodjo)이 일부를 소유하고 있던 안드로메다은행(Bank Andromeda)을 폐쇄하고, 국책사업인 자동차 개발계획의 책임자인 후또모 (Hutomo Mandala Putra, 일명 Tommy)를 해임한 바 있다. 수하르또 일가 및 측근들에 의한 부패 행태와 정실체계에 관한 논의는 신윤환(2001, 13-27) 등을 참조할 것.

식량 수입을 독점하던 조달청의 재고가 3월 말에 이미 바닥이 난 상태에서 유가와 생필품 가격의 인상은 경제위기로 고난을 겪던 인도네시아 국민들을 자극하였으며, 이에 따라 5월부터는 일부 언론들조차도 수하르또 대통령의 하야를 촉구하는 기사를 발행하는 등 정치적 혼란과 극한적 대립이 지속되었다.[6]

한편 국민들의 정치적 선택 차원에서 인도네시아의 민심은 1997년 외환위기를 필두로 급격하게 수하르또 정권으로부터 이반되었다. 1997년 경제위기 이전에 발생한 가뭄과 산불, 그리고 경제위기 이후 초래된 사회적 불안은 인도네시아의 정치적 상황을 더욱 악화시키는 부정적인 요인으로 작용하였다. 특히 1997년 말부터 지방 대학가를 중심으로 시작된 대학생들의 반정부 시위는 국민협의회의 정기총회가 실시된 1998년 초부터 자카르타까지 확산되어 수하르또 정권의 부패와 실정을 비판하였으며, 5월 들어서는 정치·경제개혁은 물론 수하르또 정권의 퇴진을 요구하는 대대적인 민주화 요구 시위가 발생하였다(*FEER* 1998/05/28). 1998년 정치변혁의 전환점은 5월 12일 뜨리삭띠 대학교(Trisakti University) 근교에서 경찰이 시위대를 향하여 실탄 사격을 가해 다수의 사상자가 발생하는 등 시위 군중과 진압부대 사이의 유혈충돌이 격화되면서 촉발되었다.[7] 시위 사태가 급박하게 전개되자 수하르또 정권의 최대 버팀목이었던 집권당 골까르(Golkar)와 군 내부에서도 수하르또 대통령의 퇴진이 거론되었으며, 결국 수하르또 대통령은 1998년 5월 21일 하야를 발표하게 되었다.

사실상 1998년 전개된 대규모 시위와 반정부 소요사태는 경제위기에 기인하는 실업과 실질임금 하락으로 고통을 받던 일반 대중들이 민주화와 개혁을 주장하는 대학생들의 시위에 참여하고 이슬람 종교세력들이 동참함으로써 대규모화되는 특징을 보였다(Azar 2000, 309-18; Porter 2002, 1).

---

6) 인도네시아의 유력지 자카르타 포스트(*Jakarta Post*)는 사설에서 "수하르또 대통령을 교체할 수도 있다"는 내용을 게재한 바 있다(JP 1998/02/07).

7) 1998년 5월 12일 발생한 뜨리삭띠 대학교 시위에 대해서는 LSPP(1999), Pattiradjawane(1999) 등을 참조할 것.

물론 이들 중 일부 군중들은 화인 상점을 약탈하고 공공기물을 파괴하는 등 폭동을 방불케 하는 상황이 표출되기도 하였으나, 민주화 시위를 주도하는 핵심세력들은 수하르또 정권의 경제위기 초래와 무능, 부패를 비판하고 민주화를 요구함으로써 수하르또 정권의 퇴진을 유도하였다. 그러나 수하르또 정권에 저항하는 학생세력과 시민운동단체, 그리고 야당세력 등은 경제위기 이후 점진적인 세력 확산에도 불구하고 완전한 민주화를 추진할 만큼 강력한 결집력을 갖추고 있지는 못하였다(Liddle 2002, 384). 이에 따라 아직도 골까르와 군부의 영향력이 강력하게 남아 있는 상태에서 수하르또 정권은 부통령이던 하비비를 내세워 과도정부를 구성하였으며, 급격한 정치변혁을 저지하고 체제 유지를 추진하였다.

결과적으로 1997년 외환위기의 발생 이후 수하르또 대통령이 퇴진하기까지 인도네시아 정부는 당면한 경제위기를 극복하기 위한 아무런 정책적 대응을 제시하지 못한 채 정치·사회적 혼란과 위기를 확산시킴으로써 내부적으로 정권교체라는 정치적 변화를 맞게 되었다. 수하르또 정권은 1997년 경제위기를 지나치게 안이하게 판단하여 초기 과정에서 위기극복을 위한 효과적 대응정책을 제시하지 못하였으며, 이것은 결국 민주화 요구와 저항이라는 국민의 정치적 선택을 초래한 것으로 평가할 수 있다. 부패와 정실체제에 기인하는 경제구조의 허약성과 수하르또 정권의 정책적 오류, 정치적 불확실성과 개혁 의지의 부족, 그리고 국제통화기금과의 대립 등은 수하르또 체제의 총체적 위기를 증폭시키는 결과를 초래하였으며, 이러한 위기 상황에서 국민들은 수하르또 정권의 퇴진을 선택하였던 것이다.

2) 하비비 정권의 개혁과 위기의 연속

1998년 5월 21일 수하르또 대통령이 하야하고 헌법 제8조에 의거하여 부통령이던 하비비가 정치권력을 계승하였으나, 이것이 완전한 민주화를 의미하는 것은 아니었다. 집권 이후 하비비 대통령은 국민들이 원하는 개혁을 추진하겠다고 선언하였으나, 정치권력 내부에는 골까르와 군부 등 여전히 구시대 세력이 그대로 남아 있었으며, 수하르또 시기의 법·질서도 그대로 유지되었다(Aditjondro 1998, 212). 하비비 대통령은 그 자신이 부통령으로 지명되었을 당시부터 이미 국민들로부터 강력한 비난을 받고 있었으며, 인도네시아 정치과정에서 중요한 요인인 군 경력이 전무한 상태에서 자바 출신도 아니었기 때문에 집권당인 골까르와 군 내부에서조차 리더십을 인정받지 못하고 있었다. 이에 따라 하비비 정부는 출범 당시부터 이미 허약하고 불안정한 정부일 수밖에 없었으며, 산재된 다양한 문제에 직면하여 법·질서가 무너진 국가는 국민들로부터 강력한 도전을 받을 수밖에 없었다(Forrester 1998, 8).

우선 정부의 정책적 선택 차원에서 하비비 정부는 주어진 정치·경제적 상황에 순응하여 정치권력을 유지하기 위한 타협의 전략을 추구할 수밖에 없었다(Estrade 1998, 78; Liddle 2002, 387). 하비비 정부가 우선적으로 해결해야 될 과제는 당면한 경제위기를 효율적으로 극복하고 정치·사회적 안정을 회복하는 것이었다. 그러나 하비비 정권이 추진할 수 있는 경제개혁이란 고작 국제통화기금이 요구하는 모든 조건들을 그대로 받아들여 성실하게 이행하는 것뿐이었다(Liddle 1999, 35). 하비비 정부는 은행 부문의 개혁에 중점을 두어 1999년 3월 중순까지 38개 부실은행을 폐쇄하는 등 강도 높은 금융개혁 조치를 단행하였으며, 해외투자 유치를 위한 적극적인 경제정책을 추진하였다. 그러나 수하르또 대통령의 퇴진이 경제 여건의 즉각적인 개선을 가져온 것은 아니었다. 하비비 대통령의 정당성에 대한 지속적인 저항과 의문이 제기되는 가운데 연일 계속되는 대규모 시위로 인해 새로운 정권에 대한 불확실성이 상존하였으며, 해외투자가들 역시 인도네시아에 대한 투자를 주저하였다(Hadiz 1999, 107).

정치 부문에 있어서 하비비 정권의 개혁은 비록 제한적이나마 주목할 만한 것이었다(Singh 2001, 6-7). 하비비 대통령은 과거 정실주의의 상징처럼 인식되었던 수하르또 대통령의 맏딸 시띠 하르디얀띠 사회·복지 장관과 역시 수하르또의 오랜 친구인 하산 통상·산업 장관을 경질하고, 수하르또 대통령의 하야를 요구했던 국회의원 하미드(Syarwan Hamid)를 내무 장관 임명하는 등 과거 정권과 구별되는 이미지를 창출하기 위해 노력하였다. 그러나 이러한 내각 구성에도 불구하고 하비비의 내각 요직에는 아직도 수하르또의 과거 측근들이 버티고 있어 수하르또 정권의 범주를 크게 벗어나지 못하였다는 한계를 표출하였다. 수하르또 체제의 내각에서 봉직하였던 16명의 장관이 하비비 대통령의 내각에 그대로 포함되어 있었으며, 국방 장관직과 총사령관직이 위란또(Wiranto) 장군에게 그대로 부여되어 개혁의 이미지를 반감시켰다. 또한 국회와 국민협의회의 인적 구성과 운영도 그대로 유지되었기 때문에 진정한 개혁이 추진될 것이라고 확신할 수 없었다(Suryadinata 1999, 115).

하비비 정부가 당면한 가장 큰 개혁과제는 헌법 개정이었다. 1999년 1월 단행된 헌법 개정의 주요 내용은 국회와 국민협의회 의장단을 각각 분리하고, 대통령과 부통령의 임기를 5년 임기의 중임에 한하여 허용하며, 군부의 임명직 의원수를 점진적으로 축소한다는 것이었다. 또한 선거법에 있어서도 정당득표율에 따른 전국 비례대표제에서 비례대표제를 유지하되 지역구별로 정당이 후보를 공천하고, 각 정당이 득표율에 따라 지역별 정당 명부의 순서대로 의원직을 배정받으며, 국민협의회는 대의원을 1000명에서 700명으로 감축하는 변혁이 이루어졌다(Saleh et al. 2000, 150-3). 물론 국회의원 중 38명의 임명직 군·경 대표의원이 남아 있다는 사실 자체는 이것이 완전한 민주주의로의 전환이 아닌 타협에 의한 불완전한 개혁이라는 한계를 노정하고 있었지만, 기본적으로 언론 통제가 사라지고 정당과 일반 시민들의 정치활동이 활성화되는 등 민주화의 긍정적인 효과를 초래하였다(Mallarangeng 1999, 8-13).

이와 더불어 하비비 정권은 실추된 국가 통제력 회복과 국민들의 지지를 이끌어내기 위해 구시대 정치인들의 부정·부패를 척결하고, 인도네시아 정치과정의 중요한 위치를 점하고 있는 기득권 세력인 군부를 개혁해야 하는 과제를 안고 있었다. 이에 따라 수하르또 자녀들과 측근들에 대한 부패혐의 조사를 시작으로 하비비 정권은 부패 청산을 위한 일련의 수사 활동을 전개하였으나, 그 자신 또한 1998년 9월 자신이 관련된 기업이 발리은행(Bank Bali)으로부터 8천만 달러 규모의 자금을 불법으로 대출받은 사실이 언론을 통하여 밝혀지면서 국민들의 거센 비난과 저항에 직면하게 되었다. 하비비 정권은 이러한 국민들의 비난을 벗어나기 위해 수하르또 대통령의 부정축재 혐의 수사를 전격적으로 단행하는 등 정치적 위기를 극복하기 위한 적극적인 노력을 전개하였으나, 국민들의 거센 반발과 저항을 무마시킬 수 없었다. 군부개혁에 있어서도 하비비 대통령은 자유로울 수 없었다. 하비비 대통령은 그 자신이 군부 출신이 아니며 자바 출신이 아닌 관계로 군부와 불편한 관계를 유지할 수밖에 없었으며, 집권 이후 정권의 정치적 안정과 안전을 보장받기 위해 군부의 영향력에 의존할 수밖에 없었다. 이에 따라 군부지도자인 위란또는 하비비 정부에서도 여전히 국방 장관이라는 주요 직책에 임명되었으며, 국민들은 새롭게 집권한 하비비 정권의 시대를 "하비비의 질서"(Orde Habibie)라고 부르기보다 "위란또의 질서"(Orde Wiranto)라고 부를 정도로 군부의 정치적 영향력이 강력하게 남아 있었다(Aditjondro 1998, 221).

그밖에도 수하르또 정권의 퇴진 이후 심화되어 나타난 또 다른 문제는 지방자치와 분권화였다(Erawan 1999, 588-612). 인도네시아 중앙정부의 정치적 소요와 민주화과정이 급격하게 진행되는 과정에서 과거부터 분리·독립을 주장하던 동띠모르(East Timor), 아쩨(Ache), 이리안자야(Irian Jaya) 등지에서 거센 분리·독립운동이 전개되었으며, 지방 곳곳에서 종교·종족 갈등이 심화되어 나타났다. 동띠모르 문제에 대한 하비비 정부의 해결책은 매우 급진적인 것이어서 1999년 4월 하비비 대통령은 동년 8월에 동띠모르의 분리·독립과 자치를 묻는 주민투표를 실시하기로 결정하였다.8) 하비비 정부가 동띠모르 정책을 주민투표 실시로 결정하게 된 것은 수하르또 퇴진 이후 국제사회의 압력에 직면하여 국가와 정부의 잃어버린 국제신뢰도를 회복하기 위한 고육책이었으나, 이러한 해결책은 아쩨와 이리안자야, 서부 깔리만딴(West Kalimantan) 등 타 지역의 분리·독립운동과 종족·종교 갈등을 격화시켰다(중앙일보 1999/04/28). 아쩨와 이리안 자야 문제에 당면하여 하비비 정부는 1999년 '법령 제22호'(Law No. 22/1999)와 '법령 제25호'(Law No. 25/1999)를 통해 지방 통치의 자치권과 중앙-지방 정부 사이의 재정적 균형을 빠른 시일 안에 허용하는 지방자치 법령을 승인할 수밖에 없었으나 지방 소요와 갈등은 지속되었다.[9]

한편 국민들의 정치적 선택 차원에서 하비비 정권 시기의 야당세력과 시민사회의 정치적 역량은 더욱 강화되어 표출되었다. 수하르또 정권의 퇴진과 하비비 정부의 출범 이후에도 인도네시아는 민주화와 개혁을 요구하는 시위가 지속되었으며, 정부와 국민들 사이의 정치적 긴장관계도 지속되었다(FEER 1999/02/18). 국민들에게 있어서 하비비 정부는 수하르또의 신질서체제 일부가 그대로 유지되는 것에 불과하였으며, 특히 민주화세력들에게 있어서 "수하르또와 하비비는 한 꾸러미이며, 모두 다 몰아내야 할 대상"에 불과하였다(Saleh et al. 2000, 142). 비록 하비비 대통령은 수하르또의 권력을 승계한 이후 국제통화기금과 원만한 협조관계를 유지하고 다른 한편으로 국민들과 극단적인 충돌을 회피하면서 나름대로 점진적인 개혁을 추진하였으나, 국민들에게 있어서 하비비 정부는 수하르또의 권위주의체제를 이어받은 현상유지 세력에 불과하였다(Hadiz 1999, 109-14).

민주화를 요구하는 정치세력들의 결집은 아미엔 라이스(Amien Rais)와 메가와띠, 와히드 등이 'AMA'(Amien-Megawati-Abdurrahman) 개혁전선을 결성하면서 가시화되었다. 1998년 11월 10일 나흐다뚤 울라마(NU:

---

8) 동띠모르 독립에 대한 주민투표는 그 시기가 조금 늦추어진 1999년 8월 30일 실시되었으며, 98.6%라는 높은 투표율을 기록하며 동띠모르에 대한 독립이 압도적인 찬성 속에 결정되었다.
9) 2001년 1월부터 시행하기로 한 인도네시아의 지방분권화는 시·군 단위의 지방정부에게 예산 책정과 집행, 교육과 종교 등의 분야에 있어 상당한 자율성을 부여하며, 지방의원들은 시장·군수의 선출 및 해임 권한을 통해 지방정부를 견제할 수 있는 내용을 골자로 하고 있다.

Nahdatul Ulama)의 지도자이자 국민각성당(PKB: Partai Kebangkitan Bangsa) 총재인 와히드와 민주투쟁당의 총재인 메가와띠, 무함마디아(Muhammadiyah)의 지도자이자 국민여망당(Partai Amanat Nasional) 총재인 라이스, 그리고 족자카르타(Yogjakarta)의 술탄 하멩꾸부우노 10세(Sultan Hamengkubuwono X) 등 4명의 개혁세력 지도자들이 민주화와 정치개혁을 촉구하는 8가지 조항에 합의한 '시간주르 선언'(Ciganjur Declaration)[10]을 채택하면서 인도네시아의 정국은 민주화를 향한 급물살을 타게 되었다(Barton 2002, 256). 이에 따라 그 동안 지연되었던 정부와 야당세력 사이의 헌법 개정을 위한 논의가 국민협의회를 통해 활발하게 전개되었으며, 두 세력은 1999년 6월 국민들의 의사를 반영하는 자유롭고 공정한 선거를 치르기로 합의하였다.

1999년 6월 7일 실시된 의회선거는 메가와띠의 민주투쟁당과 와히드의 국민각성당 등 이른바 개혁 세력과 하비비와 골까르당(Partai Golkar) 등 현상유지 세력 사이의 한판 대결로 전개되었다. 선거결과는 〈표 1〉에서 보는 바와 같이 메가와띠의 민주투쟁당이 득표율 37.4%로 154석의 의석을 차지하여 제1당이 되었으나, 기득권 세력이었던 골까르당 또한 득표율 20.9%로 120석을 획득함으로써 아직도 무시할 수 없는 세력을 과시하였다. 통일개발당(PPP: Partai Persatuan Pembangunan)이 득표율 10.7%로 58석을 차지하여 제3당이 되었으며, 득표율은 17.4%로 앞섰으나 의석수에서 51석을 차지한 국민각성당이 제4당의 지위를 확보하였고, 라이스의 국민여

---

10) '시간주르 선언'은 ① 모든 대중은 헌법과 빤짜실라(Pancasila)에 명기된 "다양성 속의 통일"에 기초하여 국가통합을 지지하며, ② 국민의 주권을 수호하는 것을 최우선으로 하고, ③ 국민의 손에 주권을 되돌려 주고 국가발전을 보장함으로써 번영과 정의를 위한 민주주의체제를 추구하며, ④ 모든 개혁 프로그램은 인도네시아의 미래를 위해 새로운 세대들의 이익을 반영하고, ⑤ 선거에 참여하는 정당대표들로 구성된 선거위원회(KPU: Komisi Pemilihan Umum)를 설치하여 공정한 선거를 가능한 한 빨리 실시하며, ⑥ 선언 이후 6년 이내에 군부의 '이중기능'(Dwi Fungsi: dual function)은 점진적으로 제거하고, ⑦ 수하르또 대통령과 일가·친족에 대한 조사를 시작으로 '부패와 결탁, 족벌주의'(KKN: Korupsi, Kolusi, Nepotisme)를 철폐하기 위해 노력하며, ⑧ 1998년 11월 국민협의회 총회를 위해 구성된 각 정파의 군중세력은 해산해야 한다는 내용을 포함하고 있다(Dwidjowijoto 2000, 91-2).

망당은 득표율 7.3%로 35석을 획득하였다. 종합적으로 1999년 선거 결과
는 정치적 민주화와 경제개혁을 촉구하는 민주주의 세력의 승리라고 특징
지울 수 있었으나, 국회 내에서 어느 한 정당도 현격한 우위를 확보하지
못한 채 골까르당이 제2당으로 남아 있게 됨으로써 대략 5~6개 정당들이
정국을 주도하면서 조정과 타협을 통해 국정을 운영해야 하는 결과가 초래
되었다.

〈표 1〉 1999년 6월 7일 의회선거 결과

정당명	득표율 (%)	의석수 (석)
민주투쟁당 (PDI-P)	37.4	154
골까르당 (Partai Golkar)	20.9	120
국민각성당 (PKB)	17.4	51
통일개발당 (PPP)	10.7	58
국민여망당 (PAN)	7.3	35
월성당 (PBB)	1.8	14
정의당 (PK)	1.3	6
정의단결당 (PKP)	0.9	6
나흐다뚤울라마당 (PNU)	0.6	3
통일당 (PP)	0.5	1
민주당 (PDI)	0.4	3
마슈미 이슬람당 (PPIIM)	0.4	-
마르핸주의민족전선당 (PNIFM)	0.4	1
국민당 (PNI)	0.4	0
마사마르핸민족당 (PNIMM)	0.4	0
이슬람연합당 (PSII)	0.3	1
국민주권당 (PDR)	0.3	2
회교공동체각성당 (PKU)	0.3	1
독립선도당 (PIPKI)	0.3	1
민주애국당 (PDKB)	0.3	3
다양성통일당 (PBI)	0.2	1
군부 대표	-	38
합계	100.0	500

출처: Http://www.agora.stm.it/elections/election/indonesia.htm (검색일: 2000/02/05).

　　1999년 6월 의회선거가 끝나고 민주화 세력의 승리가 확실시되자 인
도네시아의 경제적 불안과 정치적 소요는 점차 줄어들기 시작하였다. 국가
의 국제신용도가 점차 회복되었으며, 루피아의 환율도 안정되기 시작하여
1999년도 국내총생산(GDP)의 성장률도 2% 선으로 예측되었다(Tadem
2000, 1). 그러나 1999년 10월 20일 국민협의회에 의하여 간접선거 방식으
로 진행된 대통령 선출과정은 인도네시아의 새로운 정치적 파란을 불러일
으켰다. 기득권 세력이었던 골까르당은 정·부통령후보 임명을 둘러싸고
내부 분열이 촉진되어 발리은행의 대출 부정사건에 연루된 하비비의 대통
령후보 임명이 부결되었으며, 하비비를 대신하여 거론된 위란또 장군 역시
골까르당의 후보 임명을 거부함으로써 정·부통령후보를 임명하지 못하게
되었다(ISAI 1999, 216-9; Bourchier 2000, 24). 다른 한편으로 야당세력은
라이스가 제3당인 통일개발당과 정의당(Partai Keadilan) 등 8개 이슬람정
당 지도자들을 설득하여 이슬람정파 연합인 중심축(poros tengah)을 형성
하고, 메가와띠 후보의 민주투쟁당과 후보가 없는 골까르당 사이에서 국민
각성당의 와히드를 대통령후보로 지지함으로써 정치적 영향력을 발휘하게
되었다(Mietzner 2000, 42-3). 골까르당 또한 후보를 내지 못한 상황에서
메가와띠 세력을 견제하기 위해 와히드 후보를 지지하게 됨으로써 선거
결과는 691명의 국민협의회 대의원 중 373표 대 313표로 메가와띠를 제치
고 와히드가 대통령에 당선되었다.[11) 민주투쟁당의 메가와띠는 대통령 선
출에 이어 속행된 부통령선거에서 부통령에 선출되었으며, 이로써 인도네
시아는 와히드 대통령과 메가와띠 부통령을 축으로 한 새로운 정부를 구성
하게 되었다.
　　결과적으로 하비비 정권의 시기는 불안정하고 혼란스러운 시장경제와
무질서한 민주주의체제로의 전환기였다고 특징지을 수 있다(Robison

---

11) 국회에서 와히드가 제1당인 민주투쟁당의 메가와띠를 제치고 대통령에 선출될 수 있었던
　　이유는 이슬람 종교이념이 투철한 인도네시아에서 메가와띠와 민주투쟁당의 주요 지도자들이
　　무슬림이 아니며, 메가와띠 자신이 국가를 통치할 만큼 충분한 정치적 경험과 능력을 지니지
　　못하다는 비판 때문이었다(Dwidjowijoto 2000, 15).

1998, 229-30). 수하르또의 신질서체제가 무너지는 과정에서 정치권력을 계승한 하비비 정권의 개혁정책은 골까르와 군부 등 기득권 세력의 견제 속에서 제한적이고 폐쇄적일 수밖에 없었으며, 보다 빠른 경제회복과 급진적 정치개혁을 바라는 국민들은 1999년 의회선거에서 정치개혁을 주장하는 민주화 세력을 지지함으로써 하비비 정권은 단기적으로 막을 내리게 되었다. 급격한 경제위기에 직면하여 인도네시아 국민들은 위기 극복에 무능한 권위주의체제를 대신하여 체제변동과 더불어 민주화 세력으로의 정권교체를 선택하였던 것이다.

4. 와히드 정부의 개혁과 퇴진, 그리고 메가와띠 정부

1) 와히드 정부의 개혁과 퇴진

반전을 거듭하며 일단락된 인도네시아의 대통령 선출과정은 많은 제약조건에도 불구하고 비교적 성공적인 정권교체로 평가되었다. 그러나 새롭게 집권한 와히드 정부의 최대 과제는 이미 대통령 선출과정에서도 드러난 바와 같이 정권이 지니는 권력 기반의 취약성을 극복하고 어떻게 각 정파들 사이의 원활한 협조를 유도하여 안정적으로 경제회복과 정치개혁을 이루어낼 수 있는가의 문제였다. 사실상 와히드의 대통령 당선은 국민각성당이 국회 내에서 제4당에 지나지 않았으며, 와히드 자신도 대통령선거 이전에 민주투쟁당의 메가와띠 후보를 지지하였을 만큼 아무도 예측치 못한 놀라운 결과였다(Tadem 2000, 3). 그럼에도 불구하고 대통령인 와히드와 부통령인 메가와띠 사이의 결합은 "이슬람 세력과 민족주의 세력 사이의 결합"으로 불리며, 정치 · 경제적 개혁에 있어서도 낙관론을 불러일으켰다 (*JP* 1999/10/22).

정부의 정치적 선택 차원에서 1999년 10월 27일 발표된 와히드 대통령의 첫 번째 내각은 메가와띠 부통령의 민주투쟁당은 물론 국민협의회 의장이 된 라이스의 통일개발당, 국회의장이 된 악바르 딴중(Akbar Tanjung)과 골까르당, 군부와 위란또 장군 등 각 정파간 협상을 통해 각각의 정치적 지분을 인정하는 거국내각이었다. 와히드의 측근인 알위 시합(Alwi Shihab)이 외무 장관에, 수디비오(Bambang Sudibyo)가 재무 장관에, 깔라(Jusuf Kalla)가 통상·산업 장관에 임명되었으며, 위란또는 이전보다 다소 영향력이 축소되었으나 정치·안보조정 장관에 기용되었고, 민간인 출신의 수다르소노(Juwono Sudarsono)가 국방 장관에 임명되었다. 그 밖에도 새로운 내각에는 메가와띠의 민주투쟁당 인물들을 비롯하여 주요 정당을 대표하는 정치인들이 대거 포함되어 '국민통합내각'(Kabinet Persatuan Nasional)이라는 별칭으로 불리게 되었다(Dwidjowijoto 2000, 17).

출범 초기부터 와히드 내각은 국가통합과 정치개혁의 추진을 약속하면서 개혁정책을 펼쳐 나가기 시작하였다. 그러나 와히드의 거국내각은 그 자체의 이질적 결합으로 말미암아 잠재적 불안감과 허약성을 내포하고 있었다(Mietzner 2000, 29, 39-40; Kadir 2002, 98). 와히드 정부의 출범 이후 인도네시아의 정국은 골까르와 군부를 중심으로 한 기득권 세력과 와히드와 라이스 등의 전략적 연합을 중심축으로 한 이슬람 세력, 그리고 메가와띠와 민주투쟁당의 민족주의 세력 등 크게 세 정파를 중심으로 점진적인 개혁이 추진되었으나, 와히드 정부가 과연 산재해 있는 개혁과제를 원활하게 해결할 수 있을 것인가에 대해서는 그 자질과 능력을 의심받고 있었다. 와히드 대통령 자신은 종족과 종교 등 국민 전체를 아우르는 참여민주주의와 '중도적 리더십'(middle way leadership)을 강조하였으나(Wahid 2000, 75; MacIntyre 2001, 92-4), 이것은 결과적으로 와히드 정부 자체의 허약성을 의미하는 것이기도 하였다. 와히드 자신의 건강상 문제와 변덕스럽고 불규칙한 언행은 정책상의 혼란을 초래하였으며, 국회 내에서 소수정

당인 국민각성당의 입지도 와히드의 정책 수행을 어렵게 만드는 요인으로
작용하였다(Gorjão 2003, 14-5).

와히드 정부의 정치개혁은 헌법 개정을 통해 살펴볼 수 있는데, 1999
년 10월 통과된 헌법 개정의 주요 내용은 정부에 과도하게 집중된 정치권
력을 국회로 이전하고 헌법개정 추진위원회를 구성하여 헌법의 단계적 개
정을 위한 세부작업을 위임한다는 것이었다. 이에 따라 헌법개정 추진위원
회는 특별위원회를 구성하여 2000년 8월 정기회기까지 헌법 개정안을 마
련하였으며, 국민협의회 법령에 입각하여 의회주의를 강조하고 대통령의
권한에 대한 국회의 상대적 기능을 강화하는 몇 가지 조항들이 수정되었다.
그밖에도 2000년 8월 헌법 개정안에는 지방자치와 관련된 기본원칙이 반
영되어 주지사 및 시장·군수의 선출방식과 지방정부의 자치권 범위와 권
한 등이 명기되었으며, 인권에 대한 보편적 원칙이 포함되었다.[12]

그러나 와히드 정부의 정치개혁은 민주화 이후 국회의 역량이 강화된
상황에서 초기부터 난항을 겪게 되었으며, 소수정당인 와히드의 국민각성
당은 원활한 개혁정책을 추진하기 위해 국회 내부의 다른 정당들과 정치적
협상을 하지 않을 수 없었다. 이러한 상황에서 1999년 11월 와히드 대통령
은 부정한 거래 혐의가 있는 함자 하즈(Hamzah Haz) 통일개발당 총재를
경질함으로써 거국내각의 분열과 더불어 국회와의 대립적 관계를 형성하게
되었다(Budiman 2001, 147). 집권 이후 얼마 지나지 않아 와히드 정부는
이미 주요 정당과 군부로부터 분열적이며 그들 자신의 '국민통합내각'을
유지할 수 있는 능력이 없다는 평가를 받게 되었을 뿐만 아니라 정치개혁에
있어서도 국민들로부터 실망적이라는 평가를 받았다(*The Economist*
2000/02/12). 와히드 정부의 내각은 태생적으로 골까르당과 군부 등 현상
유지 세력과 정치적 결합을 통해 형성되었기 때문에 개혁 정신을 제대로

---

12) 의회주의를 강조하는 헌법 개정안의 주요 내용으로는 국회가 입법 초안을 제출하며(제5조:
   Pasal 5), 대통령이 국회를 통과한 법률을 거부할 경우 새롭게 제정된 법률은 30일 이후 자동적
   으로 효력이 발생하고(제20조: Pasal 20), 국회는 대정부 질의권과 조사발동권, 면책특권 등을
   갖는다(제20조 A항: Pasal 20A)는 것 등이다(최난경 2002, 16-7).

살리지도 못하고 개혁정책을 추진함에 있어서도 자유롭지 못하였던 것이다. 2000년 8월 헌법 개정 당시 와히드 대통령은 이미 잦은 내각 교체와 정파간 갈등으로 말미암아 국회와 갈등관계에 놓여 있었으며,13) 메가와띠 부통령조차 와히드 대통령의 개헌안을 반대할 만큼 와히드의 연립정부는 이미 분열이 싹트고 있었다(Mierzner 2001, 31-2; Aspinall 2002, 28).

　　부정·부패 척결과 군부개혁은 와히드 정부가 추진해야 할 또 하나의 개혁 과제였으나, 그 성과 또한 미진하였다(Prabowo 2000, 335-6; Mierzner 2001, 37). 정치개혁과 경제구조의 건전화를 이룩한다는 차원에서 수하르또 시기에 만연되었던 부정·부패의 고리를 단절하고, 군부의 각종 특권을 폐지하며, 수하르또 일가의 부정축재 재산을 국고로 환수해야 한다는 국민적 공감대가 형성되었던 것이다. 이에 따라 2000년 초부터 수하르또 전(前) 대통령과 그 일가에 대한 부정·부패 조사가 본격화되었으며, 군 내부의 야심에 찬 지도자들을 통제하여 군에 대한 문민정부의 우위를 확보하려는 노력이 진행되었다. 그러나 수하르또에 대한 부정축재 조사는 그의 건강상 이유로 검찰의 기소가 기각되었으며, 그의 일가 및 측근들 또한 도주하거나 법망을 교묘히 벗어나 국민들을 만족시킬 만큼 충분한 조치가 이루어지지 못하였다(Gorjão 2003, 21). 군부개혁에 있어서 와히드 대통령은 민간인 신분인 수다르소노를 국방 장관에 임명하고 군부 지도자인 위란또를 정치적 역량이 축소된 정치·안보조정 장관으로 기용하여 군에 대한 민간정부의 우위를 확인하고자 하였다. 그러나 2000년 1월 인권침해조사위원회가 동띠모르에서 군부에 의해 자행된 학살의 진상을 밝히기 위해 위란또 장군을 조사하기로 결정하고, 과거 인권탄압의 상징이었던 특수부대의 규모를 감축하기로 한 군부개혁안이 발표되면서 와히드 정부와 군부 사이의 갈등이 증폭되었다.14)

---

13) 와히드 대통령은 1999년 취임 초부터 국민들로부터 신망을 받고 있는 퀵 키안 기(Kwik kian Gie), 수까르디(Laksamana Sukardi), 수디비오 등 3명의 주요 경제부처 장관들을 교체하여 비난을 받은 바 있으며, 2001년 4월에도 깔라 통상산업 장관 등을 경질시키는 정당간 지분을 무시한 인사로 갈등을 촉진시켰다.

와히드 정부는 출범 초기부터 국가통합을 강조하였으나, 동띠모르, 아쩨, 이리안자야의 분리·독립운동과 말루꾸(Maluccu), 깔리만딴 등지에서의 종족·종교 갈등이 더욱 심화되어 와히드 정부를 어렵게 만들었다(Malley 2001, 159-74). 와히드 대통령은 종교의 다양성을 인정하는 다원주의자로서 종교나 종족 문제를 평화적으로 해결하기 위해 노력하였으나, 문제의 실마리는 쉽게 풀리지 않았다. 집권 이후 와히드 대통령은 아쩨와 이리안자야 지역을 방문하여 종족 지도자들과 문제 해결을 위해 노력하였으나, 지역 주민들의 격렬한 시위와 저항에 직면하였다. 와히드 정부는 1999년 11월 아쩨 문제를 해결하기 위해 아쩨 주민들에게 독립 찬반투표를 제의하였으나, 군부의 강력한 반발에 부딪쳐 발표는 번복되었다. 또한 이리안자야 문제를 해결함에 있어서도 와히드 정부는 근본적인 해결책을 제시하지 못한 채 이리안자야 주민들의 정체성이 실린 '파푸아'(Papua)라는 명칭을 공식적으로 사용할 수 있도록 조치하고 자치권을 보장하는 수준에서 평화협정을 체결하게 되었다(Barton 2002, 293).

보다 근본적인 문제로서 경제위기를 극복하고 회생시키기 위한 와히드 정부의 경제정책은 초기 점진적 회복에도 불구하고 궁극적으로 정책적 실패를 맞이하고 말았다. 1999년 10월 국민협의회의 대통령 선출이 끝난 직후 경제는 잠정적으로 안정되는 상황을 나타냈으나, 그렇다고 하여 경제 회복이나 성장의 기미가 급진적으로 가시화된 것은 아니었다(O'Rourke 2002, 323). 국내외 투자는 지속적으로 지연되었으며, 경제구조 또한 다시 깨지기 쉬운 허약한 상황으로 돌변하여 정부의 부채 총액은 1997년 초 국내총생산(GDP) 대비 23%에서 2000년에 90%로 증가하였다(Bird 2001, 45, 56). 1997년 외환위기 이전 BBB 등급을 유지하였던 인도네시아의 국가신용도는 하비비 정부에 뒤이어 와히드 정부에 이르러서도 지속적으로

---

14) 2000년 2월 1일 와히드 정부는 동띠모르 폭력사태의 책임을 물어 위란또 장관의 사임을 간접적으로 요구하였으나, 위란또는 이러한 압력을 거부하였다. 2000년 2월 13일 와히드 대통령은 위란또 장관에 대한 직무정지를 명령하였으며, 2월 28일에는 74명에 달하는 군 지휘관과 참모들의 인사 개편을 단행하여 위란또를 지지하던 지휘관들을 요직에서 제거하였다.

추락하여 CCC+ 등급으로 전락하였으며, 한국과 태국, 말레이시아 등 같은
시기에 경제위기를 경험하였으나 국내총생산(GDP) 성장률 등에서 다시금
제 자리를 찾아가기 시작한 다른 국가들과 비교하여 경제회복의 속도가
현저하게 느린 모습을 표출하였다(중앙일보 2000/02/11).

　이러한 경제회복의 실패는 와히드 대통령 자신의 기행과 경제부처 장
관들의 잦은 경질도 한 가지 원인으로 작용하였다. 와히드 대통령은 그의
집권 기간동안 국제통화기금과의 접촉이나 만남을 가급적 회피하였으며,
집권 초기부터 그 자신의 부적절하고 변덕스러운 언행은 구설수에 올라
지도력과 신뢰도에 타격을 주었다. 퀵 키안 기 경제협력 장관과 수디비오
재무 장관의 교체, 뒤이은 라잘 람리(Rizal Ramli) 경제협력 장관의 대체,
그리고 압둘라(Burhanuddin Abdullah) 인도네시아은행 부총재의 경제협
력 장관 대체 등 경제부처 장관들의 잦은 교체는 경제정책의 혼란을 초래하
였을 뿐이다(Djiwandono 2003, 221). 투자가들은 정치·경제적 주요 사
안의 결정에 있어서 와히드 대통령의 기행 및 국회와의 마찰에 기인하여
투자를 미루었으며, 투자 부족은 경제침체의 장기화와 더불어 대량 실업으
로 이어졌다(Budiman 2001, 145). 기득권 세력으로서 골까르당과 군부가
여전히 영향력을 발휘하여 그들의 경제적 기득권을 유지하기 위해 기업구
조 조정을 방해하였다. 이에 따라 2001년 들어서도 인도네시아의 경제는
국내 정치의 혼란 속에서 국가신용도를 회복하지 못한 채 지속적으로 어려
운 상황에 놓이게 되었다(Rosser 2003, 332).

　2001년 들어 와히드 대통령은 다양한 정치세력들에 의해 강력한 비판
과 저항에 직면하게 되었다. 위란또 장관의 해임을 필두로 군부와 불편한
관계가 형성되었으며, 자신의 절대적 후원세력이었던 이슬람정파 연합인
중심축으로부터도 비난의 공세가 강화되었다. 함자 하즈 장관의 경질로 통
일개발당과도 적대적 관계에 놓이게 되었으며, 메가와띠의 민주투쟁당과도
불편한 관계가 형성되었다(O'Rourke 2002, 387). 학살극으로 비화된 말
루꾸 제도의 종교 분쟁과 아쩨 독립운동 세력과의 협상 부진, '파푸아'로

개명된 이리안자야 지역의 독립운동 고조 등 국가의 분열이 우려되었으며, 경제 상황도 다시 바닥권으로 떨어져 제2의 외환위기가 우려되는 상황이 초래되었다. 특히나 국회에서의 정치적 고립과 더불어 정치개혁의 미진, 경제회복의 실패, 그리고 뇌졸중과 당뇨병 등 와히드 자신의 건강 문제 등은 와히드 정부를 총체적 위기 상황으로 몰아넣었다(Barton 2002, 376-84).

국민의 정치적 선택 차원에서 2000년 5월 조달청(Bulog: Badan Urusan Logistik) 공금 횡령과 브루나이 하싸날 볼키아(Hasanal Bolkia) 국왕으로부터 받은 2백만 달러의 기부금이 와히드 대통령의 개인계좌로 입금된 사실이 국내 언론을 통해 밝혀지면서 와히드 정부는 급격한 정치위기에 직면하게 되었다(Budiman 2001, 149-50). 2000년 11월 국회의 부패의혹 특별조사위원회는 와히드 대통령이 자신의 전속 이발사를 통해 조달청 공금 3백 50억 루피아를 횡령하는 데 관여하였다고 발표함으로써 야당과 반대세력들에 의하여 퇴진 압력과 더불어 탄핵 위기에 처하게 되었다. 학생세력과 일반 국민들 또한 와히드의 부패 혐의에 대한 퇴진운동을 전개하였으며, 이에 맞서 와히드는 자신의 지지 세력인 나흐다뚤 울라마를 비롯하여 일부 시민단체들을 동원하여 지지 시위를 전개함으로써 국민적 분열과 갈등이 야기되었다. 그러나 이슬람 보수 세력을 중심으로 한 종교단체의 회유와 정치적 순수성을 강조하는 학생운동세력과 시민운동세력 사이의 괴리감 때문에 와히드 대통령을 옹호하는 지지 시위는 그 규모가 제한적이었으며,[15] 와히드 대통령에 대한 국민협의회의 탄핵 절차는 급물살을 타며 전개되었다.

2001년 2월 1일 인도네시아 국회는 와히드 대통령이 조달청 기금 횡령과 브루나이 국왕의 기부금 착복사건에 연루되었다는 특별조사위원회의 보고서를 발표하고 탄핵절차의 수순에 따라 표결로 와히드 대통령에 대한 제1차 해명요구서를 발송하였다.[16] 와히드 대통령은 자신을 압박하는 법

---

15) 다누 루디오노(Danu Rudiono) 인터뷰 (2004/01/09).

무 팀을 경질하고 '치안특별조치'를 발령하는 등 국회에 의한 국민협의회 특별총회의 소집을 방해하였으나, 탄핵 절차는 수순에 따라 계속 진행되었다. 민주투쟁당의 메가와띠 부통령도 2001년 5월까지 침묵을 지켰으나, 군부 지도자들과의 회동을 통해 입장을 정리한 이후 와히드 대통령을 공략하였다. 그 결과 국민협의회는 와히드의 국민각성당 등 2개 정당 소속의 대의원들이 불참한 가운데 전체 참가자수 601명 중 2명만이 기권하고 599명이 찬성함으로써 와히드 대통령의 탄핵을 결정하였다. 또한 국회와 국민협의회는 와히드를 지지하는 세력이 불참한 가운데 메가와띠 부통령을 찬성 591명, 반대 0표로 대통령으로 선출하였으며, 함자 하즈를 부통령으로 선출하였다.

결과적으로 와히드 대통령은 그 자신이 개혁적 성향을 지니고 있었음에도 불구하고 기행에 가까운 변덕스러운 리더십과 국회 및 내각에서 다른 정치세력들과 갈등관계에 놓이게 됨으로써 헌법적 허점을 이용한 다른 정당지도자들의 정치적 공격을 받게 되었다(Kadir 2002, 98-9). 와히드 정부의 몰락에는 '블록 게이트'와 '브루나이 게이트' 등과 같은 재정적 스캔들, 인도네시아 정치문화로 치부되던 '부패와 결탁, 족벌주의'의 청산 미진, 허약한 내각과 잦은 인사교체, 법・제도 개혁의 실패, 경제위기의 극복 실패, 아쩨・파푸아 등 분리주의 문제의 해결 실패, 국가 곳곳에서 발생한 심각한 폭력 사태 등 다양한 요인들이 작용하였다(Singh 2001, 10-2). 그럼에도 불구하고 와히드 정부의 가장 큰 실패 요인은 정치・경제개혁의 추진에 있어서 국민들을 납득시킬 만한 가시적인 성과를 거두지 못한 것이었으며, 이것은 국회와 국민협의회의 탄핵에 뒤이은 정권교체로 이어지게 되었다.

---

16) 인도네시아의 대통령 탄핵절차는 국회가 조사와 표결에 따른 제1차 해명요구서를 발송하고, 3개월 이내에 자신의 혐의를 국회에 출두하여 해명토록 정하고 있다. 만일 해명에 응하지 않거나 제대로 해명을 못할 경우 다시 제2차 해명요구서를 발송하여 1개월 내에 한번 더 해명을 촉구한다. 그러나 4개월 이내에 해명이 제대로 이루어지지 못할 경우 국회는 국민협의회를 소집하여 대통령 탄핵을 요구할 수 있다.

2) 메가와띠 정부의 개혁과 국민의 선택

와히드 대통령의 탄핵에 뒤이어 새롭게 출범한 메가와띠 정부 역시
와히드 정부로부터 물려받은 경제회복의 문제와 허약하고 무질서한 정치
환경을 개선해야 하는 어려운 과제에 직면하였다. 집권 초기 인도네시아
국민들은 경제회복과 정치적 안정을 이룩하기 위한 일련의 개혁정책을 추
진함에 있어서 메가와띠 정부의 능력에 대해 낙관적인 희망을 표출하였다.
메가와띠 대통령은 그녀 자신이 국부(國父)였던 수까르노(Sukarno)의 딸
로서 정치적 상징성을 지니고 있었으며, 국회 내부에서도 와히드 대통령보
다 많은 지지를 받고 있다는 대중정치의 기제를 함께 지니고 있었다(Sen
2002, 25). 그러나 그녀 또한 연립정부를 구성하여 국정을 운영함에 있어서
다른 주요 정당들의 정치적 지원과 협조를 필요로 하였으며, 다른 한편으로
급진적 이슬람 세력들의 정치적 도전을 무마해야 하는 정치적 취약성을
지니고 있었다(Soesastro 2003, 6).

정부의 정책적 선택 차원에서 메가와띠 정부의 첫 번째 내각은 와히드
정부의 제1차 내각과 유사하여 각 정당과 정파간 연합을 통한 '상호협력내
각'(Kabinet Gotong Royong)으로 구성되었다. 그녀의 내각에는 각 정당
과 정파를 대표하는 인물들이 장관으로 다시 등용되었으며, 특히 그녀의
경제팀은 이른바 '드림팀'(dream team)으로 불리면서 경제회복과 민생안
정에 대한 국민들의 기대를 한 몸에 받게 되었다(Sadli 2003, 185). 이러한
내각 구성은 일면 메가와띠 정부의 정치적 안정성을 보장해 주는 것이었지
만, 다른 한편으로 골까르당과 군부 등 기득권 세력과의 연합을 통하여 정
치개혁과는 거리가 먼 보수적 색채의 내각이라는 비판을 피할 수 없었다
(Lanti 2002, 117-8).

집권과 더불어 메가와띠 정부가 첫 번째로 직면한 개혁과제 역시 헌법
의 개정이었다. 2001년 8월로 예정되었던 국민협의회가 와히드 대통령의
탄핵 때문에 11월로 연기되어 진행된 헌법 개정 논의는 몇 가지 핵심적인

사안들에 대하여 합의점을 도출하지 못하였다는 비판을 받으면서도 '견제와 균형'의 원리에 입각한 중요한 개혁이 이루어졌다. 즉, "국민주권은 국민협의회가 아닌 헌법에 따라 행사된다(제1-2조: Pasal 1-2)"는 내용이 추가되었으며, 정·부통령의 선출과 탄핵 절차가 명료화되었고,[17] 대법원으로부터 헌법재판소를 분리하여 운영하고 판사를 인선하는 절차가 합의되었다. 그밖에도 2004년 선거부터 새롭게 구성될 지역대표의회(DPD: Dewan Perwakilan Daerah)가 각 주에서 선거를 통해 선출되며(제22조 C항: Pasal 22C), 국회 및 지방의회(DPRD: Dewan Perwakilan Rakyat Daerah)의 선거는 정당명부식 비례대표제에 의한 정당간 경쟁을 원칙으로 하나, 지역대표의회 선거의 경우 무소속 개인 후보의 출마를 허용하는 조항이 삽입되었다. 이후 2002년 8월 10일 인도네시아의 헌법상 최고기관인 국민협의회는 지난 1999년 10월 이래 지속되어 온 헌법 개정을 마무리하고, 정·부통령 직선제 및 결선투표, 군·경 대표의석의 폐지와 헌법재판소 설치, 선거위원회의 권한 강화 등을 최종적으로 결정하는 헌법 개정안을 통과시켰다(Nguyen et al. 2003, 9-11).

메가와띠 대통령의 집권 이후 가장 현저하게 등장한 도전세력은 급진적인 이슬람 정치세력이었다. 와히드 정부하에서 비교적 안정적인 동향을 보였던 이슬람 세력들은 메가와띠 대통령의 집권과 더불어 그들의 정치적 역량을 보다 증대시키기 시작하였다(Kingsbury 2002, 109). 특히 수하르또 정권의 붕괴 이후 본격적으로 확대되기 시작한 이들 이슬람 세력들은 2001년 미국의 9·11 테러사건 발생에 따른 반테러정책 강요와 미군의 아프가니스탄 공격, 그리고 이라크 사태 등에 기인하여 표출된 반미주의(anti-Americanism)와 이슬람 민족주의를 필두로 메가와띠 정부에 대하여 정치적 압력을 가하기 시작하였다(Azra 2003, 45-6; Anwar 2003, 75). 이

---

17) 정·부통령의 직선제 선출은 "대통령과 대통령후보가 정당 및 정당연합의 단일팀으로 출마하며, 전체 투표의 50% 이상, 과반수 이상의 주에서 20% 이상 득표해야 하며, 해당 팀이 없을 경우 결승투표를 실시한다(제6조 A항: Pasal 6A)"는 것이며, 탄핵은 "국회가 조사과정을 거쳐 제안하면 국민협의회가 결정한다(제7조 A항: Pasal 7A)"는 것이다(최난경 2002, 19-20).

와 더불어 2004년 대통령 직접선거를 앞두고 각 정당과 정파들을 대표하는 정치인들은 정치적 행보를 강화하기 시작하였으며, 메가와띠 정부의 연립 내각 내부에서 분열과 정치적 불안을 촉발시키게 되었다.

집권과 더불어 메가와띠 대통령이 직면한 가장 중요한 개혁과제 역시 부정·부패의 척결과 군부 문제였다. 그러나 정부 도처에 광범위하게 만연되어 있는 부패 문제에 있어서 메가와띠 정부는 정체된 상황을 쇄신하지 못하고 국민들의 불만과 비판에 직면해야만 했다.[18] 2002년 5월 들어 메가와띠 대통령은 연립정부 내부의 제2당인 골까르당의 악바르 딴중 국회의장을 부패 혐의로 전격 구속하는 등 부패 척결의 의지를 표방하였으나, 2001년 7월 와히드 대통령의 탄핵 당시 메가와띠 대통령의 집권을 도운 악바르 딴중 의장의 구속은 내각과 국회 내부의 분열을 촉진시켰을 뿐이었다.[19] 군부개혁에 있어서도 메가와띠 정부는 오히려 개혁의 퇴보라는 비판을 받았다. 메가와띠 대통령은 집권 초기부터 군부와 비교적 우호적인 관계를 유지하여 오히려 군부를 통한 정치적 안정을 보장받을 수 있었다(Sadli 2003, 182). 특히 집권 초기부터 가시화된 국제 테러리즘 문제에 직면하여 메가와띠 정부는 군부의 도움을 절대적으로 필요로 하게 되었으며, 2002년 10월 12일 발생한 발리 폭탄테러는 미국의 반테러정책 협조 요청과 이슬람 급진세력들의 저항을 불러일으킴으로써 군부의 역할이 강화되는 계기가 되었다.

메가와띠 정부 시기의 종족·종교 갈등은 아쩨 사태와 직결될 정도로 군부 및 인권 문제에 있어서 국내외적인 비난을 받게 되었다. 2002년 12월 9일 인도네시아 정부는 분리·독립을 추진해 온 아쩨 지역 반군단체인 자유아쩨운동(GAM: Gerakan Ache Merdeka, Free Ache Movement)과 평화협정을 체결하고자 노력하였다. 평화협정의 주요 내용은 수마뜨라(Sumatra)

---

18) 뽕끼 인다르띠(Poengky Indarti) 인터뷰 (2004/04/03).
19) 메가와띠 대통령이 이와 같은 정치적 부담을 무릅쓰고 딴중 의장을 구속한 이유는 골까르당에 집중되어 있는 부패 의혹에서 벗어나 2004년 재집권을 노린 정치적 포석이라는 분석도 있다(Masters 2003, 194-5).

북부 지역에 위치한 아쩨 주는 인도네시아 정부로부터 자치권을 인정받아 2004년부터 자치정부 수립을 위한 자유선거를 실시한다는 것이었다(Bell 2003, 117). 그러나 2003년 4월 24일 인도네시아 정부와 자유아쩨운동 사이의 평화협정이 최종적으로 결렬되자, 메가와띠 정부는 아쩨 지역에 대한 계엄령을 선포하고 군대와 경찰 병력을 동원하여 분리·독립운동을 적극적으로 진압하였다. 또한 아쩨 지역에 대한 진압작전에서는 인도네시아 군부에 의한 무차별적 체포와 학살이 단행됨으로써 국제사회의 강력한 비난을 초래하게 되었다(*FEER* 2003/06/05).

한편 경제 회복과 관련하여 메가와띠 정부는 이전 정권보다 조금 더 향상된 성과를 보여 주었다. 2001년 7월 와히드로부터 메가와띠로의 권력이동은 인도네시아의 정치적 안정에 대한 높은 기대감이 반영되어 1달러당 루피아 가격도 11,000루피아에서 9,000루피아로 상승되는 등 경제회복의 기미가 가시화되었으며, 메가와띠의 집권 이후 11,300루피아까지 추락하던 통화율은 8,500루피아 선으로 회복되어 경제회복에 대한 새로운 기대를 형성케 만들었다(Pangestu 2002, 41-2; Sadli 2003, 182-3). 메가와띠 정부는 집권 초기부터 국제통화기금과 관계 개선과 외자 유치를 위해 노력하였으며, 그 결과 2003년 12월 인도네시아의 국제신뢰도는 B 등급으로 상향 조정되었고, 루피아의 환율이 호전되면서 인플레이션도 낮아지고 경제성장률도 증가하였다. 그러나 2002년 10월 발리 폭탄테러가 발생한 이후 관광산업의 타격과 더불어 수출 경기가 악화되면서 경제 상황은 다시금 어려운 고비를 맞게 되었다(World Bank 2003a, 7).

<표 2> 메가와띠 정부의 역량에 대한 사회적 신뢰도 수준

3개월 후			6개월 후			9개월 후			12개월 후			15개월 후		
정치	경제	법	정치	경제	법	정치	경제	법	정치	경제	법	정치	경제	법
73.3	72.2	67.2	63.2	58.5	54.0	60.2	58.0	55.7	52.7	47.2	46.5	39.9	39.8	37.7

출처: *Kompas* 2002/10/21.

<표 3> 2004년 4월 5일 의회선거 결과

정당명	득표율 (%)	의석수 (석)
골까르당 (Partai Golkar)	21.6	128
민주투쟁당 (PDI-P)	18.5	109
국민각성당 (PKB)	10.6	52
통일개발당 (PPP)	8.2	58
민주당 (PD)	7.5	57
복지정의당 (PKS)	7.3	45
국민여망당 (PAN)	6.4	52
월성당 (PBB)	2.6	11
'개혁의 별'당 (PBR)	2.4	13
복지평화당 (PDS)	2.1	12
민족을 염려하고 일하는 당 (PKPB)	2.1	2
통일정의당 (PKPI)	1.3	1
독립황소민족당 (PNBK)	1.1	1
민족민주통일당 (PPDK)	1.2	5
빤자실라애국당 (PPPC)	1.0	-
마르헨주의인도네시나민족당 (PNIM)	0.8	1
나흐다뚤울라마연합당 (PPNU)	0.8	-
인도네시아민주촉진당 (PPDI)	0.8	1
독립당 (PM)	0.7	-
선구자당 (PP)	0.8	2
인도네시아연방당 (PSI)	0.6	-
새인도네시아대표당 (PPIB)	0.6	-
지역통일당 (PPD)	0.6	-
사회민주노동당 (PBSD)	0.6	-
합 계	100.0	550

출처: Http://www.electionworld.org/indonesia.htm (검색일: 2004/12/16).

결과적으로 국민의 정치적 선택 차원에서 메가와띠 대통령에 대한 언론과 국민들의 평가는 국가가 처한 수많은 문제에 대해 집권 이후 그녀 자신의 강력한 리더십을 제대로 보여 주지 못하였다는 것이었다. 실질적으로 메가와띠 대통령은 불간섭의 리더십을 표방하면서 "자신의 자리에 조용히 앉아 아무 것도 하지 않는" 대통령이라는 비판을 받게 되었다

(Soesastro 2003, 3). 메가와띠 정부에 대한 인도네시아 국민들의 사회적 신뢰도는 날이 갈수록 약화되어 〈표 2〉에서 보는 바와 같이 집권 6개월도 지나지 않아 급격하게 하락하는 모습을 보여 주었다. 2003년 6월 실시된 한 여론조사에서 전체 응답자의 64%는 "현재의 정치세력인 기존 정당들을 믿을 수 없다"고 응답하였으며, "바로 내일 선거가 실시된다면, 어느 정당을 선택할 것인가?"라는 질문에 대해 무응답자 55%를 제외하고, 18%의 응답자가 골까르당을 선택함으로써 메가와띠의 민주투쟁당 7%와 통일개발당 5%, 국민여망당 4%, 국민각성당 2%, 정의당 2%보다 훨씬 앞선 것으로 나타났다(*JP* 2003/06/14). 이러한 국민들의 반응은 2004년 4월 5일 실시된 의회선거 결과에도 그대로 반영되어 〈표 3〉에서 보는 바와 같이 골까르당이 21.6%의 득표율로 128석의 의석을 차지하여 18.5%의 득표율로 109석을 획득한 민주투쟁당을 앞서 국회 내 제1당이 되었으며, 통일개발당이 8.2% 득표율로 58석, 민주당(PD: Partai Demokrat)이 7.5% 득표율로 57석, 국민각성당이 10.6% 득표율로 52석, 국민여망당이 6.4% 득표율로 52석을 획득하였다.

2004년 7월 5일 실시된 인도네시아 최초의 대통령 직접선거에서도 메가와띠 정부는 집권 기간동안 경제회복과 각종 개혁정책의 뚜렷한 성과를 가져오지 못한 채 국민들의 불신과 정치적 심판을 받아 민주당의 대통령 후보인 유도요노(Susilo Bambang Yudhoyono)가 33.6%의 득표율로 26.3%의 득표율을 얻은 민주투쟁당의 메가와띠를 제치고 1위를 차지하였으며, 골까르당의 위란또 후보가 22.2%, 국민여망당의 라이스 후보가 14.9%, 통일개발당의 함자 하즈 후보가 3.1%의 득표율을 획득하였다. 또한 2달 뒤인 9월 20일 실시된 대통령선거 결선투표에서도 유도요노는 60.9%의 득표율로 39.1%의 지지를 획득한 메가와띠를 누르고 과반수 이상의 득표를 차지함으로써 차기 대통령으로 당선되었다.

5. 맺음말: 정치적 선택의 결과

1997년 경제위기에 따른 인도네시아의 정치적 대응과 선택의 결과는 일련의 정권교체와 체제변동에도 불구하고 골까르와 군부 등 기득권 세력이 정치권력으로부터 완전히 퇴장하는 '혁명적 민주화'가 아니라 인도네시아 고유의 정치문화가 바탕이 되어 정치엘리트들 사이의 조정과 협의를 전제로 한 '타협적 민주화'를 초래하였다(윤진표 외 2000, 317-8). 경제위기 이후 전개된 인도네시아의 정치변동은 수하르또 체제의 위기, 권위주의체제의 붕괴와 민주주의체제 수립, 과거 청산과 정치개혁으로 이어지면서 아직도 수하르또 시기의 구체제 질서와 관행이 완전히 사라지지 않고 남아 있는 '미완의 이행'에 그치고 말았다. 사실상 1997년 확산된 경제위기는 인도네시아의 권위주의체제 붕괴와 민주주의체제로의 전환을 촉진시키는 결정적 요인으로 작용하였다(Budiman 1999, 43; Ganesan 2001, 4; Liddle 2002, 381). 그러나 경제위기가 자연스럽게 정치위기로 발전하여 체제 붕괴와 정권교체를 유발하였던 것은 아니다. 오히려 경제위기와 정치위기에 따른 정부의 정책적 대응과 국민들의 정치적 선택이 다각적인 역학관계를 형성하면서 일련의 정치변동 양상을 초래하였던 것이다.

우선 경제위기와 정치변동의 차원에서 1997년 인도네시아에서 발생한 경제위기는 다른 모든 부문의 위기를 촉발시키는 중요한 요인으로 작용하였다. 그러나 경제위기로 촉발된 인도네시아의 정치위기는 마치 닭과 달걀의 관계와 같이 경제위기가 정치적 불안을 초래하고 정치는 다시 경제회복의 발목을 잡는 악순환의 지속으로 표출되었다(Nguyen et al. 2003, 6-7). 이러한 현상은 〈그림 1〉과 〈그림 2〉에서 나타나는 바와 같이 주요 정치적 변화와 경제지표의 변동이 일치하는 사실을 통해서도 알 수 있다. 즉, 인도네시아의 경제상황은 1999년 1/4분기 하비비 정권에 의해 1999년 6월에 민주선거를 실시하기로 합의된 이후부터 바닥을 치고 호전

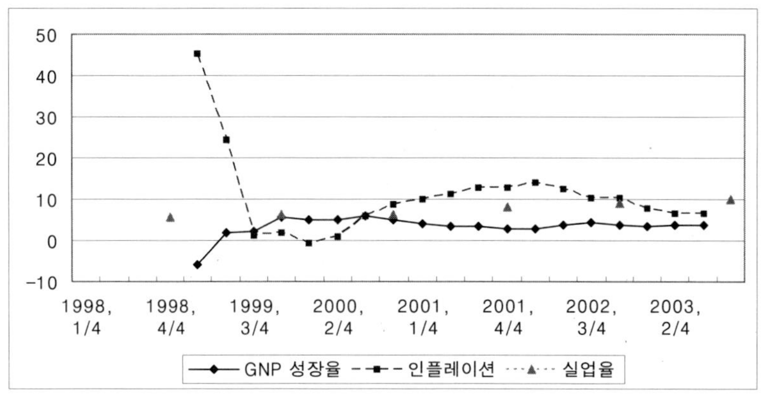

〈그림 1〉 인도네시아의 GNP 성장률, 인플레이션, 실업률 변화 추이(1998~2003년)

참고: GNP 성장률 = 1993년 시장가격 기준, 인플레이션 = 주요도시 평균
출처: ADB 2004; WB 2003b; BI 2003 참조.

〈그림 2〉 인도네시아의 환율 변동 추이(1998~2003년)

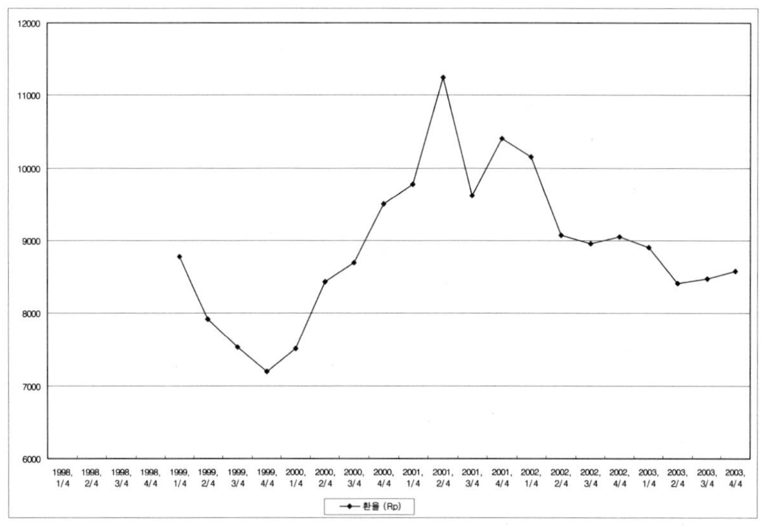

참고: 환율 = US 1달러 당 루삐아(Rupia)
출처: ADB 2004; WB 2003b; BI 2003 참조.

되는 기미를 나타냈으며, 1999년 4/4분기 와히드 정부가 출범하게 됨으로써 상승세를 탔다고 평가할 수 있다. 그러나 와히드 대통령이 연루된 각종 부패 게이트 사건이 폭로되고 탄핵절차가 진행되는 2001년 1/4분기부터 경제 상황은 다시 악화되었으며, 이러한 상황은 메가와띠 정부의 집권 초기까지 지속되었다. 1997년 경제위기 이후 지속적으로 증가된 실업률은 2003년 4/4분기 현재 10.5%까지 이르게 되어 일반 국민들의 경제적 어려움과 불만이 심화되어 갔다.

사실상 인도네시아의 경제위기는 그 자체의 충격뿐만 아니라 정치·사회적으로도 총체적 위기를 형성하여 정치변동과 더불어 사회구조와 법·질서 등 다양한 영역의 변화를 초래하였으며, 역으로 정치 변화의 불안정성은 경제회복을 저해하는 요인으로 작용하였다. 특히 수하르또 정권에 의한 장기 권위주의체제의 제도적 경직성은 1997년 경제위기 이후 급격하게 확산된 국민들의 변화된 욕구를 흡수하지 못한 채 정치권력의 유지에 급급함으로써 사회적 혼란과 정치적 불안을 초래하였다(Crouch 1998, 47; Effendi 2000, 197; Kuncoro 2000, 34-5, 신윤환 2001, vii-viii). 그러나 인도네시아의 사례는 새롭게 형성된 민주주의체제의 정치적 불안정 또한 만족할 만한 경제적 성과를 가져오는 데 취약하다는 문제점을 동시에 표출시키기도 하였다(Bernhard 2003, 404-31).

한편 경제위기와 정치위기에 직면하여 모든 정치세력들은 급격한 변혁을 추구하는 민주화 세력은 물론 안정과 점진적 변화를 원하는 기득권 세력까지 '개혁'(Reformasi)을 주장하였으며, 그러한 개혁의 실행과 성과에 따라 지지, 수용, 저항이라는 국민들의 정치적 선택을 받게 되었다. 사실상 경제위기와 더불어 급격하게 확산된 정치위기에 직면하여 수하르또 정권은 〈표 4〉에서 보는 바와 같이 당면한 위기를 극복할 수 있는 정치적 대안을 제시하지 못한 채 사회적 혼란과 정치적 불안을 확산시킴으로써 수하르또 본인의 퇴진은 물론 하비비로의 권력 계승이라는 체제 내부의 정권교체를 맞이하게 되었다. 기득권 세력의 미봉책으로 등장한 하비비 정권은 당면한 위기를 극복하기 위해 경제회복과 점진적인 개혁정책을 추진하였으나, 그 자신도 부패 사건에 연루되어 국민들의 거센 불만과 저항을 받게 됨으로써 결국 1999년 6월 실시된 민주선거의 결과에 따라 야당세력에게 정치권력을 넘겨주게 되었다.

<표 4> 인도네시아의 정치적 선택과 결과

	정부의 정책적 선택	국민의 정치적 선택	정치적 결과
수하르또	개혁정책의 부재: 정치개혁 부재, 경제위기 악화	개혁을 통한 위기 극복 요구 체제·정권에 대한 불만/저항	권위주의체제 위기 체제유지/정권교체
하비비	개혁정책의 한계: 점진적 정치개혁, 경제위기 지속	개혁의 속도/성과에 대한 불만 체제·정권에 대한 불만/저항	권위주의체제 붕괴 체제변동/정권교체
와히드	개혁정책의 제약: 정치개혁 난항, 경제위기 지속	개혁성과에 대한 분열적 대응 (수용 vs. 저항)	민주주의체제 수립 체제유지/정권교체
메가와띠	개혁정책의 미진: 정치개혁 미진, 점진적 경제회복	개혁성과에 대한 관망/비관	민주주의체제 유지 체제유지/정권교체

민주적 절차에 입각하여 정치권력을 획득한 와히드 정부는 국민들의 요구를 반영하여 경제회복과 다각적인 개혁과제를 추진하였으나, 국회 내부에서 정치적 입지가 미약한 상태에서 개혁성과의 미진과 기득권 세력의 견제로 국회와 국민협의회로부터 탄핵을 당하고 말았다. 특히 경제회복이라는 당면과제에 직면하여 와히드 대통령의 기행(奇行)은 정책적 혼란과 더불어 반대세력의 공격과 비난을 초래하였으며, 그 자신이 연루된 부패 사건의 발생은 국민들로부터 개혁 의지를 의심받게 됨으로써 정치권력에서 물러나게 되었다. 반면 메가와띠 대통령은 기득권 정치세력과의 타협을 통해 그녀 자신의 정치권력을 지속시킬 수 있었으며, 경제성과 또한 이전 정권보다 진전되는 기미가 나타남으로써 지속적인 정권 유지에 성공할 수 있었다. 그러나 경제회복과 개혁의 불충분한 성과는 궁극적으로 2004년 의회선거와 대통령선거를 통해 국민들의 정치적 선택으로부터 외면을 받게

됨으로써 유도요노로의 정권교체가 이루어지게 되었다.

결론적으로 1997년 경제위기 이후 인도네시아에서 발생한 일련의 정치변동 과정에서 나타난 가장 큰 문제점은 기존의 정치지도자들이 추진하여 왔던 개혁정책의 방향과 성과가 일반 국민들이 생각하는 개혁의 수준과는 커다란 차이를 나타내고 있다는 사실이다. 경제위기 이후 수하르또로부터 메가와띠까지 이어지는 일련의 체제변동과 정권교체는 어떤 정권이나 정부도 개혁의 추진과정에서 국민들로부터 완전한 지지를 받지 못하였으며, 정치엘리트 중심의 정치구조와 구질서에 입각한 정치문화를 변화시키지도 못하였다. 이에 따라 경제위기 이후 인도네시아에서 표출된 일련의 정치변동 양상들은 위기에 대응한 각종 개혁정책을 추진하는 과정에서 정부의 정책적 선택과 국민들의 정치적 선택이 상호 작용하여 다각적인 변화와 빈번한 정권교체를 표출하게 되었던 것이다.

참고문헌

신윤환. 1999. "인도네시아 경제위기와 IMF 협상: 상이한 '경기규칙'과 어긋난 협상." 백광일·윤영관 (편). 『동아시아: 위기의 정치경제』. 서울: 서울대학교 출판부, pp. 151-71.

______. 2001. 『인도네시아의 정치경제: 수하르또 시대의 국가, 자본, 노동』. 서울: 서울대학교 출판부.

윤진표·제대식. 2000. "인도네시아의 민주화 연구: 군부와 이슬람세력 간의 동학." 『국제정치논총』 제40집 3호, pp. 317-36.

임혁백. 1994. 『시장·국가·민주주의: 한국 민주화와 정치경제이론』. 서울: 나남.

중앙일보 1998/03/09; 1999/04/28; 2000/02/11.

진미경. 1989. "권위주의체제와 정당성의 위기." 『한국정치학회보』 23(1), pp. 147-66.

최난경. 2002. "인도네시아의 민주화와 헌법개정." 『동아연구』 43, pp. 7-30.

Effendi, Tadjudin Noer. 2000. *Pembangunan, Krisis, dan Arah Reformasi*[개발, 위기, 그리고 개혁의 방향]. Jakarta: Muhammadiyah University Press.

Institut Studi Arus Informasi (ISAI). 1999. *Golkar Retak*[골까르는 붕괴하는가?]. Jakarta: Institut Studi Arus Informasi.

Lembaga Studi Pers dan Pembangunan (LSPP). 1999. *Negeri dalam Kobaran Api: Sebuah Dokumentasi tentang Tragedi Mei 1998*[불길 속의 국가: 1998년 5월 비극에 관한 기록]. Jakarta: Lembaga Studi Pers dan Pembangunan.

Kompas 2002/10/21.

Mallarangeng, Andi A. 1999. *UU Politik Buah Reformasi Setengah Hati*[중도적 개혁에 의한 정치법]. Jakarta: Yayasan PARIBA.

Pattiradjawane, René L. 1999. *Trisakti Mendobrak Tirani Orde Baru: Fakta dan Kesaksian Tragedi Berdarah 12 Mei 1998*[신질서의 전제정치를 붕괴시킨 뜨리삭띠: 1998년 5월 12일 유혈참극의 진실과 증언]. Jakarta: Diterbitkan Atas Kerja Sama.

Wahid, Abdurrahman. 1999. *Membangun Demokrasi*[민주주의 건설]. Bandung: Remaja Rosdakarya.

Aditjondro, George J. 1998. "A New Regime, A More Consolidated Oligarchy, and a Deeply Divided Anti-Soeharto Movement." Geoffrey Forrester and R. J. May (eds.). *The Fall of Soeharto*. Bathurst and London: Crawford House

Publishing, pp. 211-8.

Anwar, Dewi Fortuna. 2003. "Megawati's Search for an Effective Foreign Policy." Hadi Soesastro, Anthony L. Smith and Han Mui Ling (eds.). *Governance in Indonesia: Challenges Facing the Megawati Presidency.* Singapore: Institute of Southeast Asian Studies, pp. 70-90.

Aspinall, Edward. 2002. "The Downfall of President Abdurrahman Wahid: A Return to Authoritarianism?" Kathryn Robinson and Sharon Bessell (eds.). *Women in Indonesia: Gender, Equity and Development.* Singapore: Institute of Southeast Asian Studies, pp. 28-40.

Azra, Azyumardi. 2003. "The Megawati Presidency: Challenge of Political Islam." Hadi Soesastro, Anthony L. Smith and Han Mui Ling (eds.). *Governance in Indonesia: Challenges Facing the Megawati Presidency.* Singapore: Institute of Southeast Asian Studies, pp. 44-69.

Bank Indoneia (BI). 2003. *Monthly Review on Economy, Monetary and Banking.* Jakarta: Bank Indonesia (November).

Barton, Greg. 2002. *Gus Dur: The Authorized Biography of Abdurrahman Wahid.* Jakarta and Singapore: Equinox Publishing.

Beeson, Mark. 2002. "Southeast Asia and the Politics of Vulnerability." *Third World Quarterly* 23(2), pp. 549-64.

Bell, Gary F. 2003. "Indonesia: The New Regional Autonomy Laws, Two Years later." *Southeast Asian Affairs 2003.* Singapore: Institute of Southeast Asian Studies, pp. 117-31.

Bernhard, Michael, Christopher Reenock and Timothy Nordstrom. 2003. "Economic Performance and Survival in New Democracies: Is There a Honeymoon Effect?" *Comparative Political Studies* 36(4), pp. 404-31.

Bird, Kelly. 2001. "The Economy in 2000: Still Flat on Its Back?" Grayson Lloyd and Shannon Smith (eds.). *Indonesia Today: Challenges of History.* Singapore: Institute of Southeast Asian Studies, pp. 45-66.

Bourchier, David. 2000. "Habibie's Interregnum: *Reformasi*, Elections, Regionalism and Struggle for Power." Chris Manning and Peter van Diermen (eds.). *Indonesia in Transition: Social Aspects of Reformasi and Crisis.* Singapore: Zed Books, pp. 15-38.

Budiman, Arief. 1999. "The 1998 Crisis: Change and Continuity in Indonesia." Arief Budiman, Barbara Hatley and Damien Kingsbury (eds.). *Reformasi: Crisis and Change in Indonesia.* Clayton: Monash Asia Institute, pp. 41-57.

______. 2001. "Indonesia: The Trials of President Wahid." *Southeast Asian Affairs 2001*. Singapore: Institute of Southeast Asian Studies, pp. 145-58.

Crouch, Harold. 1998. "The Asian Economic Crisis and Democracy." *Public Policy* 2(3), pp. 39-62.

Djiwandono, J. Soedradjad. 2003. "Role of the IMF in Indonesia's Financial Crisis." Hadi Soesastro, Anthony L. Smith and Han Mui Ling (eds.). *Governance in Indonesia: Challenges Facing the Megawati Presidency*. Singapore: Institute of Southeast Asian Studies, pp. 196-228.

Dwidjowijoto, Riant Nugroho. 2000. *Can He Manage? Perceptions and Criticisms on Abdurrahman Wahid*. Jakarta: RBI-PerPod.

Eklöf, Stefan. 1999. *Indonesian Politics in Crisis: The Long Fall of Suharto, 1996~1998*. Copenhagen: Nordic Institute of Asian Studies.

Erawan, I. Ketut Putra. 1999. "Political Reform and Regional Politics in Indonesia." *Asian Survey* 39(4), pp. 588-612.

Estrade, Bernard. 1998. "Fragmenting Indonesia: A Nation's Survival in Doubt." *World Policy Journal* 15(3), pp. 78-84.

Far Eastern Economic Review (FEER) 1998/03/26; 1998/05/28; 1999/02/18; 2003/06/05.

Forrester, Geoffrey. 1998. "Introduction." Geoffrey Forrester and R. J. May (eds.). *The Fall of Soeharto*. Bathurst and London: Crawford House Publishing, pp. 1-23.

Ganesan, N. 2001. "Appraising Democratic Developments in Postauthoritarian States: Thailand and Indonesia." *Asian Affairs: An American Review* 28(1), pp. 3-17.

Gasiorowski, Mark J. and Timothy J. Power. 1998. "The Structural Determinants of Democratic Consolidation: Evidence from the Third World." *Comparative Political Studies* 31(6), pp. 740-71.

Gill, Graeme. 2000. *The Dynamics of Democratization: Elites, Civil Society and the Transition Process*. New York: St. Martin's Press.

Goldstein, Morris. 2000. "IMF Structural Conditionality: How Much Is Too Much?" Revision of paper presented at NBER Conference on *Economic and Financial Crises in Emerging Market Economies*. Woodstock, Vermont (October 19-21).

Gorjão, Paulo. "Abdurrahman Wahid's Presidency: What Went Wrong?" Hadi Soesastro, Anthony L. Smith and Han Mui Ling (eds.). *Governance in Indonesia: Challenges Facing the Megawati Presidency*. Singapore: Institute of Southeast Asian Studies, pp. 13-43.

Hadiz, Vedi R. 1999. "Contesting Political Change After Suharto." Arief Budiman, Barbara Hatley and Damien Kingsbury (eds.). *Reformasi: Crisis and Change in Indonesia.* Clayton: Monash Asia Institute, pp. 105-126.

Haggard, Stephan and Robert R. Kaufman. 1995. *The Political Economy of Democratic Transitions.* Princeton: Princeton University Press.

Haseman, John B. 1999. "Indonesia's Armed Forces: Difficult Challenges, New Future." *Southeast Asian Affairs 1999.* Singapore: Institute of Southeast Asian Studies, pp. 128-41.

Horowitz, Shale. 2001. "The Persistent Liberalizing Trend in Foreign Economic Policies: The Role of Dispersed Interest Groups, Policy Legacies and Ideologies." Shale Horowitz and Uk Heo (eds.). *The Political Economy of International Financial Crisis: Interest Groups, Ideologies and Institutions.* Singapore: Institute of Southeast Asian Studies, pp. 15-39.

Http://www.adb.org/statistics (검색일: 2004/01/16).

Http://www.agora.stm.it/elections/election/indonesia.htm (검색일: 2000/02/05).

Http://www.electionworld.org/indonesia.htm (검색일: 2004/12/16).

Jakarta Post (JP) 1998/02/07; 1999/10/22; 2003/06/14.

Kadir, Suzaina. 2002. "Challenges to Democratic Governance in Indonesia." *Journal of Korean Politics* 11(1), pp. 89-115.

Karunaratne, Neil Dias. 1999. "The Asian Financial Melt-Down and the IMF Rescue Package." The University of Queensland Economic Issues No. 10 (September).

Kingsbury, Damien. 2002. *The Politics of Indonesia*, 2nd ed. New York: Oxford University Press.

Lanti, Irman G. 2002. "Indonesia: The Year of Continuing Turbulence." *Southeast Asian Affairs 2002.* Singapore: Institute of Southeast Asian Studies, pp. 111-29.

Liddle, R. William. 1999. "Indonesia's Unexpected Failure of Leadership." Adam Schwarz and Jonathan Paris (eds.). *The Politics of Post-Suharto Indonesia.* Singapore: Raffles, pp. 16-39.

______. 2002. "Indonesia's Democratic Transition: Playing by the Rules." Andrew Reynolds (ed.). *The Architecture of Democracy: Constitutional Design, Conflict Management and Democracy.* Oxford and New York: Oxford University Press, pp. 373-99.

Linz, Juan J. 1978. *The Breakdown of Democratic Regimes: Crisis, Breakdown and*

Reequilibration. Baltimore: Johns Hopkins University Press.

______ and Alfred Stepan. 1996. *Problems of Democratic Trensition and Consolidation: Southern Europe, South Africa, and Post-Communist Europe*. Baltimore: Johns Hopkins University Press.

MacIntyre, Andrew. 2003. *The Power of Institutions: Political Architecture and Governance*. Ithaca: Cornell University Press.

MacIntyre, Angus. 2001. "Middle Way Leadership in Indonesia: Sukarno and Abdurrahman Wahid Compared." Grayson Lloyd and Shannon Smith (eds.). *Indonesia Today: Challenges of History*. Singapore: Institute of Southeast Asian Studies, pp. 85-96.

Malley, Michael. 2001. "Indonesia: Violence and Reform Beyond Jakarta." *Southeast Asian Affairs 2001*. Singapore: Institute of Southeast Asian Studies, pp. 159-74.

Masters, Edward. 2003. "The Ups and Downs of US-Indonesia Relations." Thang D. Nguyen and Frank-Jürgen Richter (eds.). *Indonesia Matters: Diversity, Unity and Stability in Fragile Times*. Singapore: Times Editions, pp. 185-97.

McGillivray, Mark and Oliver Morrissey. 1999. "Economic and Financial Meltdown in Indonesia: Prospects for Sustained and Equitable Economic and Social Recovery." Arief Budiman, Barbara Hatley and Damien Kingsbury (eds.). *Reformasi: Crisis and Change in Indonesia*. Clayton: Monash Asia Institute, pp. 3-26.

Mietzner, Marcus. 2000. "The 1999 General Session: Wahid, Megawati and the Fight for the Presidency." Chris Manning and Peter van Diermen (eds.). *Indonesia in Transition: Social Aspects of Reformasi and Crisis*. Singapore: Zed Books, pp. 39-57.

______. 2001. "Abdurrahman's Indonesia: Political Conflict and Institutional Crisis." Grayson Lloyd and Shannon Smith (eds.). *Indonesia Today: Challenges of History*. Singapore: Institute of Southeast Asian Studies, pp. 29-44.

Nasution, Anwar. 2000. "The Meltdown of the Indonesian Economy: Causes, Responses and Lessons." *ASEAN Economic Bulletin* 17(2), pp. 148-62.

Nelson, Joan M. 1990. "Introduction: The Politics of Economic Adjustment in Developing Nations." Joan M. Nelson (ed.). *Economic Crisis and Policy Choice: The Politics of Adjustment in the Third World*. Princeton: Princeton University Press. pp. 3-32.

Nguyen, Thang D. and Frank-Jürgen Richter. 2003. "Introduction." Thang D. Nguyen and Frank-Jürgen Richter (eds.). *Indonesia Matters: Diversity, Unity and Stability in Fragile Times*. Singapore: Times Editions, pp. 1-14.

Niles, Kimberly J. 2001. "Indonesia: Cronyism, Economic Meltdown and Political Stalemate." Shale Horowitz and Uk Heo (eds.). *The Political Economy of International Financial Crisis: Interest Groups, Ideologies and Institutions*. Singapore: Institute of Southeast Asian Studies, pp. 111-30.

O'Rourke, Kevin. 2002. *Reformasi: The Struggle for Power in Post-Soeharto Indonesia*. Sidney: Allen & Unwin.

Pangestu, Mari. 2002. "The Year in Review: From Blind Man's Bluff to MEGA Expectations." Kathryn Robinson and Sharon Bessell (eds.). *Women in Indonesia: Gender, Equity and Development*. Singapore: Institute of Southeast Asian Studies, pp. 41-60.

Pempel, T. J. 1999. "Introduction." T. J. Pempel (ed.). *The Politics of the Asian Economic Crisis*. Ithaca: Cornell University Press, pp. 1-14.

Porter, Donald J. 2002. *Managing Politics and Islam in Indonesia*. London and New York: Routledge & Curzon.

Prabowo, Dibyo. 2000. "The Political Impact of Asian Economic Crisis: The Case for Indonesia." AUN and KASEAS (eds.). *Economic Crisis in Southeast Asia and Korea: Its Economic, Social, Political and Cultural Impacts*. Seoul: ASEAN University Network and Korean Association of Southeast Asian Studies, pp. 329-41.

Pye, Lucian W. 2000. "Democracy and Its Enemies." James F. Hollifield and Calvin Jillson (eds.). *Pathways to Democracy: The Political Economy of Democratic Transitions*. London and New York: Routledge, pp. 21-36.

Robertson-Snape, Fiona. 1999. "Corruption, Collusion and Nepotism in Indonesia." *Third World Quarterly* 30(3), pp. 589-602.

Robison, Richard. 1998. "Indonesia after Soeharto: More of the Same, Descent into Chaos, or a Shift to Reform." Geoffrey Forrester and R. J. May (eds.). *The Fall of Soeharto*. Bathurst and London: Crawford House Publishing, pp. 219-30.

Rosser, Andrew. 2003. "Coalitions, Convergence and Corporate Governance Reform in Indonesia." *Third World Quarterly* 24(2), pp. 319-37.

Sadli, Mohammad. "Economic Overview." Hadi Soesastro, Anthony L. Smith and Han Mui Ling (eds.). *Governance in Indonesia: Challenges Facing the Megawati Presidency*. Singapore: Institute of Southeast Asian Studies, pp.

182-95.

Saleh, Mastinah and Joel Rocamora. 2000. "Indonesia: Uncertain Transition." Eduardo C. Tadem (ed.). *Indonesia's Interregnum: A Tortuous Transition to Democratic Development.* Quezon City, Philippines: Center for Integrative and Development Studies, University of the Philippines, pp. 127-76.

Schwarz, Adam. 1999. "Introduction: The Politics of Post-Suharto Indonesia." Adam Schwarz and Jonathan Paris (eds.). *The Politics of Post-Suharto Indonesia.* Singapore: Raffles, pp. 1-15.

Sen, Krishna. 2002. "The Megawati Factor in Indonesian Politics: A New President or a New Kind of Presidency?" Kathryn Robinson and Sharon Bessell (eds.). *Women in Indonesia: Gender, Equity and Development.* Singapore: Institute of Southeast Asian Studies, pp. 13-27.

Singh, Bilveer. 2001. *Civil-Military Relations in Democratic Indonesia: The Potentials and Limits to Change.* Canberra: Strategic and Defence Studies Centre, Australian National University, 2001.

Soesastro, Hadi. 2003. "Introduction: Indonesia under Megawati." Hadi Soesastro, Anthony L. Smith and Han Mui Ling (eds.). *Governance in Indonesia: Challenges Facing the Megawati Presidency.* Singapore: Institute of Southeast Asian Studies, pp. 1-12.

Suryadinata, Leo. 1999. "A Year of Upheaval and Uncertainty: The Fall of Soeharto and Rise of Habibie." *Southeast Asian Affairs 1999.* Singapore: Institute of Southeast Asian Studies, pp. 111-27.

Tadem, Eduardo C. 2000. "Indonesia at the Crossroads: The Development of an Asian Economic and Political Morass." Eduardo C. Tadem (ed.). *Indonesia's Interregnum: A Tortuous Transition to Democratic Development.* Quezon City, Philippines: Center for Integrative and Development Studies, University of the Philippines, pp. 1-63.

The Economist 2000/02/12.

Törnquist, Olle. 2001. "Indonesia's Democratization." Jeff Haynes (ed.). *Democracy and Political Change in the 'Third World'.* London and New York: Routledge, pp. 171-97.

Uk, Heo and Alexander C. Tan. 2003. "Political Choices and Economic Outcomes: A Perspective on the Differential Impact of the Financial Crisis on South Korea and Taiwan." *Comparative Politics* 36(6), pp. 679-98.

Wade, Robert. 2000. "Wheels Within Wheels: Rethinking the Asian Crisis and the Asian Model." *Annual Review of Political Science* 3, pp. 85-115.

World Bank. 2003a. *Indonesia Brief.* Jakarta: World Bank Office, Jakarta (October).

______. 2003b. *Indonesia: Beyond Macroeconomic Stability.* Washington, D.C.: World Bank.

〈인터뷰 자료〉

Indarti, Poengky. 인도네시아 인권감시단체(Imparsial: Indonesian Human Rights Monitor) 조사부장 2004/04/01.

Rudiono, Danu. 인도네시아 노동운동단체 후마니까(Humanika) 대표 2004/01/09.

말레이시아의 경제위기와 마하티르의 정치적 대응

제6장

제6장

말레이시아의 경제위기와 마하티르의 정치적 대응*

▌황인원

1. 문제제기

　　1997년 중반 태국 바트화의 폭락과 함께 시작된 경제위기는 동아시아 경제체제의 질적 변모뿐만 아니라 정치체제의 급격한 변동에 있어서도 중요한 전기를 제공했다. 태국의 신생정당인 타이 락 타이(Thai Rak Thai)당의 총선 압승과 탁씬(Thaksin) 정권의 등장, 32년 장기집권의 인도네시아 수하르또(Suharto) 권위주의 정권의 몰락과 민주화 이행과정, 필리핀, 대만, 한국 등에서의 야당에 의한 수평적 정권교체 등 경제위기 이후 동아시아에서 나타난 일련의 정치변동 과정은 실로 역동적이었다.

　　하지만 경제위기 이후 정치체제의 급격한 변동을 경험했던 주변 국가들과는 달리 말레이시아의 경우는 40여년 집권의 통일말레이국민조직(UMNO: United Malays National Organization, 이하 UMNO)이라는 집권여당을 정점으로 외견상 상당히 안정적인 '위기관리'의 정치를 구가하며 의미 있는 정치변동의 전망을 어둡게 하고 있다. 이러한 관점에서 경제위기 극복의 정치적 대응에서 나타난 말레이시아의 경험은 마하티르(Mahathir Mohamad) 정권이 선택한 자본통제와 고정환율제 등 위기대응의 상이한 경제적 경로가 제공하는 경제학적 의미에 못지않게, 경제위기와 정치변동의 역학관계를 살펴보는 데 있어서도 매우 흥미로운 사례로 인식

---

* 이 논문은, "마하티르 집권 말기의 위기 심화와 정치 구도의 재편,"『신아세아』제12권 2호 (2005), pp. 145-168에 게재된 것임.

된다.

　　본 논문은 동아시아 경제위기의 과정에서 마하티르 정권이 택한 위기극복의 대응양식 및 그 정치적 결과에 대한 심층적 분석을 시도한다. 이를 통하여 본 논문은 외견상 성공적으로 비춰졌던 마하티르 정권의 '위기관리'의 정치가 내면적으로는 어떻게 '위기심화'의 정치와 새로운 갈등구조의 창출로 전개되었으며, 새롭게 형성된 갈등구조는 향후 말레이시아 정치체제의 변동에 어떠한 영향을 미칠 것인가에 대한 이해를 구하고자 한다. 경제위기의 정치적 전환 그리고 마하티르 정권의 대응에 대한 정치적 결과에 대한 실증적 분석은 1999년에 치러진 총선결과를 중심으로 살펴볼 것이다.

　　1999년 총선 이후 심화되었던 위기국면이 점차 안정화되고 마하티르 퇴임 이후 압둘라 바다위(Abdullah Badawi) 현 총리하에서 실시된 2004년 총선이 여당의 압승으로 귀결되었다는 점에서 본 논문의 분석대상과 시기가 일탈적이거나 시의성이 떨어진다는 비판이 있을 수 있으나, 마하티르 집권 말기의 정치적 위기 심화와 변화된 갈등구조의 극복이 압둘라 바다위가 극복해야 할 최대의 정치적 유산임을 고려할 때 본 논문의 분석대상과 범위는 여전히 현재성을 지닌다고 볼 수 있다.

　　1990년대 후반의 위기와 정치변동의 역학관계를 분석함에 있어서 본 논문은 1980년대 중반 마하티르 정권을 심각하게 위협했던 UMNO 내부의 정치적 균열이라는 위기상황과 그 정치적 결과에 주목한다. 이는 쉐보르스키(Przeworski 1986)의 지적처럼 민주화 이행과정에 있어서 지배엘리트 내부의 갈등과 분열이 권위주의체제의 붕괴와 체제변화를 야기하는 핵심적 요소 중의 하나로 작용한다는 점을 염두에 둔 것이다. 특히 말레이시아와 같이 패권적인 지배체제가 장기간 지속되는 안정적인 권위주의체제에서의 정치변동을 논하는 데 있어서, 경제성장과 정치발전을 매개로한 단선적인 발전론적 접근보다는, 위기상황과 지배엘리트의 분열, 체제변동의 역학관계가 보다 논리적 적실성이 있다는 점에 주목할 필요가 있다.

이를 반영하여 말레이시아를 연구하는 주요 학자들 역시 1980년대 중반의 경제위기 이후 마하티르의 정치리더십을 둘러싸고 전개된 UMNO 내부의 갈등과 1990년 총선에 이르기까지의 경쟁적인 정치과정을 위기와 체제변동의 역학관계를 분석하는 유용한 사례로 인식하며, 패권적인 UMNO 파벌갈등의 정치적 산물로써 권위주의체제 붕괴 혹은 보다 경쟁적인 정치체제로의 전환 가능성을 전망하였다(Case 1992; Crouch 1996; Gomez and Jomo 1998). 1988년부터 1990년에 이르기까지 15차례에 걸친 보궐선거, 헌정사상 초유의 야당연합전선 결성과 1990년 총선으로 이어지는 일련의 역동적 정치과정은 지배엘리트의 분열이 권위주의체제 붕괴의 원동력으로 작용할 수 있다는 희망을 심어주기에 부족함이 없었다. 하지만 1980년대 중반의 위기상황이 야기한 실질적인 정치적 결과는 참담한 것이었다. UMNO 내부의 파벌갈등 심화와 분열은 1987년 이후 UMNO 내부는 물론 정치 전반에 걸쳐 마하티르 개인을 중심으로 '권력의 집중화'가 노골적이면서도 체계적으로 진행되어 '정치권력의 사유화'라는 심각한 결과를 야기하였던 것이다. 야당지도자들의 구속, 시민사회에 대한 통제의 강화, 기존 UMNO 해체와 새로운 집권여당(UMNO Baru, 新 UMNO)의 창당, '탈정치화'(de-politicization)와 '비경선'(no-contest)으로 대변되는 新 UMNO 내부의 행동지침 강화, 정치적 견제세력인 입헌군주와 사법부 권위의 무력화 등으로 이어진 일련의 사태는 일관되게 마하티르 개인으로의 권력 집중이라는 공통의 연결고리를 매개로 전개된 것이다.[1]

한편 1997년 중반의 경제위기와 마하티르와 안와르 이브라힘(Anwar Ibrahim) 당시 부수상을 양축으로 하는 UMNO 내부의 균열상황은 1987년의 경험과 매우 유사한 상황을 연출하면서 말레이시아에서 '위기'와 '체제변동'의 역학관계를 규명하는데 또 한 차례의 흥미로운 사례를 제공하였다. 과연 1998년 지배엘리트 내부의 정치적 갈등과 분열이 1987년의 상황

---

1) 1987년 이후 마하티르를 정점으로 권력이 사유화되는 구체적인 내용은 Hwang(2003)의 5장과 6장을 참조할 것.

처럼 권위주의체제의 패권적 강화로 되풀이 될 것인가, 아니면 말레이시아 정치과정을 보다 순응적(responsive)이고 경쟁적인(competitive) 방향으로 전개시키는 핵심적인 동인으로 작용할 것인가? 본 논문은 마하티르와 안와르의 갈등구조의 심화와 그 정치적 결과에 대한 심층적 분석을 통하여 향후 말레이시아 정치체제의 변동 가능성을 추적한다.

2. 경제위기의 정치적 전환과 마하티르의 대응

마하티르는 1998년 9월 2일 지난 10여 년간 자신의 정치적 후계자로 공인되던 안와르를 부수상 및 재무부 장관에서 전격 해임하고, 9월 3일 안와르를 UMNO에서 출당시켰다. 길게는 1990년대 초반부터 짧게는 1990년대 종반의 동아시아 경제위기 이후 소문으로만 무성하던 양자 간의 갈등과 균열이 본격적으로 표출되는 순간이었다. 안와르의 공직해임과 출당조치는 안와르를 지지하는 말레이계를 중심으로 개혁(reformasi)과 마하티르 퇴진을 요구하는 대대적인 시위를 촉발시켰으며, 정국은 안와르 구속과 경찰청장의 안와르 구타사건으로 이어지면서 걷잡을 수 없는 혼란으로 접어들었다.

안와르가 주도하는 개혁운동은 도시 말레이계를 중심으로 반(反)마하티르 정서를 급속하게 확산시켰으며 이는 반세기 동안 UMNO의 공고한 지지기반이었던 말레이계 전반에 걸쳐 반(反)UMNO 정서로 이어지려는 조짐마저 보였다. 특히 1981년 집권 이래 마하티르가 누려 왔던 폭넓은 대중적 지지와 UMNO의 정치적 위상을 고려해 볼 때, 안와르 사태가 야기한 정치적 혼란과 파급효과는 UMNO 정치엘리트들은 물론 마하티르 자신도 예측하지 못했던 것이었다. 말레이시아 현대정치사의 그 어느 시기에서도 1998년 9월 이후처럼 현직 수상에 대한 노골적이고 광범위한 비난이

가해진 적이 없었다. UMNO의 양분으로 대변되는 1987년의 위기상황도 갈등의 파장이 UMNO 내부에 주로 국한되었으며 1998년의 경우처럼 반(反)마하티르, 반(反)UMNO 정서가 말레이계 일반 대중에까지 광범위하게 파급되지 않았다는 점에서 문제는 더욱 심각한 것이었다.

1998년의 위기는 어떻게 발생한 것인가? 즉, 경제위기가 어떻게 정치위기로 전환된 것인가? 마하티르와 안와르의 정치적 균열의 원인에 관해서는 외신이 주로 제기하는 양자 간의 경제위기에 대한 대응전략 차이의 심화에서부터 안와르의 동성애와 권력남용, 그리고 경제위기 상황에서 기득권을 지키기 위한 마하티르와 그 측근들에 의한 고도의 정치적 음모에 이르기까지 실로 다양하게 제기되고 있다. 본 논문에서는 1998년 정치위기의 배경에 대한 논의의 진위를 규명하는 문제보다는 안와르 사태가 야기한 위기의 성격, 갈등구조의 변화 및 그 정치적 결과에 주목한다. 이는 1998년 9월 이후 말레이계를 중심으로 표출되는 반(反)마하티르, 반(反)UMNO 정서의 확산과 그 정치적 파장을 이해하는 데 있어서 안와르 사태가 발발하게 된 경위는 그다지 핵심적인 요인이 아니라는 인식에 기인한 것이다.

그렇다면 안와르의 해임, 출당, 구속, 구타 및 동성애 공방으로 이어지는 일련의 정치과정은 말레이계에서의 반(反)마하티르, 반(反)UMNO 정서의 확산과 관련하여 어떠한 의미를 지니고 있는가? 이와 관련하여 마하티르 정권의 초대 부수상을 역임했던 무사 히땀(Musa Hitam)은 매우 흥미로운 증언을 하고 있다. 무사는 "만약 마하티르가 단순히 자신의 권위에 안와르가 도전을 했다는 이유로 안와르를 해임하고 출당 조치를 했다면 말레이계에서 지금처럼 광범위한 반(反)마하티르 정서는 나타나지 않았을 것"이라며, 마하티르와 안와르의 균열이 1987년의 경우와 같이 단순한 UMNO 내부의 권력투쟁의 범주를 넘어 말레이계 일반에까지 파급된 주된 이유는 말레이계의 전통적 정서에 어긋나게 안와르를 제거한 마하티르의 "잔혹" 하고 "수치스러운" 정치행태에서 기인한다고 주장한다.[2] 유사한 관점은

---

2) 무사 히땀과의 인터뷰 (1999년 8월 23일).

찬드라 무자파(Chandra Muzaffar 1979, 50-71)에 의해 제기되는 UMNO
와 말레이계간의 "보호자와 피보호자"(protector-protected)라는 전통적
후견관계에서도 찾아질 수 있다. UMNO에 대한 말레이계의 전폭적인 지지
는 바로 식민 시대부터 말레이계에 내면화되어 있던 'UMNO=말레이 종족
의 수호자'라는 등식에 기초한다는 것이다. 이러한 전통적 후견관계를 지
탱하는 근간에 관하여 『말레이 역사』(*Sejarah Melayu, Malay Annals*)는
다음과 같이 기술하고 있다.

> 어느 지배자(ruler)가 그의 백성들(subjects) 중의 단 한 사람일지라도
> 치욕(shame)을 주게 된다면(memberi aib), 그것은 그의 왕국이 전능하신
> 신에 의해 파멸될 것이라는 신호가 되는 것이다. 마찬가지로 말레이 백성들
> 에게는 그들의 지배자들이 사악하게 행동하거나 그들에게 불의를 가할지라
> 도, 백성들은 그들의 지배자들에게 결코 불충하거나 배신해서는 안된다는
> 것이 전능하신 신의 뜻으로 여겨져 왔다.[3]

말레이의 정서에 관한 이러한 증언과 문헌은 안와르를 제거되는 과정
에서 드러낸 마하티르의 말레이정서에 반(反)하는 대응양식과 말레이계를
중심으로 전개된 개혁운동에 대한 마하티르 정권의 가혹한 탄압이 기존의
UMNO와 말레이계간의 전통적 후견관계에 대한 회의를 불러일으켰으며
반(反)마하티르, 반(反)UMNO 정서가 말레이계에서 급속하게 확산되는 계
기로 작용하였음을 지적하는 것이다.

이러한 맥락에서 1998년의 위기상황은 그 파급효과가 UMNO 내부에
국한되었던 1987년의 경우와는 질적으로 상이한 양상으로 전개되었던 것
이다. 더욱이 1980년대 중반의 상황과는 달리 1998년의 경우는 1990년대
들어서서 종족갈등이 현저히 완화되고 있던 상황을 고려할 때 마하티르
정권의 위기대응전략의 선택에 보다 심각한 딜레마를 제공하고 있었다.

---

3) Andaya(2001, 47)에서 재인용.

1987년 위기의 경우 마하티르는 종족갈등의 심화를 구실로 여·야 정치권
과 시민사회를 망라하는 대대적인 구속정국을 창출하며 자신의 정치적 위
기를 극복할 수 있었으나, UMNO에 대한 말레이계의 이반현상이 두드러지
는 1998년의 경우에 있어서는 집권체제의 유지에 있어서 중국계와 인도계
의 지지가 절실했던 상황에서 섣불리 비(非)말레이계의 종족적 정서를 자
극할 수 있는 상황도 아니었다.4)

　　이를 반영하여 안와르의 개혁운동에 대응하는 과정에서 1987년의 경
우와 같이 여권과 야권 및 종족을 초월하는 대대적인 구속이 행해지거나,
안와르 지지 세력으로 분류되던 UMNO 정치엘리트들에 대한 정치적 숙청
이 노골적으로 행해지지는 않았다. 그러나 이것이 당시 위기정국에 대처하
는 마하티르의 순응적 정치행태를 반영하는 것은 아니었다. 오히려 과반수
에 달하는 UMNO 지도층 인사들을 숙청함으로써 1990년 총선에서 이들로
부터의 집단적 저항을 경험했던 1987년 위기의 경험에서 체득한 '학습효
과'로 이해하는 것이 적절할 것이다. 특히 1990년대 들어서서 안와르가
축적해 온 폭넓은 대중적 지지를 감안할 때, 집권당 내부의 안와르 추종세
력을 UMNO 밖에서 집단적 반대세력으로 결집시키는 것은 당시 임기가
1년 남짓 남아있던 마하티르 정권을 치명적인 위기로 내몰 수도 있는 상황
이었다. 안와르의 해임, 출당, 구속이라는 일련의 결정이 채 3주도 되지
않은 기간에 신속히 이루어진 것은 UMNO 안팎에서 안와르 지지 세력의
결집을 사전에 봉쇄하려는 마하티르의 의지를 잘 반영하는 것이었다.

　　하지만 대대적인 구속정국의 부재가 곧 시민사회의 정치적 공간의
확대로 연결된 것은 아니었다. 이 당시 개혁운동이 시작된 이래 하루가

---

4) 1987년 4월의 UMNO선거를 계기로 야기된 정치적 위기상황에서 마하티르는 종족갈등의 고조
　를 이유로 1987년 10월부터 1989년 1월까지 여야 정치지도자는 물론 사회운동가, 환경운동가
　및 일반노무자에 이르기까지 106명을 국내보안법(ISA: Internal Security Act)으로 구속하고, 대
　표적인 영자 및 중국계 일간지와 말레이계 잡지를 정간 조치하는 등 마하티르 정권의 권위주
　의적 통제를 강화시키는 조건을 마련하였다. 자세한 내용은 K. Das and SUARAM(1989)와
　Hwang (2003, 149-167)을 참조.

멀다 하고 공권력에 의한 개혁운동 참가자들에 대한 물리적, 심리적 압박이 행해졌다. 안와르의 구속을 전후해서 수십 명에 달하는 안와르 측근이 구속되었고, 안와르 체포 이후 개혁운동을 이끌던 안와르의 부인 완 아지자(Wan Azizah Wan Ismail)에 대한 체포 위협도 노골적으로 행해졌다. 10월과 11월로 접어들면서 공권력의 행사가 안와르 측근에서 개혁운동 주도세력 일반으로 확대된 것도 주목할 만한 변화였다. 중국계 야당인 민주행동당(DAP: Democratic Action Party, 이하 DAP)의 여성지도자인 테레사 콕(Teresa Kok)은 "만약 마하티르가 1998년 9월 이후의 정국을 효과적으로 통제하지 못하였을 경우 1987년과 유사한 대대적인 국내보안법(ISA)에 의한 구속사태가 발생했을 것이다"라고 당시 정국의 긴박함을 증언하고 있다.[5]

한편, UMNO 내부에서 안와르의 추종세력을 견제하고 마하티르 친위체제를 강화하는 움직임은 UMNO 당헌개정이라는 과정을 통하여 본격화되었다. 1998년 10월 7일 UMNO 당헌개정위원회에 의해 제출되고 12월 13일 UMNO 특별전당대회에서 추인된 당헌개정의 주요 내용은 (1) 당 총재 및 수석 부총재 경선에 참여하는 후보는 각 각 지구당의 30%와 20%에 해당하는 추천을 받을 것 (2) 당 총재가 의장을 역임하는 UMNO 최고위원회의 권한을 3년 주기로 열리는 UMNO 최고위원회 선거를 최장 18개월까지 연기할 수 있도록 확대 (3) UMNO 당원이 무소속 및 야당후보로 총선 및 보궐선거에 출마할 경우 이들은 향후 UMNO에서 영구제명 (4) UMNO 선거 시 각 지구당별로 가산점을 제공하던 '10 보너스 투표제도'의 폐지 등이다.[6] 마하티르는 개정된 당헌에 따라 UMNO 최고위원회 의장 자격으로 1999년 6월로 예정된 UMNO 최고위원회 선거를 2000년 12월로 연기함으로써 UMNO내 안와르 추종자 및 마하티르 반대세력들에 의한 당권 도전

---

5) DAP 중앙위원 테레사 콕과의 이메일 인터뷰 (1998년 10월 5일).
6) 당헌개정위원회에 의해 제출된 17개의 개정 조항의 자세한 내용은 1998년 10월 8일자 *Business Times* ("Supreme Council agrees to amend UMNO constitution") 참조.

의 가능성을 최대한 제한하였다. 당 총재직에 대한 도전에 대한 지구당의 30%의 추천 제한 역시 마하티르 권위에 대한 공개적인 도전을 사전에 선점(pre-emption)하려는 정치적 조치였던 것이다. 무소속 및 야당후보의 전력이 있는 자의 UMNO 영구제명 역시 향후 안와르 및 안와르 추종세력의 UMNO 복귀 가능성을 구조적으로 제한하기 위한 조치로 이해될 수 있다.

당헌개정과 함께 마하티르 친위체제의 강화는 안와르의 대표적인 정적이었던 압둘라 바다위(Abdullah Badawi)의 부수상 및 내무부 장관 임명, 다임 자이누딘(Daim Zainuddin)의 재무부 장관 임명으로 더욱 가시화되었다. 시사주간지 *FEER*는 압둘라 바다위로의 후계구도 선택에 대해 이는 "압둘라 바다위로의 정권 이양 이후에도 마하티르의 정치적 유산이 지속됨을 의미"하는 것이라는 분석을 내리고 있다.[7] 이러한 일련의 친정체제 강화조치는, 위기 이후 개혁정국이 제공하는 가능성에도 불구하고, 마하티르가 안와르의 정치적 고립에 성공하고 UMNO에 잔존하고 있는 안와르 추종세력을 효과적으로 통제함으로써 집권말기의 마하티르 체제가 1980년대 후반의 UMNO 정치엘리트들이 양분되었던 시기에 비해 보다 안정적이라는 평가를 내리는 근거로써 제기되었다(Case 1999, 15).[8]

---

7) *FEER*, 1999년 1월 21일 ("Tactical Retreat"). 1999년 1월 마하티르에 의한 내각 재편은 *Asiaweek*, 1999년 1월 22일자 16-22 참조.

8) 이름을 밝히기를 사양한 안와르의 한 최측근 인사는 안와르의 출당과 구속 이후에 마하티르가 지배하는 UMNO에 남아있는 자신의 정치적 운명이 결국 어떻게 될 것인지 충분히 예측은 하지만 총선이 언제 실시될지 모르는 시점에서 당장의 기득권을 버리고 야당세력에 합류를 할 수는 없었다는 증언으로 자신과 UMNO에 잔류했던 많은 안와르 추종자들의 입장을 대변하고 있다 (1999년 8월).

3. 갈등구조의 변모와 전통적 정치구도의 재편

정치적 지배엘리트의 분열에 따른 정치변동의 가능성이라는 상관관계를 고려해 볼 때, 마하티르와 안와르의 정치적 분열이 UMNO에 미친 파장은 그동안 안와르가 차지했던 높은 정치적 위상을 고려해 볼 때 의외로 미약한 수준에 머물렀다. 하지만 마하티르와 안와르의 갈등과 균열은 1987년의 경우와는 전혀 다른 차원에서 정치체제 변동의 가능성을 선보였다. 안와르 사태가 야기한 정치적 결과는 이전의 위기상황과 크게 세 가지 측면에서 그 차별성을 찾을 수 있는 바, 첫째, 지난 반세기 동안 정치발전 저해의 한 축을 담당했던 분열적 야당세력의 정치적 결집, 둘째, 종족갈등으로 대변되던 전통적 갈등구조가 탈종족적 혹은 종족정치의 현저한 완화라는 방향으로의 전환, 셋째, 마하티르 집권 이후 노골적이고 체계적으로 진행되던 정치·시민사회의 '탈정치화'(de-politicization) 현상의 '재정치화' (re-politicization)의 전환이 그것이다.

우선 안와르 사건은 지난 반세기 동안 종족적·종교적 이해관계에 의해 지속적으로 반목하던 말레이계 전통야당인 범말레이 이슬람당(PAS: Parti Islam Se-Malaysia)과 중국계 전통야당인 DAP의 전략적 제휴를 야기하였다. 이와 더불어 UMNO를 탈당한 안와르 추종세력, 안와르를 지지하는 이슬람청년운동(ABIM: Angkatan Belia Islam Malaysia, Malaysian Islamic Youth Movement)세력 그리고 개혁적 시민운동세력의 연합체로서 다종족적 정치개혁을 주창하는 국민정의당(KeADILan: Parti Keadilan Nasional, National Justice Party)의 창당 또한 주목할 만한 현상이다. KeADILan은 PAS, DAP 그리고 또 하나의 주요 야당인 말레이시아민중당 (PRM: Parti Rakyat Malaysia, Malaysian Peoples's Party)과의 정치적 연결고리 역할을 수행하며 1999년 총선을 앞두고 연립여당인 BN에 대항하는 야당연합으로 대안전선(BA: Barisan Alternatif, Alternative Front, 이하 BA)을 결성하였다. 1987년 UMNO 분열 이후 치러진 1990년 총선에서도 야당들 간의 전략적 선거제휴가 있었으나, PAS, DAP, PRM 등 말레이시아의 주요 야당이 모두 참여하는 야당연합전선의 결성은 유례가 없는 사건이었다.[9]

표면적으로 볼 때, BA의 결성은 1998년 UMNO의 분열이 제공한 정치적 기회의 산물이었다. 하지만 지극히 이질적인 다양한 야당세력을 BA라는 야당연합체제로 결집시킨 보다 근본적인 동인은, 이들 야당세력의 주도적 자발성보다는, '종족적 갈등구도의 현저한 완화' 및 '정치·시민사회의 정치적 활성화'라는 조건에서 찾는 것이 보다 적절할 것이다. 당시 PAS, DAP, PRM, KeADILan을 대표하는 야당지도자들이 공통적으로 '야당연합으로 얻을 수 있는 정치적 이익'보다는 '안와르 사태 이후 야당공조를 당연시 여기는 사회적 분위기의 고조와 이에 대한 정치적 부담과 압력'이 야당연합전선 결성의 보다 직접적 이유였다고 증언하고 있는 데서 당시 변화한 정치·시민사회의 단면을 잘 엿볼 수 있다.[10]

사실 종족적 갈등구도의 완화가 안와르 사태 이후에 갑자기 나타난 현상이라고 보기는 힘들다. 단적인 예는 1997년 중반 이후 인도네시아에서 경제적 위기상황이 극심한 종족갈등상황을 유발했던 경우와 다르게, 유사한 경제위기 상황에서 말레이시아에서 종족갈등의 조짐은 좀처럼 찾아볼 수 없었다는 점에서도 나타난다. 이러한 현상은 멀게는 1969년 발생한 말레이계와 중국계간의 유혈폭동 이후 종족 간 경제적 격차 해소를 목적으로 실시된 신경제정책(NEP: New Economic Policy)의 효과로 이해되기도 하

---

9) 1990년 총선 당시 UMNO에서 분열되어 독자적인 말레이계 야당인 Semangat 46(46년의 정신)을 창당한 라잘레이(Razaleigh Hamzah)는 PAS와는 무슬림연합운동(APU: Angkatan Perpaduan Ummah, Muslim Unity Movement), DAP, PRM과는 말레이시아국민전선(Gagasan Rakyat Malaysia, Malaysian People's Front)라는 별도의 선거연합을 구축하였다. 자세한 내용은 Khong(1991)을 참조.

10) 각 야당지도자들과의 인터뷰는 1999년 10월 BA 결성 전인 1999년 8월과 1999년 총선 후인 2000년 4월에 걸쳐 이루어졌다. 대표적인 인터뷰 대상에는 PAS 중앙위원 숩기 라띱(Subky Latiff, 1999년 8월 9일), DAP 총재 림킷샹(Lim Kit Siang, 1999년 8월 17일; 2000년 4월), KeADILan 총재 완 아지자(Wan Azizah, 1999년 8월 26일), PRM 총재 서이드 후신 알리(Syed Husin Ali, 1999년 8월 17일) 등이 포함되었다.

지만, 가깝게는 1990년대 들어서서 마하티르에 의해 취해진 다양한 문화적 유화조치에 기인한 것으로 이해될 수 있다. 1990년대 이후 고도의 경제성장을 바탕으로 시행된 마하티르의 우호적 종족정책은 지난 반세기 동안 중국계와 말레이계에서 첨예하게 반목되던 언어, 교육, 종교, 문화 등 민감한 종족적 사안을 둘러싼 논쟁을 현저하게 둔화시켰으며, 중국계 야당인 DAP 지도층에서 조차 1990년대 말레이시아는 '문화적 자유화'(cultural liberalization)의 시기를 맞이하였다고 평가하기에 이르렀다.

하지만 여기서 주목할 점은 안와르 사태가 1990년대의 완화된 종족갈등을 탈종족적 정치개혁 요구의 공감대를 확산시키는 계기를 마련했고 그 배경에 안와르 사태에 의한 말레이 중산층의 정치적 태도 변화가 자리하고 있다는 것이다. 통상적으로 개발독재를 특징으로 하는 권위주의정권하에서 중산층은 지배체제의 유지와 긍정적인 상호관계를 지니며(Bell et al. 1995), 말레이시아 역시 패권적 UMNO 지배체제의 안정화에 기여한 중산층의 역할에 있어서 예외가 아니었다(Gomez and Jomo 1998; Saravanamuttu 1992; Crouch 1984). 그러나 안와르 사태가 야기한 도시의 젊은 말레이 중산층의 정치적 태도 변화에 미친 영향은 실로 극적인 것이었다. 이들이 비록 개혁운동의 주류를 형성하지는 않았으나, 결코 적지 않은 수의 말레이 도시 중산층이 다양한 형태로 개혁운동에 동참하였고, 1999년 총선에서 정권교체의 가능성이 조심스럽게 논의된 배경의 핵심에 전통적인 친정부 성향의 말레이 도시 중산층의 야당지지 경향의 확대라는 요인이 자리하고 있음에 주목해야 한다(Loh 2000: 4). 당시 UMNO 내부에서조차 말레이 중산층의 변화가 일시적이거나 도시에 국한된 제한적 현상이 아니고 농촌지역 말레이계의 정치의식의 변화까지 수반할 수 있는 파괴력이 있는 것이라는 위기의식이 적지 않았다.[11]

말레이계의 변화만큼은 아니었지만 젊은 층을 중심으로 한 중국계와 인도계의 정치적 태도 변화와 이들을 중심으로 한 시민운동세력의 개혁정

---

11) 라잘레이 정치특보 샤버리 찍(Shabery Chik)과의 인터뷰 (2000년 5월 24일).

국에의 적극적 참여 역시 주목할 만하다. 비록 말레이계를 중심으로 전개된 대중 집회에의 참여는 두드러지지는 않았으나, 이들의 활동은 인권문제와 정치적 자유 등 민주적 가치의 고양을 위한 각종 토론회 및 정치행사의 개최와 참여를 통해 활발하게 전개되었다. 체제유지 혹은 정치적 무관심 세력 등으로 분류되던 이들의 정치적 참여 증대는 기존에 평균 20만 명 정도씩 증가 추세를 보인 선거인단 등록수가 1999년 총선을 6개월 앞두고 실시된 선거인명부 등록에서 68만 명이라는 폭발적 증가를 보인 것에서 단적으로 드러난다. 선거인명부 등록이 안와르 사태 발발 후 6개월 정도 지난 시점에서 이루어진 점을 고려할 때 예년 대비 50만에 달하는 증가치는 상당 부분 안와르 사태에 직접적인 영향을 받은 야당지지 성향으로 이해된다. 선거위원회(EC: Election Commission)가 68만 명에 달하는 새로운 유권자들을 1999년 예정된 총선 선거인명부에 기재하기에는 '시간이 충분치 않다'는 조악한 이유로 1999년 총선에서 투표권을 부여하지 않았던 사실은 당시 마하티르 정권의 위기의식이 어느 정도였는지를 여실히 반영한다.[12]

　　1987년 UMNO 위기와는 달리 안와르 사태가 종족간의 갈등고조로 발전하지 않았던 또 하나의 중요한 이유는 안와르 사태를 대하는 중국계 여당 및 야당의 태도에 기인한다. 1987년 당시 중국계 여당인 말레이시아중국인협회(MCA: Malaysian Chinese Association)와 말레이시아민중운동(Gerakan: Gerakan Rakyat Malaysia, Malaysian People's Movement) 조차 UMNO의 분열을 중국인의 정치적 권익을 회복할 절호의 기회로 인식함으로써 교육 등의 문제를 둘러싸고 UMNO와 극단적 대립으로 치달았던

---

12) 1999년 총선이 선거인명부 등록마감으로부터 무려 6개월 후에 실시된 점을 고려할 때 선거위원회의 명분은 강한 의혹을 남기고 있다. 더욱이 68만이라는 숫자는 1999년 총 선거인단수의 7.1%, 총 투표인 수의 9.7%에 달하고, Loh(2000, 11)의 분석대로 BA가 1999년 선거의 접전지역에서 약 5~6%의 지지를 더 획득하였을 경우 BN과 BA의 하원의석수가 73:71로 백중세를 이란다는 점을 고려할 때 1999년 선거에서 투표권을 행사하지 못한 68만이 지니는 의미는 결코 간과할 수 없는 것이다.

것과는 달리, 안와르 사태 이후에는 MCA, Gerakan 등 중국계 여당은 물론 야당인 DAP 조차도 말레이계 중심의 개혁운동에의 직접적인 개입을 최대한 자제하였다. 또한 개혁정국의 와중에서 제기되었던 핵심쟁점들이 이제까지의 전통적인 종족적 이슈와는 달리, 인권, 권력남용, 부패, 정치적 자유 등 탈종족적 보편가치를 추구하고 있었던 점도 마하티르로 하여금 위기해결의 전통적 방안인 종족정치라는 전략을 사용을 힘들게 하였다.

안와르 사태를 전후로 발생한 몇 몇 정치적 사안들이 역시 당시 종족간 갈등의 벽을 낮추는 데 적지 않은 기여를 했음에 주목할 필요가 있다. 1998년 8월 DAP 총재 림깃샹의 아들이자 Melaka주(州)의 국회의원이었던 림관엥(Lim Guen Eng)이 Melaka 주수상의 말레이 소녀 성추행 사건을 변호하는 과정에서 구속된 사건과 개혁정국에서 무려 네 차례나 경찰에 체포되며 말레이계 중심의 개혁운동을 선도했던 중국계 노동운동가 띠안 추아(Tian Chua)가 대표적인 사례이다. 당시 말레이계 내에서 이들의 정치적 행보가 '자신들의 문제에 대한 중국계의 희생'으로 인식되면서 개혁정국에 참여하는 말레이계를 중심으로 중국인에 대한 기존의 전통적 이해관계의 장벽을 낮추는 데 큰 기여를 했다. 특히 띠안 추아의 경우는 안와르 사태 직후 말레이계 내에서 개혁정국의 '상징'이자 '영웅'(hero)으로 인식되었으며, 이후 KeADILan의 부총재로서 안와르 주도의 개혁정국이 전통적인 종족적 이해관계에 함몰되는 것을 방지하는 데 의미 있는 역할을 수행하였다.

안와르 사태 이후 종족적 갈등구도의 변모 및 정치·시민사회의 정치적 활성화에 기여한 또 다른 핵심적 요인으로 '대안적 언론매체'(alternative media)의 역할 또한 빼놓을 수 없다. 주요 일간지 및 방송국을 포함한 대부분의 '주류 언론매체'(mainstream media)의 소유권을 정부·여당이 실질적으로 독점하고 있는 말레이시아의 경우, 지난 반세기 동안 주류 언론매체는 정부·여당에 의한 집권체제 유지의 핵심적 기제로 활용되어 왔다. 이에 반하여 야당 기관지, 진보적 성향의 정기간행물, 인터넷 등의 대안적 언론매체들은 정부 통제, 영세적 영업 구조 및 취약한 재정 등의 이유로 그 정치적 역할이 상당히 미약했다. 하지만 안와르 사태는 이들 대안적 언론매체의 활동 공간을 놀라울 정도로 확대시켰고, 이를 가능케 한 배경에는 안와르 사건에 대한 호기심과 이 사건을 다루는 주류 언론매체의 일방적, 편파적 보도 경향에 대한 일반대중의 불신과 불만이 자리하고 있었다.

안와르 사태 이후 가장 급격한 신장을 보인 것은 주 2회에 걸쳐 발행되는 말레이계 야당인 PAS의 기관지 *Harakah*였다. 기존에 평균 약 6만부 정도를 발행하던 *Harakah*가 안와르 사태 이후 개혁정국 내내 무려 30만부 정도로 발행부수가 유지하며 PAS에 무려 주당 70만 링깃(Ringgit)에 이르는 수익을 제공하였다.[13] 당시 대표적인 영자지인 *NST*와 *The Star*의 발행부수가 평균 약 20만부 정도를 유지하고 있던 점을 고려할 때, 30만부에 달하는 *Harakah*의 발행부수는 엄청난 숫자였다. 대표적인 진보성향의 월간지인 *Aliran Monthly*의 경우도 개혁정국 내내 정기구독자수와 가판수가 평균 두 배 이상의 증가치를 보였다.[14] 이외에도 *Detik, Eksklusif* 등 새로운 시사 정기간행물들의 등장, 비디오, 카세트테이프, VCD 등 다양한 매체들이 안와르 사태 이후 일반대중의 정치적 갈증해소에 큰 기여를 하였다. 특히 개혁 정국의 와중에서 인터넷은 말레이시아의 대표적인 대안적 언론매체로써 부각되었다. 가장 두드러진 역할을 담당했던 인터넷 신문은 1999년 총선을 얼마 앞두고 개설된 'Malaysiakini.com'이라는 사이트로 *Malaysiakini*는 1999년 총선과 안와르 재판과정은 물론 최근까지도 하루 평균 접속횟수가 꾸준히 10만 정도를 유지할 정도로 말레이시아의 대표적인 언론매체로 자리매김을 하였다.[15]

결국 안와르의 해임, 축출, 구속, UMNO 내부에 잔존하는 안와르 추

---

13) *Harakah* Group Editor 줄키플리 수롱(Zulkifli Sulong)과의 인터뷰 (1999년 8월 27일).
14) *Aliran* 편집위원인 Francis Loh Kok Wah와의 이메일 교신 (2000년 6월 17일).
15) *Malaysiakini*의 생성, 발전에 관한 구체적인 내용은 Tong(2004)를 참조.

종세력의 무력화라는 일련의 과정을 통하여 외형상 위기관리에 성공한 것처럼 보인 마하티르 정권에 있어서, 정작 위기는 UMNO 내부의 정치를 벗어난 시민사회의 정치적 활성화, 활성화된 정치세력의 조직화, 그리고 전통적 종족갈등의 완화와 새로운 정치구도의 형성 등으로 '심화'되었던 것이다. 안와르 사태 이후의 변화된 정치의 성격을 논하는 데 있어서 기존의 전통적인 엘리트 정치가 아닌 정치엘리트와 대중과의 역학관계를 강조하는 '새로운 정치'(new politics)의 태동에 주목하는 이유가 여기에 있는 것이다(Shamsul 1999, 17). 이를 반영하여, 정치평론가 루스땀 사니(Rustam Sani)는 안와르에게 일어난 일은 "불행 중 다행"(a blessing in disguise)이며, 만약 마하티르에서 안와르로의 순조로운 권력이양이 이루어졌다면 이는 단지 "구체제(old system)의 지속을 의미할 뿐"이라며 안와르 사태에 내포된 정치적 의미와 안와르 사태로 잉태된 말레이시아 정치체제 변동의 가능성을 전망하고 있다.16)

4. 위기심화의 정치적 결과

안와르 사건으로 야기된 마하티르 정권의 위기의 정도는 1999년 11월 치러진 제10대 총선의 결과에서 단적으로 드러나고 있다. 비록 단기적 혹은 예외적인 현상일 수 있으나, 1999년 총선의 결과는 향후 UMNO는 물론 여타 정치세력들이 새롭게 변모한 갈등구조에 어떻게 대응하며 체제유지 혹은 체제변동을 견인해 갈지를 전망하는 데 있어서 매우 의미 있는 지표를 제공한다.

〈표 1〉에서 나타나듯이 1999년 총선의 결과는 여당연합인 국민전선(BN: Barisan Nasional)의 승리로 귀결되었다. BN은 전체 193개의 연방의

---

16) 루스땀 사니(Rustam Sani) 인터뷰, *Australian*(1998년 12월 28)에서 재인용.

회 경선 중 148개에서 승리하였고, 394개의 주 의회 선거에서도 281석을 차지하였다. 그러나 〈표 2〉에서 드러나듯이 1995년 총선과 비교하여 1999년 선거에서 BN이 얻은 연방의회 전체 득표율은 65.1%에서 56.5%로 약 10% 정도 하락하였다. 특히 야당연합인 대안전선(BA)이 얻은 의석수는 비록 전체의 30%를 훨씬 밑도는 수준이었으나 BA가 얻은 연방의회 실질 득표율은 40.3%에 달하였다는 점에 주목할 필요가 있다. 그리고 독립 이후 처음으로 말레이계가 주류를 이루고 있는 클란탄(Kelantan)과 트렁가누(Terengganu) 주에서 야당이 다수의석을 차지하여 집권하였고, 〈표2〉에서 보여지듯이 쿠알라룸푸르(Kuala Lumpur)와 페낭(Penang) 등에서도 야당연합과 여당연합의 득표율의 차이가 각 각 0.2%, 1.4%에 불과할 정도로 미세하였다는 점은 당시 마하티르 정권의 위기를 실감하게 하는 것이었다.

<표 1> 주요 정당별 연방의회 및 주 의회 의석수, 1995~1999(1)

	연방의회 (1995)	연방의회 (1999)	주 의회 (1995)	주 의회 (1999)
UMNO	89 (93)	72	230 (242)	176
MCA	30	28	70	68
MIC	7	7	15	15
Gerakan	7	7	23	22
Others(2)	29	34	-	-
Total (BN)	162 (166)	148	338 (350)	281
DAP	9 (7)	10	11 (8)	11
PAS	7 (8)	27	33	98
Semangat 46(3)	6 (0)	-	12 (0)	-
KeADILan	- (1)	5	-	4
PBS	8 (6)	3	-	-
Others(4)	- (4)	-	- (1)	-
Total (BA)	30 (26)	45	56 (42)	113

출처: Compiled from Zakaria Haji Ahmad, "The 1999 General Elections: A Preliminary Overview" in Trends in Malaysia: Election Assessment, Working Paper in the Trends in Southeast Asia series (Singapore: ISEAS, 2000), pp. 9-10.
참조: (1) 괄호안의 수치는 연방의회 해산 이전의 의석수 (2) Sabah와 Sarawk의 국민전선 참여 정당 (PBB, SUPP, SNAP, PBDS, UPKO, SAPP and LDP) (3) Semangat 46은 1996년 UMNO에 흡수 통합됨 (4) MDP, STAR, 무소속이 포함된 수치.

<표 2> BN과 BA의 주별 득표율 (1999년 총선)

	Barisan Nasional (1)	Barisan Alternatif
Kelantan	38.9 (1/14)	61.1
Terengganu	41.2 (0/8)	58.8
Kuala Lumpur	50.2 (6/10)	49.8
Penang	51.4 (6/11)	48.6
Selangor	54.8 (17/17)	44.8
Perak	55.5 (20/23)	44.5
Kedah	55.8 (7/15)	44.2
Perlis	56.2 (3/3)	43.8
Melaka	56.6 (4/5)	43.4
Pahang	57.4 (11/11)	42.6
Negeri Sembilan	59.2 (7/7)	40.8
Johor	72.9 (20/20)	27.1
Peninsular Total	55.4 (102/144)	44.4
Sabah	59.4 (17/20)	4.9 (37.3) (2)
Sarawak	65.9 (28/28)	25.0
Labuan	71.3 (1/1)	10.8 (28.6) (2)
Grand Total	56.5 (148/193)	40.3 (42.5) (2)

출처: N. J. Funston, "Malaysia's Tenth Elections: Status Quo, Reformasi or Islamization?" *Contemporary Southeast Asia*, Vol. 22, No. 1, 2000, p. 50.
참조: (1) 괄호안의 수치는 전체 의석수에서 BN이 승리한 의석수.
　　(2) Sabah, Sarawak, Labuan은 PBS가 포함된 수치.

　　각 정당별로 나타난 구체적인 선거결과는 안와르 사태 이후 심화되던 마하티르 정권의 위기를 보다 극명하게 보여 주고 있다. <표 1>에서 나타나는 바와 같이 1995년 총선과 비교하여 UMNO의 연방의회 의석수는 89석에서 72석으로 줄어들었고, 주 의회 의석수 역시 230석에서 176석으로 크게 하락하였다. 특히 말레이시아 선거 역사상 처음으로 1999년 총선에서 UMNO가 연립여당(BN)이 획득한 전체의석수의 과반수에 미달하였다는 점은 집권체제 내에서 UMNO의 패권적 위상이 크게 손상되었다는 점을 의미하는 것이었다. UMNO의 정치적 위상 약화와 관련하여 더욱 두드러지는 사실은 UMNO가 반도말레이시아(peninsular Malaysia)에서 승리한 총 59석의 연방의석수 가운데 단 1석만을 제외한 모든 선거구에서 1995년 총

선과 비교하여 야당과의 득표차가 상당히 큰 폭으로 줄어들었다는 점이다
(Kamarudin 2000, 24-25, 97-108). 마하티르 개인은 물론 압둘라 바다위,
라잘레이, 나집(Najib), 라피다(Rafidah) 등 UMNO의 최고 지도층 인사들
의 득표율도 큰 폭으로 줄어들었고, UMNO 소속으로 총선에 참여한 4명의
장관, 6명의 차관, 1명의 주수상 등이 패배하는 충격적인 결과가 나타났다.
특히 〈표 3〉에서 나타나듯이 말레이계가 3분의 2가 넘는 선거구에서 1995
년 선거와 비교하여 여당연합은 그 지지율이 59.3%에서 48.8%로 전체적인
하락을 보였고, 이들 지역에서 UMNO의 지지율은 1995년의 62%에서
1999년에는 49%로 그 하락폭이 더욱 두드러졌다(Loh 2000, 6).

〈표 3〉 말레이계 우위선거구(1)와 중국계 우위선거구(2)에서 BN이 얻은 평균 득표율
       (1986, 1990, 1995, 1999 총선)

	1986	1990	1995	1999
Malay	61.18	54.86	59.25	48.80
Chinese	41.09	41.55	53.19	51.36

출처: Francis Loh, 2000.
참조: (1) 말레이계가 전체 투표인구의 3분의 2 이상을 점한 선거구.
      (2) 중국계가 전체 투표인구의 절반 이상을 점한 선거구.

　　한편 1999년 선거에서 야당세력이 보인 신장세는 주목할 만하다. 특
히 말레이계 야당인 PAS의 경우 기존의 클란딴 주에 이어 트렝가누 주도
장악하였고, 7석에 불과하던 연방의회 의석수도 1999년 선거에서는 27석
으로 무려 4배에 가깝게 큰 폭으로 증가하였다. 더욱이 트렝가누의 총 8개
의 연방의석을 모두 석권하였고 클란딴에서도 전체 14개 선거구 중 13개에
서 승리하는 쾌거를 이루었다. 특히 마하티르의 고향인 커다(Kedah) 주에
서 전체 15개의 연방의석 중 과반수가 넘는 8개 의석을 PAS가 차지하였다
는 점은 당시 말레이계에서의 반(反)마하티르와 UMNO 이반현상이 얼마
나 심각하였는지를 여실히 보여 주고 있는 것이다.

안와르가 주도하는 신생정당 KeADILan의 경우, 비록 승리한 연방의 석수가 총 5석에 그쳤으나 이들이 경선한 대부분이 다종족적 성향이 강한 지역구였고 이들 지역에서의 패배도 매우 근소한 차이였다는 점에 주목할 필요가 있다. 〈표4〉에서도 나타나듯이 비록 KeADILan이 승리한 연방의회 의석수가 5석에 불과했지만 이들이 획득한 연방의회의 전체득표율이 12.3%에 달했다는 점은 정당 역사가 반세기에 이르고 공고한 종족적 지지 기반을 바탕으로 한 전통야당인 PAS와 DAP의 연방의회 득표율이 각 각 17.4%, 13.5%였다는 점을 고려해 볼 때 매우 고무적인 결과라고 할 수 있다.

〈표 4〉 1999년 총선에서 대안전선(BA) 소속 정당들이 얻은 득표율과 의석수(괄호안)

PAS	DAP	KeADILan	PRM
17.4 (27)	13.5 (10)	12.3 (5)	1.2 (0)

출처: Funston, 2000, p. 50.
참조: 위의 득표율과 의석수는 Sabah와 Sarawak이 제외된 수치임.

이와 같은 1999년 총선은 지난 반세기 동안 UMNO 지지로 결집되었 던 말레이계의 투표성향의 변화와 연립여당 내에서의 UMNO의 패권적인 정치적 위상이 이전과 같이 공고하지 않을 수 있다는 점에서 안와르 사건 이후 위기심화의 정치적 결과를 단적으로 보여 주는 것이다. 1987년 UMNO 분열 이후 치러진 1990년의 총선과 비교해 볼 때도 당시 말레이계 내부에서 선거의 쟁점이 '말레이의 우월적 지위'(Malay supremacy)라는 종족적 경향을 띠었던 것에 반해, 1999년의 경우는 선거의 쟁점이 정치적 리더십의 투명성, 효율성, 부패청산 등 탈종족적이고 보다 보편적인 정치개 혁의 과제에 집중되었다는 것도 선거 이후의 정치과정에서 마하티르 정권 을 더욱 곤혹스럽게 만들 수 있다는 것을 암시하는 것이다. 이를 반영하여, Loh(2000)는 기존의 말레이시아 선거가 UMNO를 중심으로 한 집권체제의 권위주의적 통치의 정당성을 매 4~5년마다 주기적으로 확인해 주는 의례적인 과정에 불과했던 것과는 달리, 안와르 사건과 그 이후의 개혁정국은 선거를 통해서 정권교체가 가능할 수도 있다는 역동적인 정치상황을 만들어냈고 1999년 총선은 그 가능성이 현실화될 수 있다는 점을 보여 주고 있다는 점에서 향후 말레이시아의 정치상황은 이전과 다른 행태로 전개될 것임을 예측하고 있다.

5. 맺음말

20세기 종반의 동아시아 경제위기, 위기의 정치적 전환, 그리고 마하티르 정권의 위기심화로 이어지는 일련의 과정이 야기하는 정치변동의 가능성과 향방을 살펴보는 데 있어서 본 연구는 이전의 위기상황과는 달리 보다 복합적이고 새로운 접근의 필요성을 강조한다. 이는 집권 말기 마하티르 정권이 당면했던 위기가 전통적인 종족적 이해관계에 기초한 것이 아니라, 안와르 사태 이후 말레이계의 정치행태의 변화를 동반하며 질적으로 새롭게 형성된 갈등구도에서 기인하고 있음을 의미하는 것이다. 말레이시아의 경우 경제위기의 정치적 위기로의 전환과정을 거치면서 그동안 지속적으로 공고화되던 권위주의적 정치체제의 변동을 야기할 정치적, 사회적 조건이 그 어느 시기보다 호전되었다. 특히 독립 이후 지난 반세기 정치발전을 가로막던 전통적인 종족적 갈등이 미약하나마 안와르 사건을 계기로 약화되면서 개혁정국의 외중에서 다종족적 협력체제의 구축을 경험했다는 사실은 매우 의미 있는 일이다.

하지만 이처럼 호전된 정치적, 사회적 조건이 반드시 정치변동의 과정에서 긍정적인 정치적 결과를 담보하는 방향으로 향하는 것이 아니라는 점 또한 간과할 수 없는 것이다. 역사적 경험은 장기간 안정적으로 지속되었던 권위주의체제의 약화 혹은 붕괴가 민주화로의 이행과정으로 이어지기 보다는 오히려 권위주의체제로의 복귀 혹은 다른 형태의 '변형된' 권위주 의체제로의 탈바꿈이라는 방향으로 진행됨을 보여 주고 있다. 이러한 맥락 에서 지난 40여 년간 집권체제에 대한 뚜렷한 대안적 정치세력이 존재하지 않던 말레이시아 정치과정에서 '갑자기 찾아온' 정치적 기회와 새로운 갈 등구도의 형성이 정치체제 변동과 어떠한 상관관계를 지닐지에 대한 평가 는 보다 조심스러울 필요가 있다.

향후 말레이시아의 정치변동과정을 전망하는 데 있어서 기존의 전통 적 갈등구도의 재편을 선도한 야당정치세력의 역할이 그 어느 때보다 중요 하게 부각될 것이다. 과연 1999년 총선을 앞두고 단순한 '전략적 동거'에 불과하다는 세간의 의혹과 비판에도 불구하고, DAP와 PAS로 대변되는 전 통적 야당과 다종족 정치를 표방하는 신생정당 KeADILan이 안와르 사태 가 야기한 정치변동의 가능성을 현실화시키는 동력으로서의 역할을 충분히 수행할 수 있을 것인가? 이들 야당세력을 핵심 변수로 향후 말레이시아의 정치변동의 가능성을 전망하는 것은 일단 그리 밝아 보이지 않는다. 특히 1999년 총선 이후 '이슬람국가의 건설'과 이를 둘러싼 DAP와 PAS의 정 파주의적, 종족주의적인 분열적 정치행태는 정치개혁의 기회를 무산시키고 오히려 안와르 사건 이후의 활성화된 시민사회를 '탈정치화' 혹은 '정치 적 냉소주의'로 몰아갈 수 있다는 우려를 낳고 있다. 하지만 이 모든 우려 에도 불구하고, 야당연합전선의 결성이라는 경험과 이들 야당세력 간의 정 치적 연결고리와 시민사회의 정치적 활성화의 동기를 제공했던 안와르의 정치적 생명이 아직도 존속되고 있다는 점을 감안하면 향후 말레이시아 정치변동에 있어서 야당정치세력의 역할은 이전과는 다른 차원에서 주목해 야 할 것이다.

한편, 향후 정치변동과정을 전망하는 데 있어서 지난 반세기 말레이계 의 정치적 후견세력으로서 고도의 분열적인 말레이시아 사회상황에서 지속 적인 정치적 안정이 구가되는 데 핵심적 역할을 담당해 온 UMNO의 정치적 역량 역시 결코 간과할 수 없는 요소이다. UMNO가 독립 이후 종족간 혹은 종족 내의 갈등에서 비롯된 여러 차례의 위기상황에도 불구하고 그 패권적 지위를 지속적으로 유지하고 공고화 할 수 있었던 배경에 UMNO 정치의 역동성이 자리하고 있다는 사실에 주목할 필요가 있다. 더욱이 현재 UMNO를 중심으로 한 패권적 연립여당을 대신할 대안적 정치세력이 부재한 상황이 야기하는 불안정한 정치과정의 지속은 UMNO로 하여금 안와르 사태 이후 손상되었던 전통적 지지기반을 점진적으로 회복할 수 있는 조건으로 작용할 수 있다. 1999년 총선 이후 야당의 분열상, 2001년 9월의 뉴욕 테러사건, 경제위기의 회복 등으로 이어지는 일련의 과정은 UMNO가 안와르 사건 이후 심화되던 정치적 위기상황에서 점차 회복하고 있는 징후들을 보여 주고 있다.

그러나 UMNO에 대한 말레이계의 지지가 회복되는 조짐에도 불구하고 UMNO로부터 이반된 말레이계의 정서적 유대감이 이전의 수준까지 회복되기에는 UMNO 정치엘리트들의 많은 노력과 시간이 필요할 것이다. 특히 이제까지 UMNO와 말레이계간의 정치적 후견관계가 종족적 이해관계에 기반을 둔 전통적 행태에 의해 규정되어 왔던 것에 비해, 안와르 사태 이후의 변화된 말레이계의 정서는 탈종족적 정치개혁을 수반한 보다 실질적인 측면에서의 '후견-추종' 관계로의 전환이 요구된다는 점을 주목해야 한다. 이는 이제까지 말레이시아에서 정치체제 변동의 향방을 논하는 데 있어서 핵심적인 정치행위자로서 UMNO를 비롯한 집권 정치엘리트들이 논의의 중심을 차지하여 왔던 것에 비하여, 1998년 안와르 사건을 계기로 야당 및 시민사회, 정치엘리트와 대중과의 역동적인 상호관계가 더욱 중요하게 부각되고 있음을 의미하는 것이다.

참고문헌

Andaya, B. W. and L. Y. Andaya. 2001. *A History of Malaysia* (Second Edition). Houndmills: Palgrave.

Bell, Daniel A., David Brown, Kanishka Jayasuriya, and David Martin Jones (eds.). 1995. *Towards Illibeal Democracy in Pacific Asia*. New York: St. Martin's Press.

Case, W. 1992. *Semi-democracy in Malaysia: Pressures and Prospects for Change*. Canberra: Research School of Pacific and Asian Studies, ANU.

______. 1999. "Politics Beyond Anwar: What's New?." *Asian Journal of Political Science* 7(1).

Chandra Muzaffar. 1979. *Protector?: An Analysis of the Concept and Practice of Loyality in Leader-led Reationships within Malay Society*. Penang: Aliran.

Crouch, H. 1984. *Domestic Political Structures and Regional Economic Cooperation*. Singapore: Institute of Southeast Asian Studies.

______. 1996. *Government and Society in Malaysia*. Ithaca and London: Cornell University Press.

Das, K. and SUARAM (eds.). 1989. *The White Paper on the October Affair*. Selangor: SUARAM Kommunikasi.

Funston, N. J. 2000. "Malaysia's Tenth Elections: Status Quo, *Reformasi* or Islamization?." *Contemporary Southeast Asia* 22(1).

Gomez and Jomo K. S. 1998. "Authoritarianism, Elections and Political Change in Malaysia." *Public Policy* 2(3).

Hwang, In-Won. 2003. *Personalized Politics: The Malaysian State under Mahathir*. Singapore: Institute of Southeast Asian Studies.

Kamardudin Jaffar. 2000. *Pilihanraya 1999 Dan Masa Depan Politik Malaysia*. Kuala Lumpur: IKDAS.

Khong, Kim Hoong. 1991. *Malaysia's General Election 1990: Continuity, Change, and Ethnic Politics*. Singapore: Institute of Southeast Asian Studies.

Loh, Kok Wah. 2000. "Post-NEP Politics in Malaysia: Ferment and Fragmentation." paper presented at the Second Australia-Malaysia Conference, ANU, Canberra, 24-26 May.

Przeworski, A. 1986. "Some Problems in the Study of the Transition to Democracy." in Guillermo O'Donnell, Philippe C. Schmitter and Laurence Whitehead (eds.). *Transition from Authoritarian Rule: Comparative Perspectives.* Baltimore and London: The Johns Hopkins Unversity Press.

Saravanamuttu, Johan. 1992. "The State, Ethnicity and the Middle Class Factor: Addressing Nonviolent, Democratic Change in Malaysia." in Kumar Rupesinghe (ed.). *Internal Conflict and Governance.* New York: St. Martin's Press.

Shamsul A. B. 1999. "The Redefinition of Politics and the Transformation of Malaysian Pluralism." working paper, conference on *Southeast Asian Pluralism,* ISEC-Ford Project, Kuala Lumpur, 5-6 August.

Tong, Yee Siong. 2004. "Malaysiakini: Treading a Tightrope of Political Pressure and Market Factors." in Steven Gan, James Gomez and Uwe Johannen (eds.). *Asian Cyberactivism: Freedom of Expression and Media Censorship.* Bangkok: Friedrich Naumann Foundation.

Zakaria Haji Ahmad. 2000. "The 1999 General Elections: A Preliminary Overview." in *Trends in Malaysia: Election Assessment,* working paper in the Trends in Southeast Asia series. Singapore: Institute of Southeast Asian Studies.

〈인터뷰〉

무사 히땀(Musa Hitam), 前말레이시아 부수상, 1999년 8월 23일.

테레사 콕(Teresa Kok), DAP 중앙위원, 1998년 10월 5일.

숩기 라띱(Subky Latiff), PAS 중앙위원, 1999년 8월 9일.

림킷샹(Lim Kit Siang), DAP 총재, 1999년 8월 17일; 2000년 4월.

완 아지자(Wan Azizah Wan Ismail), KeADILan 총재, 1999년 8월 26일.

서이드 후신 알리(Syed Husin Ali), PRM 총재, 1999년 8월 17일.

샤버리 찍(Shabery Chik), 라잘레이 함자 정치특보, 2000년 5월 24일.

줄키풀리 수룽(Zulkifli Sulong), Harakah Group Editor, 1999년 8월 27일.

로콕와(Loh Kok Wah), Aliran 편집위원, 2000년 6월 17일.

띠안 추아(Tian Chua), KeADIlan 부총재, 2003년 10월 30일.

베트남의 국내외적 위기와 정치적 대응　제7장

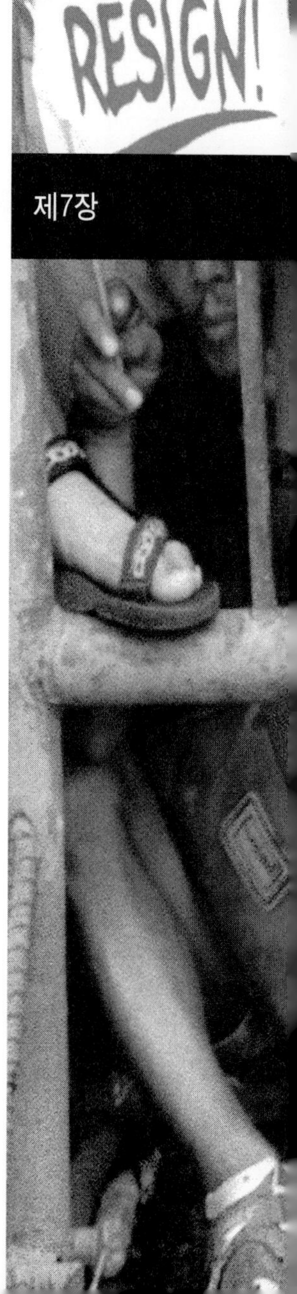

베트남의 국내외적 위기와 정치적 대응

■ 정연식

1. 문제제기

　　베트남과 조합하는 첫 번째 어휘는 이제 더 이상 전쟁이 아니다. 지난 십수 년간의 개혁은 시장을 부활시키며 베트남을 동남아시아에서 가장 역동적으로 성장하는 국가로 탈바꿈시켰다. 즉 베트남은 "동아시아 전역이 '전장'에서 '시장'으로 재편되어 가는 이 역사적 전환의 국면"(박사명 2004, 27)을 가장 극적으로 웅변하고 있는 것이다.

　　베트남의 경제는 그야말로 괄목할 수준의 성장을 거듭하고 있다. 1986년 도이머이(Doi Moi, 刷新) 정책을 발진한 이후 베트남 경제는 1997년 말 동아시아의 경제위기가 닥칠 때까지 연평균 8% 이상의 성장을 기록하였고, 1998년과 1999년에도 경제위기의 여파를 최소화하며 5.8%와 4.5%의 성장을 유지하였으며 2000년과 2001년에는 6.8%, 2002년에는 7.8%의 성장을 이어오고 있다. 이와 더불어 베트남공산당은 강력한 국가를 유지하며 정치적 안정을 제공하고 있다. 겉모습만 본다면 80년대 말 전 지구적 수준의 민주화 물결도, 동아시아를 몰아붙였던 90년대 말의 경제위기도 베트남은 완전히 비켜간 듯하며, 베트남은 성장과 안정을 동시에 구가하는 듯하다.

　　그러나 시장의 부활과 팽창은 본질적으로 국가지배적 구조에 심각한 도전을 야기한다. 성장하는 시장은 다양한 욕구를 뿜어내며 이를 수용하고 소화해낼 수 있는 유연하고도 능동적인 국가를 요구하게 되는데 권위주의 국가는 이러한 요구에 재빨리 부응하기에는 지나치게 경직되어 있기 때문이다. 이는 특히 안보논리에 기초한 권위주의 국가의 경우 더욱 그러하며, 성장을 담보로 유지되는 발전국가의 경우에도 뚜렷한 한계에 직면하게 된다.

또한 민족주의적 자립형 성장정책을 포기하고 신자유주의가 지배하는 세계경제로 편입한 경우 유연한 국가를 요구하는 외부의 압력은 더욱 감당하기 어렵다. 외부의 압력은 발전국가의 존립 근거를 파괴할 수 있는 물리적 수단을 동원한 협박이며, 특히 정통성의 일부를 민족주의 혹은 반자본주의적 이데올로기로부터 인출하는 권위주의 국가에게는 진퇴양난의 딜레마를 제공한다.

이러한 맥락에서 볼 때, 베트남은 안정과 성장의 외피 아래 심각한 대내외적 위기에 봉착해 있는 것이다. 안보와 발전을 명분으로 유지되는 베트남의 공산당 지배체제에 대해 내부적으로는 급격히 성장한 시장이 도전하고 외부적으로는 신자유주의 세계질서가 안보논리의 완전한 포기와 발전국가로의 완전한 이동을 요구하는 전환의 위기를 부여한 것이다. 발전국가의 정통성은 궁극적으로 성장의 성적표에서 확보되며 훌륭한 성적을 유지하기 위해 국가는 대내외적 압력에 대한 저항을 포기해야만 한다는 것을 고려할 때 안보논리에 의해 형성되었고 안보논리 속에 안주해 온 베트남의 체제 내부 세력은 중대한 선택의 기로에 서 있다고 하겠다.

이러한 전환의 위기에 베트남은 어떻게 대응하고 있는가? 변화를 요구하는 대내외적 압력에 국가는 어떻게 대응해 왔는가? 여전히 과소 사회를 압도하며 과대 국가를 유지하고 있는가? 아니면 국가권력과 영역을 축소하며 시장의 자율성과 사회의 성장을 허용하고 있는가? 또한 세계경제의 침투와 영역 확장에 대해 베트남은 어떻게 대응해 왔는가? 이러한 질문은 현재 베트남의 정치경제적 상황을 설명해 줄 뿐만 아니라 냉전체제의 해체와 세계화로 대변되는 중대한 역사적 전환의 국면에서 베트남이 선택한 미래에 대한 투시도를 제공할 수 있을 것이다.

2. 경제성장과 정치변동

1) 일원주의에서 제한적 다원주의로

경제적 변화와 정치적 변화의 관계, 혹은 하부구조와 상부구조 사이의 상관관계는 정치경제학의 가장 오랜 주제이며, 그중에도 경제성장과 민주화의 관계는 여전히 많은 정치학자들의 관심을 끄는 주제임에 틀림없다. 특히 1980년대 중반 이후에 등장한 '민주화의 물결'은 거의 폐기되다시피 했던 근대화 이론을 화려하게 부활시키며 경제성장과 민주화 사이의 인과관계를 밝히기 위한 작업에 활력을 불어넣었다. 경제성장이 민주화를 추동한다는 명제가 동아시아가 제공한 기적과 같은 소수의 사례에 힘입어 지배적 이론의 지위를 탈환한 것이다.

그러나 경제성장과 민주화 사이의 명확한 인과관계는 여전히 숙제로 남아있다. 민주화는 권위주의 체제의 해체와 민주주의의 공고화라는, 필연적으로 연결되지 않는 두 개의 과정으로 구성되며 특히 후자의 경우는 경제성장이라는 변인만으로는 결코 설명될 수 없는 복잡하고도 거대한 역사적 현상이기 때문이다. 그럼에도 불구하고 일반화의 유혹은 다수의 연구자들을 시민사회라는 새로운 변인에 집착하게 만들었다. 이러한 연구경향은 1980년대의 라틴아메리카와 1990년대 동구에서 나타난 일련의 권위주의 체제 해체와 민주주의 체제 구성과정에서 시민사회가 부각되면서 시작되었는데, 시민사회의 존재가 당대의 민주화 과정을 세련되게 설명해 줄 뿐만 아니라 과거 서구의 역사적 경험까지 설명할 수 있다는 이유에서 시민사회는 잃어버렸던 열쇠로 간주되었다.

이후 권위주의 체제 연구자들은 시민사회 찾기에 매진하게 된다. 예컨대 노동조합처럼 동구의 민주화 경험에서 두드려졌던 거대한 사회조직들이 연구의 초점이 되었으며 그러한 조직들이 강력한 국가에 맞설 수 있는 수준에 이르지 못한 경우에는 소규모의 풀뿌리 조직들 혹은 "오래된 연대들" 조차도 연구자들의 극진한 대우를 받기에 이르렀다(Hagopian 2000, 897). 억압적 지배구조 아래에서도 사회는 어떤 형태와 수준에서든 조직되어 있기 마련이며 그러한 조직들이 시민사회의 기초가 된다는 믿음에서였다.

베트남 정치 분석가들에게도 시민사회는 매력적인 연구주제로 부각되었다. 또한 도이머이 이후 이익단체와 시민단체의 급증 현상은 시민사회 찾기에 타당성을 부여하였다. 그러나 연구 결과는 베트남 사회의 모든 조직들이 강력하고도 효율적인 국가조합주의(state corporatism)의 올가미 속에 감금되어 있다는 사실을 확인하는 데 그쳤다(Jeong 1997). 일부 연구자들은 희망을 버리지 않고 각종 시민단체를 추적하고 있으나 오랜 경험을 바탕으로 한 베트남공산당의 조합주의 기술은 전혀 녹슬지 않은 것으로 보인다. 베트남공산당은 종교인들과 노동자들, 그리고 학생들처럼 잠재적으로 체제를 위협할 수 있는 세력은 물론이거니와 여타의 군소 사회조직들까지 당근과 채찍을 적절히 활용하며 국가조합주의적 틀 속에 관리해 오고 있다.[1]

여전히 모호한 시민사회의 개념으로부터 비교적 무난히 추출할 수 있는 요소는 '국가로부터의 자율성' 뿐이라는 점을 고려하면 베트남의 경우 국가가 사회를 압도하는 일원주의적 구조에서 크게 벗어나지 않은 시점에서 시민사회를 발견하기란 이론에 휘둘린 섣부른 과욕이었을지도 모르며 설령 시민사회를 발견했다 하더라도 단기간 내에 중대한 변화를 야기할 수준의 규모 혹은 역량을 확인하기는 불가능하였을 것이다.

접근법을 조금 달리 하여 계급중심 분석을 하더라도 결과는 크게 다르지 않다. 비록 경제성장과 함께 상업계급이 비약적으로 발전하고, 지주계급이 부활하고, 중산층이 두터워졌다 하더라도 이들은 체제 내부 세력이거나 조합주의적 틀 속으로 포섭되어 있으며, 농민과 노동자들도 간헐적 시위와

---

[1] 모든 사회 조직은 정부에 등록하여 허가를 받은 후 조국전선 산하의 기존 단체에 회원단체로 가입해야 한다. 따라서 베트남 사회의 모든 단체는 조국전선을 정점으로 하는 피라미드식 체계 속에 편입되어 있다.

폭동에도 불구하고 역시 국가에 의해 제압당한 상태에서 벗어나지 못하고 있다(Fforde 2004; Gainsborough 2002a).[2] 요컨대 현재 베트남에서는 시민사회에서건 계급에서건 국가에 맞설 수 있는 자율적 사회세력은 아직 형성되지 않았다는 결론에 이르게 된다.

그럼에도 불구하고 이론적 차원에서 베트남의 정치변화를 기대하고 분석하는 작업은 유효하며 또한 계속되어야 한다. 시장의 팽창이 일원주의(monism) 체제를 제한적 다원주의(limited pluralism) 체제로 이행하게 한다는 주장만큼은 경험적 타당성을 충분히 확보하였기 때문이다(박사명 1995; Kerkvliet 1995; Jönsson 2002). 자유화 없이 시장경제가 지속적으로 성장할 수는 없는 것이다. 단 이 과정을 거대이론으로 단숨에 풀어버리려는 낡은 습관은 이제 포기하는 대신 미시적 수준에서 발생하는 제한적 다원주의로의 이동현상을 추적하는 작업이 필요한 것이다(Migdal 1994).

2) 강한 국가와 약한 국가

경제성장에 따른 사회의 성장과 분화는 그에 상응하는 국가의 적응과 변화를 유발하여 제한적 다원주의를 형성한다는 전제를 검증하는 데 있어서 가장 적절한 분석의 수준은 국가 내부에서 발생하는 제도적 변화와 정책적 대응, 그리고 그러한 변화가 유도되고 적용되는 국가-사회의 경계 혹은 접점이다. 특히 간단한 정책 처방으로 해소될 수 없는 위기적 상황은 국가 내부의 근본적인 변화를 요구하게 되고 그러한 변화의 유무는 국가와 사회가 부딪히는 곳에서 가장 선명하게 포착된다.

최근의 베트남정치 연구경향은 이러한 맥락에서 국가와 사회의 관계

---

2) 1995년 기준 호찌민시의 100대 기업의 절대다수는 국유기업이었으며 주로 국가의 비호를 필요로 하는 부동산, 유통, 금융 분야에 집중되어 있다는 측면에서 베트남의 부르주아 계급은 국가를 장악한 엘리트와 중복되는 체제 내부 세력으로 보아야 한다. 또한 중산층을 구성하는 외국기업의 고임금 피고용인들도 대부분 국가 엘리트들과 혈연관계에 있다(Gainsborough 2002a, 700-01).

를 집중적으로 조명해 왔는데, 그 결과는 국가의 역량을 기준으로 크게 세 가지로 구분될 수 있다(Kerkvliet 2001). 첫째, 베트남공산당과 부속 국가 기구들이 사회를 완전히 장악하여 사회는 정치체제나 정책에 어떠한 영향력도 행사할 수 없다는 분석이다(Womack 1992; Thayer 1992; Porter 1993). 둘째는 포섭적 조합주의 분석으로서 국가가 장악한 조합주의적 틀 속에서나마 사회의 목소리가 국가로 전달되며 국가는 부분적으로 이를 수용하기도 한다는 것이다(Jeong 1997; Stromseth 1998). 셋째는 쌍방향적 국가-사회관계를 제시하며 비록 국가의 상대적 우위는 유지되지만 결코 일방적으로 사회를 압도하는 수준은 아니며 정책 수립과 집행 과정에 사회가 개입하는 빈도가 현저히 증가하였을 뿐만 아니라 그 방법 또한 다양하다는 분석이다(Hardy 2001; Heng 2001a; Koh 2001a; Thomas 2001).

이상의 연구결과를 연구 시점을 기준으로 분류해 보면 결코 동일한 대상에 대한 배타적 해석이 아님을 알 수 있다. 즉 이들은 모두 베트남이 1990년대 초반의 일원적 체계에서 제한적 다원주의를 향해 점진적으로 이동중에 있음을 시사한다. 확실히 베트남의 국가는 사회의 구석구석을 완전히 장악하고 통제할 수 있는 '강한 국가'(Migdal 1988)는 더 이상 아닌 듯하다. 주민들은 국가의 통제를 피해 자신들만의 공간을 확보하는 등 교묘한 저항을 통해 국가의 권위에 도전하고 있고 국가는 이를 원천적으로 봉쇄할 능력이나 의지가 부족하다고 보기에 충분한 사례들이 제시되고 있다(Koh 2001b).[3]

그러나 베트남을 '약한 국가'로 간주하는 것은 '강한 국가'로 간주하

---

[3] 엄밀히 말하자면 베트남은 개혁 이전에도 완벽한 일원적 체제를 구축하는 데 실패했다고 보아야 한다. 특히 1975년 통일 이후 남부의 사회주의화 정책은 주민들의 저항과 비협조로 인해 결국 중단되어야 했다. 예컨대 통일 직후 실시되었던 사회재교육 대상자 가운데 상당수는 국가의 감시망을 벗어나 잠적하였고, 메콩델타 지역의 집단화 작업은 지지부진한 상태로 중도에 포기되었으며, 신경제지구로 강제이주되었던 주민들 가운데 일부는 곧바로 원거주지로 돌아오기까지 하였다. 따라서 1990년대 초반까지 베트남을 일원적 체계로 분석한 경우는 공산당 지배국가의 전형적 이미지가 지나치게 많이 투영된 결과라고 볼 수 있다. 그럼에도 불구하고 스펙트럼 상의 일원주의와 제한적 다원주의는 개념적 이상형으로서 베트남 정치변화의 방향을 설정하는 도구로서 유효하다고 하겠다.

는 것만큼이나 지나친 단순화의 오류를 범하게 될 가능성이 크다. 사실 '강한 국가' 개념을 적용하면서 흔히 범하는 실수는 대부분 개념의 혼돈에서 비롯된다. '강한 국가'는 사회의 반대와 저항에도 불구하고 정책을 일관성 있게 수립하고 집행할 수 있는 능력을 보유한 국가로서 결코 권위주의 국가의 동의어가 아니며, 그렇다고 해서 사회를 통제하고 탄압할 수 있는 능력을 배제하는 개념도 아니다. 그러므로 '약한 국가'는 사회의 자율성이 보장되는 수준이 아니라 오히려 국가의 자율성이 심각하게 축소된 경우에 적용되어야 한다. 따라서 베트남을 '약한 국가'로 간주하는 것은 지나치게 단순하고 성급한 진단이다. 특히 사회 탄압의 역량만 놓고 본다면 베트남은 여전히 '강한 국가'임에 틀림없다.4)

국가의 역량은 일반적으로 제한되어 있으므로 사회의 성장은 국가 역량의 상대적 감소를 뜻하며 국가에 대해 전략적 선택을 요구하게 된다. 즉 국가는 강력한 자율성을 유지해야 할 분야와 그렇지 않은 분야를 선택해야만 하고 그러한 선택은 끊임없는 재조정의 과정을 거치게 된다. 따라서 임의로 선택한 특정 분야에 대한 사례분석만으로 국가의 강함과 약함을 규정하는 것은 국가-사회관계 변화의 역동성을 놓치기 십상이다.

또한 '약한 국가'의 증거로 제시되는 징후들, 즉 '담허물기'(pharao)로 지칭되는 주민들의 저항, 협상, 비협조, 회피, 무시, 변형 등은 가장 억압적인 지배구조에서도 흔히 발견되는 '약자의 무기'로서 베트남의 경우 통일 직후 국가가 가장 강력했던 시기에도 있었던 현상이며 오랜 역사적 뿌리를 갖고 있는 전통이기도 하다. 또한 사회의 요구에 신속히 반응하는 민주주의 체제와 달리 권위주의 체제는 사회의 일상적 저항이 누적되어

---

4) 특히 종교에 대해서만큼은 조합주의적 관리를 철저히 하고 있다. 불교의 경우 국가가 승인한 베트남불교회에 소속되지 않는 베트남연합불교회에 대해서는 철저하게 탄압하고 있다. 예를 들어, 2000년 6월 불교계의 강력한 반발에도 불구하고 호찌민박물관 앞 일주사의 고승을 베트남연합불교회 소속이라는 이유로 강제 퇴거시켰다. 2003년에는 교황청이 추서한 추기경의 서임을 거부할 만큼 종교에 대해 단호한 입장을 유지하고 있는데, 이는 통일 이전 남베트남에서 종교가 수행했던 정치적 역할을 기억하고 있기 때문인 것으로 풀이된다.

위기 상황에 이르기 전에는 그러한 저항을 탄압하며 사회의 요구를 무시하는 것이 일반적이다. 달리 표현하자면, 권위주의 체제의 변화는 대부분 위기 상황에 대한 대응으로 나타나는 것이다. 따라서 일상적 저항의 존재를 확인하는 단계에서 한걸음 더 나아가 그러한 사회의 불만이 언제 어떻게 국가에 의해 위기로 인식되며 외부로부터의 유입된 위기상황과 어떻게 조합하는지, 국가는 어떤 제도적 변화로 대응하는지 분석되어야 할 것이다. 만약 국가에 대한 사회의 일상적 저항이 약화된 국가권력 혹은 강화된 사회역량을 대변하는 것이라면 궁극적으로 국가 내부의 제도적 변화 혹은 정책적 변화로 귀착될 것이고, 또한 그러한 외연의 변화가 수반되어야만 일원주의와 다원주의를 극점으로 하는 스펙트럼 상의 위치 이동을 확인할 수 있을 것이다.

이러한 맥락에서 본 연구는 국가와 사회의 직접적인 상호작용보다는 시장과 사회의 성장으로 인해 점진적으로 야기된 국가 내부의 제도적, 정책적 변화에 초점을 맞추고자 한다. 달리 표현하자면 변화하는 환경에 대한 국가의 대응 혹은 적응이 분석의 대상이다.

3. 위기와 국가 변화: 이데올로기와 성장의 갈림길

1) 내부적 위기와 정부의 대응력

2001년 2월 중부 산악지대의 닥락(Daklak)성과 쟈 라이(Gia Lai)성에서 폭동이 일어났다. 늘어나는 낀(Kinh)족의 이주로 위기감을 느낀 에데(Ede)족과 쟈라이(Giarai)족 등 소수민족 5,000여명이 토지 반환을 요구하며 경찰서와 우체국을 습격하고 5일 이상 도심에서 폭력시위를 벌였다. 정부는 해당 지역을 외부로부터 완전히 차단한 후 군경을 투입해 이들을 진압

했다(*FEER* 2001/03/01, 24-25).

이 사건은 저항의 규모 면에서 당 지도부를 경악케 하기에 충분하였지만 어느 정도 예견할 수도 있었던 사건이었다. 이미 1997년 5월부터 6월 사이에 타이 빈(Thai Binh) 성에서 관료들의 횡포에 분노한 수천 명의 농민들이 관료들을 폭행하고 그들의 주택에 방화를 하는 폭력시위를 벌였고, 8월에는 타인 호아(Thanh Hoa), 9월에는 꾸앙 빈(Quang Binh) 지역에서도 농민들의 저항이 이어졌으며(Vasavakul 1998, 318), 이후 산발적인 농민 저항이 남부 지역을 중심으로 계속되었던 것이다.[5] 그럼에도 불구하고 정부는 항상 사후약방문격이고도 형식적인 대응에 만족하며 문제의 본질에 접근하는 데 실패했다. 예컨대, 타이 빈 소요에 대해서는 그 원인이 관료들의 권력남용에 있다고 보고 일종의 주민소환제를 도입하기로 약속하였다. 그러나 파면의 대상도 횡령에 국한하고, 실제 파면권은 여전히 해당 지역의 당이 행사할 수 있도록 함으로써 실질적인 효력은 전혀 기대할 수 없는, 그야말로 주민들의 불만을 일시적으로 누그러뜨리기 위한 조처에 불과한 것이었다. 또한 2000년 9월부터 2001년 2월 폭동이 일어나기 직전까지 토지문제 해결을 위해 정부 대표단을 각 지방에 파견하여 조사를 진행하고 있었다는 점이다. 역시 농민들의 저항이 있고 난 다음에야 정부 대표단을 충분한 준비 없이 급조했던 탓에 성과는 미미하였다(Koh 2001c, 547-548). 따라서 2001년 2월의 폭동은 충분히 예상할 수도 있었던 사건임과 동시에 피하기 어려웠던 사건이라고 할 수 있다.

바로 이러한 점이 베트남이 직면한 내부적 위기의 근원이라고 할 수 있다. 즉 사회경제적 문제가 발생했을 때 신속하고도 적절히 대응하지 못한

---

5) 11월에는 가톨릭교도들이 집중되어 있는 동 나이(Đong Nai) 성에서 수천 명의 주민들이 경찰과 충돌하였다. 일부 농민들은 호찌민 시 레주언(Le Duan)로에서 천막농성을 벌이기까지 하였다. 레주언로는 상업광고물 설치도 불허할 만큼 통일국가의 권위를 상징하는 거리임에도 불구하고 농성을 며칠씩 허용하였다는 점은 수일 후 아무도 모르게 농성의 흔적조차 없게 깨끗이 쓸어버리는 점과 함께 당과 정부가 이미지 관리에 얼마나 많은 주의를 기울이는지 엿볼 수 있게 한다.

채 문제를 위기상황으로까지 끌고 가는 정부능력(governance)의 부재인
것이다. 심각한 것은 이러한 정부능력의 부재가 국가의 구조적 한계에서
기인한다는 것이다. 지금까지의 농민저항은 거의 모두 집단화와 탈집단화
로 인한 토지 소유 문제 그리고 이와 관련한 관료들의 부패와 무능으로
발생했는데,[6] 이를 달리 표현한다면 성장하는 시장과 과대한 국가구조의
충돌이라 할 수 있다. 즉 개혁을 통해 시장은 활성화되고, 또 그만큼 주민들
은 재산과 이윤에 민감해진 반면 국가를 구성하는 당 간부들과 정부 관료들
은 안보국가가 제공하던 권위와 혜택을 이용해 주민들의 이익을 침해하기
때문에 발생하는 갈등인 것이다.

문제의 원인이 구조적이니만큼 당과 정부로서도 쉽게 해법을 찾을 수
없는 상황이다. 간헐적으로 이루어지는 부패 관료들에 대한 숙청과 처벌은
결코 근본적인 처방이 될 수 없다는 사실은 베트남에서도 예외가 아님이
확인되었고,[7] 관료들의 급여 인상도 여러 차례 있었지만 부패를 차단하기
에는 턱없이 모자라는 수준에 그쳤다.[8] 또한 이를 제도적으로 개선하고자
행정개혁을 시도하였지만 관료들의 저항에 부딪혀 뚜렷한 성과를 얻지 못
하고 있는 실정이다.[9] 결국 과대국가의 축소만이 문제를 해결할 수 있지만

---

6) 2001년 폭동의 경우에는 여기에다 종족문제와 종교문제까지 더해져 농민들의 불만이 극에
   달했던 것이다.
7) 예컨대 1997년 한해에만 10,000건 이상의 밀수에 관료들이 관여했다는 사실에서 당시 부패의
   정도를 짐작할 수 있다(Truong 1998, 331). 1999년 7월 공산당원 200여 명을 축출하고 1550명을
   징계하였지만 부정부패 현상은 조금도 개선되지 않고 있는 실정이다. 2003년 2월에는 남부
   최대 폭력조직을 비호한 혐의로 공안부 차관과 검찰청 차장을 포함하여 155명이 기소되었다.
   범죄조직과 국가가 결탁했다는 점에서 부정부패가 극에 달했음을 시사한다.
8) 공무원 및 국유기업 직원들의 최저임금은 1993년 144,000동에서 네 차례 인상되어 2003년 1월
   에 290,000동이 되었는데 2004년에는 급여체계 개선을 통해 31.5%의 인상효과를 가져올 것이
   라고 발표되었다(연합뉴스 2004/02/11). 이 계획이 실현된다 하더라도 최저임금이 40만 동을
   조금 넘는 수준이어서 외국기업의 최저임금인 40달러(60만 동)에는 크게 미치지 못한다.
9) 1995년 당 중앙위원회 8차 전체회의는 행정개혁의 필요성을 강조하고 특히 행정절차 간소화("mot
   cua mot dau")를 추진하였으나 절차가 간소화될 경우 개입의 여지를 박탈당하는 관료들에 의해
   저지되었는데 특히 지방 관료들의 반발은 중앙정부의 권위에 도전하는 수준이었다(Gainsborough
   2002b). 최근 호찌민시는 독자적으로 강력한 행정개혁을 추진할 것임을 천명하였다. 레 타인 하이
   (Le Thanh Hai) 호찌민시 인민위원장은 "시민들의 고통이나 어려움에 무관심한 공직자를 더 이상
   받아들이지 않을 것"이라며 모든 역량을 집중해 공직자들에 대한 감독활동을 강화하고 부패하거

이는 개혁을 위해 개혁의 대상으로부터 지지를 획득해야 하는 도이머이 체제의 태생적 한계인 것이다.

2) 공산당 지도부의 변화

도이머이 시대는 궁극적으로 개혁의 대상이 될 수밖에 없는 세력이 개혁을 주도했다는 점에서 위기를 배태한 채 출범했다고 해도 과언이 아니다. 1980년대 중반 심각한 경제위기를 극복하기 위해 시장경제를 채택한 개혁세력도 현재의 기준으로 보자면 지극히 보수적인 혁명세력이었다. 시장보다는 국가를, 성장보다는 안보를 우선하는 세력이었던 것이다. 따라서 현재의 내부적 위기가 과대국가에 기인하는 것이라면 결국 보수적 혁명세력의 퇴장과 진정한 개혁세력의 등장이 교차되어야만 근본적으로 해소될 수 있을 것이다.

이러한 '세대교체'를 통한 국가 진로의 전환은 중국이 1993년 등소평의 남순강화(南巡講話)를 기점으로 당 내부의 갈등을 해소하고 이데올로기적 멍에를 완전히 벗어던졌던 것처럼 전격적으로 이루어질 수도 있으나, 베트남의 경우 등소평에 견줄 수 있을 만큼 절대적 권위를 보유한 인물이 없을 뿐만 아니라 각 정파[10]의 이해를 비교적 균등하게 반영하는 합의제의 불문율을 고려할 때 안보에서 성장으로 국가전략의 무게중심이 이동하는 데에는 상당한 시간이 소요될 것이다.[11] 이러한 맥락에서 1996년의 제8차

나 업무성과가 낮은 공무원들을 우선적으로 파면할 것이라고 밝혔다(연합뉴스 2004/03/12).

10) 베트남의 정파는 지극히 유동적인 것으로 이데올로기, 출신지역, 개인적 친분 등이 사안에 따라 교차하며 잠정적 정파를 형성한다. 따라서 반드시 두 개의 정파만으로 대립하지 않을 수 있으며 주요 정책은 여러 정파의 입장을 골고루 반영하여 결정되는 것이 관례였다고 할 수 있다. 그러나 개혁의 속도와 범위에 관한 문제는 국가의 기본적인 방향을 결정하는 사안인 만큼 크게 보수파와 개혁파로 나뉜다고 보아도 무방할 것이다.

11) 또한 주의해야 할 것은 세대교체가 단순히 지도자들의 평균연령으로 확인될 수 있는 문제가 아니라는 것이다. 혁명세력이란 반드시 혁명을 직접 이끌었던 인물들만을 지칭하는 것이 아니라 이데올로기적 순수성—그 내용이 공산주의든 민족주의든—을 고집하는 당 간부를 모두 지칭하는 개념이다.

당대회부터 2002년의 제9차 당대회를 거쳐 현재에 이르기까지의 대내외적 위기와 제도적 대응을 살펴보는 것이 필요하다.

1996년 8차 당 대회를 앞두고 개혁의 속도와 사유부문의 적정비율을 놓고 보수 세력과 개혁 세력이 대립한 결과 당 대회 직전까지 정치국 구성에 대해 합의를 보지 못하는 등 심각한 당내 투쟁이 있었다(Heng 2001b, 363). 이는 1996년까지만 해도 안보와 시장의 논리가 팽팽히 맞서있는 상태에 있었음을 뜻한다. 결국 1997년 12월에 이르러서야 4차 중앙위원회를 개최해 정치국을 구성했는데 도 머으이(Do Muoi) 총서기, 레 득 아인(Le Duc Anh) 국가주석, 보 반 끼엣(Vo Van Kiet) 수상이 사임하고 레 카 피에우(Le Kha Phieu), 쩐 득 러웅(Tran Duc Luong), 판 반 카이(Phan Van Khai)로 대체되었다. 피에우(Phieu)의 발탁은 가장 보수적이라 평가받았던 아인(Le Duc Anh)의 고집에 힘입은 것이었고, 4명의 신임 정치국원들도 군과 당내 이데올로기 분야의 인물들로 충원되어, 보수 세력이 부분적으로 승리한 듯 하였다. 1997년에 발생했던 일련의 주민 저항 사태가 보수 세력의 입지를 강화해 준 것으로 풀이된다(Vasavakul 1998, 315-319).

그럼에도 불구하고 정치국원 가운데 수적으로는 개혁파가 약간의 우세를 유지했다(이한우 2002, 138). 개혁파를 이끄는 카이 수상은 모스크바 국립경제대학에서 수학한 경제전문가로서 1989년부터 1991년까지 국가계획위원회 위원장을 역임하였고 1992년부터 끼엣(Vo Van Kiet) 정부의 제1부수상을 지낸 전형적인 테크노크라트라고 할 수 있다(Vasavakul 1998, 313-314; 이한우 2002, 133). 주목할 만한 것은 취임 당시 카이 총리가 전임 끼엣 정부의 목표가 위기관리였던 데 반해 새 정부의 목표가 성장에 있음을 분명히 밝혔다는 점이다(*SGP* 1997/10/03, 1). 실제로 카이 수상은 보수 세력의 견제에도 불구하고 줄곧 성장 정책을 추구해 왔다(*FEER* 2002/08/08, 20-21).

개혁과 보수의 줄다리기는 2001년 4월에 개최된 제9차 당대회까지 계속되는 양상을 보였다. 보수파는 사회주의와 제국주의 간의 갈등을 다시 강조하기 시작하였고 개방과 세계화 참여에 따른 후유증에 대한 우려도 자주 표출하였다(Thayer 1999, 10-11). 아시아 경제위기로 인해 투자와 수출이 동시에 감소하고 실업률이 두 자리 수에 머물고 있음에도 불구하고 정치국은 구체적인 개혁 프로그램 합의에 실패했다. 수출이 10억 달러 이상 감소했던 2000년에도 중앙위원회 3차 전체회의는 이데올로기와 개혁 사이의 중도 노선을 강조하고 재확인하는 데 그쳤다. 오히려 피에우(Phieu)는 점점 보수적 색채를 강화하며 "사회주의와 자주독립노선의 바탕 아래 경제개발을 계속하지만 우리의 색깔을 바꿀 수는 없다"(Koh 2001c, 543에서 인용)고 선언하며 개혁 세력의 반발을 사기 시작했다. 11월 베트남을 방문한 클린턴 환영사에서도 피에우는 사회주의의 우월성을 30분에 걸쳐 강조하였고 이듬해 2월 베트남공산당 창당 70주년 기념식에서도 같은 논조를 되풀이하면서 개혁에 대한 재갈을 놓지 않았다(Koh 2001c, 540). 개혁-보수 갈등은 미국과의 무역협정 체결을 두고 절정에 달했다. 협정이 체결되면 대미 수출품에 대한 관세가 40%에서 3%로 인하됨에도 불구하고 보수파는 국내산업 보호를 명분으로 10개월 동안 협정체결을 막았던 것이다.

그러나 이미 1998년과 1999년의 위기상황은 팽팽하던 '중도노선'을 서서히 '개혁' 쪽으로 기울게 했으며 그러한 변화는 제9차 당대회를 통해 구체화되었다. 제9차 당대회를 통해 무엇보다도 피에우가 퇴출당하고 농득 마인이 총서기에 취임하면서 그동안 불문율처럼 지켜지던 보수-중도-개혁의 삼각구도가 무너지고 보수 세력이 권력의 핵심에서 제외된 것이다. 새롭게 구성된 정치국원 15명 중 8명이 확실한 개혁파로 분류되는 반면 보수적 인물은 3명에 불과해 "전문기술관료를 중심으로 하는 제3세대"가 주도권을 쥐게 된 것이다(이한우 2002, 134-139).

특히 피에우의 몰락이 정치적으로 시사하는 바는 아주 크다. 그가 몰락하게 된 데에는 그의 개인적 권력욕에 따른 좌충우돌이 직접적인 원인이 었던 것으로 분석된다. 권력 서열 1위의 자리에 있었음에도 불구하고 그는 권위와 존경 대신 무능하다는 비판과 질책을 받아야만 했다. 확실히 그의 능력은 국가를 이끌기에는 충분치 않았다. 아마도 그런 점을 스스로 인식했기 때문에 권력분산의 전통을 깨려는 시도를 감행했을 것으로 추측할 수 있다. 그러나 더욱 중요한 것은 그를 구하고 지켜줄 보수 세력이 더 이상 존재하지 않았다는 것이다. 피에우의 퇴출에는 특히 지방을 대표하는 중앙위원회 위원들의 반대가 결정적이었던 것으로 알려졌다. 지방간의 성장 경쟁이 위원들의 이데올로기적 입장과 관계없이 지방의 성장을 가로막는 보수 세력에게 반기를 들게 한 것이다(Abuza 2002).[12]

아울러 당 고문직의 폐지도 상대적으로 보수적인 원로들이 당 운영에 관여할 수 있는 여지를 봉쇄하는 조치로서 개혁에 박차를 가할 수 있는 환경을 조성했다고 볼 수 있다. 특히 이로 인해 보수파를 대표하는 레 득 아인(Le Đuc Anh) 전 국가주석의 영향력은 거의 소멸된 것으로 보인다(이한우 2002, 131-32).[13]

요컨대 1996년부터 불거진 개혁과 보수 간의 갈등은 1997년 카이 수상의 취임에서 무게중심이 서서히 개혁으로 이동하기 시작하여 피에우 총서기의 퇴장을 끝으로 개혁 세력으로 완전히 이동한 것으로 보인다. 그러나 이러한 변화가 시장의 완전한 승리 혹은 이데올로기의 완전한 퇴장을 의미하지는 않는다. 여전히 당 내부에 포진하고 있는 보수적 인사들과 개혁이 과도하게 추진되면 너무 많은 것을 잃게 될 수많은 관료들에게 이데올로기는 필요하다면 언제든지 되살릴 수 있는 강력한 무기인 것이다. 다만 개혁과 개방에 대해 지나치게 조심스러웠던 과거에 비해 좀더 과감한 개혁이 추진될 것으로 기대할 수 있을 것이다. 과연 이러한 제도적 변화가 정책적으로 발현되고 있는지 국유부문과 사유부문의 비중 조정과 외국인직접투자(FDI) 정책을 통해 살펴보기로 하자.

---

12) 정치국은 2/3 찬성으로 피에우를 유임시키기로 결정하였는데 중앙위원회 12차 전체회의에서 이를 뒤집었다. 중앙위원회에서 지방관료들의 비중은 꾸준히 증가해 1982년 15.6%에서 2001년 41%에 달하였다(Abuza 2002, 132).

13) 따라서 제9차 당대회가 이데올로기나 정책에 관한 논의 없이 오직 내부의 갈등을 해결하는 데 그쳤다는 평가(Koh 2001c, 536)는 이처럼 이면의 중요한 변화를 놓치고 있다.

3) 국영기업 개혁과 사유부문의 확대

국영기업은 체제전환을 꾀하는 사회주의 과대국가를 압박하는 최대의 난제이다. 국영기업에 대한 재정지원을 기간시설에 대한 투자로 전환하고 과잉고용된 인력을 시장으로 유도해 사유부문을 확대해야 함에도 불구하고 사회주의 원칙에 따라 고용과 생산을 보장해야 하기 때문이다. 베트남의 경우에도 이 딜레마는 오랫동안 해결되지 않았다. 국영기업 개혁은 1990년부터 정책적 과제로 제시되었는데, 당시 국영기업의 수는 12,297개로서 전체 노동력의 12%를 고용하여 연평균 전체 GDP의 33%를 생산하였다. 이후 4년간 합병과 해체를 통해 1994년 4월 기준 국영기업의 수는 6,264개로 줄었다(Phan et al. 1996, 3). 그러나 해체된 기업은 대부분 소규모 기업이었기 때문에 국영기업의 노동자 수에는 큰 변화가 없었다(이한우 2004, 295).

문제는 이후 오랫동안 국영기업 개혁에 아무런 진전이 없었다는 점이다. 1992년 주식회사화 정책, 1993년 파산법, 1995년 국영기업법 등 정부의 다각적인 노력에도 불구하고 국영기업이 차지하는 비중에는 큰 변화가 없었다. 예컨대 1993년 파산법이 도입된 이후 2000년까지 실제로 파산한 국영기업은 7개에 불과했으며(권율 2000, 101), 공업생산량 비중에서도 1995년 50.3%에서 2000년 41.8%로 감소하는 데 그쳤다(이한우 2004, 300-302). 현재 전체 국영기업의 부채는 자산의 10배를 초과하고 있고(*FEER* 2002/11/21, 28), 국영기업의 46%가 적자를 내고 있으며, 그럼에도 불구하고 2002년까지 주식회사로 전환한 국영기업들이 국영기업 전체 자본에서 차지하는 비중은 불과 3%에 그쳤다(Abuza 2002, 128).

이처럼 국영기업 개혁이 미진할 수밖에 없었던 이유로는 해고된 노동자들과 매년 백만 명씩 증가하는 신규 노동력을 흡수할 정도로 사유기업과 외국인투자기업이 확충되지 않았다는 점, 국영기업 경영자들과 지방 소속 국영기업을 관리하는 지방간부들의 저항, 그리고 국유부문이 적정 수준을 유지해야 한다고 믿는 보수 세력의 입장 등을 꼽을 수 있다(권율 2000; Painter 2003; 이한우 2004). 특히 당 내 보수적 지도자들과 지방간부, 국영기업 간부들의 이해가 일치함에 따라 국가 주도의 적극적인 개혁은 처음부터 기대하기 어려웠을 뿐만 아니라 국영기업 문제에 관한 지방간부들과 국영기업 간부들이 보수파의 든든한 지지 세력이 되어 주었다.

처음부터 당 지도부의 입장은 국영기업의 개혁을 통해 국영기업을 최대한 유지하는 것이 목표였다. 1990년대 초 국영기업개혁위원회 위원장이었던 판 반 띠엠(Phan Van Tiem)은 국영기업 개혁의 목표가 국가경제에서 국영기업이 '지배적' 역할을 할 수 있도록 보장하는 데 있음을 강조했다(Phan et al. 1996, 4). 심지어 1996년 제8차 당대회에서는 국유부문을 전체 GDP의 65%에 고정하자는 제안이 나오기까지 하였으며 이런 분위기는 피에우가 몰락하기 전까지 계속 유지되었다. 개혁의 속도에 대해 중도노선을 강조했던 2000년 중앙위원회 3차 전체회의에서도 전략산업을 포함한 국영기업의 중요성과 그에 따른 국가 보호를 확인한 바 있다. 제9차 당대회 직전 피에우는 "사회주의를 지향하는 포괄적 차원에서" 국영기업 개혁을 추진해야 한다고 주장하며 사유화를 통한 구조조정에 반대했으며 실제로 그가 당 총서기로 재임한 기간 중에는 사유화 실적이 지극히 저조했다 (Abuza 2002, 129-130). 한마디로 2001년까지 베트남의 국영기업 개혁은 "사유화 없는 개혁"(Tran Van Tho 2001, 이한우 2004, 298에서 인용)을 추구했던 것이다.

그러나 당 지도부에서 보수 세력이 약화된 이후 국영기업 개혁은 새로운 국면에 접어든 것으로 보인다. 2001년 말 국영기업 설립규정을 강화한 이후 신설된 국영기업의 수가 현저히 줄어들기 시작했다. 2003년 상반기에 단 10개의 국영기업이 설립되었는데, 이는 1999년과 2000년의 10%에 불과한 것이다. 또한 목표에는 미치지 못했지만 2003년 한 해 동안 365개의 국영기업에 대해 구조조정을 완수해 2002년 대비 40% 증가한 실적을 올렸다. 이에 고무된 카이 정부는 구조조정 대상 4,669개의 국영기업 가운데

3,564개의 기업을 2005년까지 정리하여 평균자본금을 210% 증가한 480억 동으로 끌어올릴 계획이며 인력도 30% 정리할 것이라고 발표하였다(연합뉴스 2003/09/04; 연합뉴스 2003/12/30).

또한 2002년 4월 세계은행 차관 등을 통해 3억 9천만 달러 규모의 잉여근로자지원기금을 발족시킨 것도 국영기업 개혁에 대한 카이 정부의 의지를 엿볼 수 있는 부분이다. 카이 정부는 이 기금을 이용해 구조조정으로 인해 발생하게 될 실직자들을 구제한다는 계획이다. 그러나 장기적으로는 실직자들의 재취업이 보장되어야만 하는데, 현재 10% 내외의 실업률과 매년 노동시장에 백만 명의 신규 노동력이 진입하는 상황을 고려할 때 이는 사유부문과 외국인투자가 대폭 활성화되어야만 가능할 것이다.

그러나 사유부문의 성장은 개혁 초기에 비해 현저히 둔화되어 전체 생산에서 차지하는 비중이 1995년 24.0%에서 2000년 21.6%로 하락하였다 (이한우 2004, 301). 카이 정부는 사유부문을 확대하기 위해 2000년 1월 1일 기존의 사업허가제를 폐지하고 기업설립 요건을 완화하는 내용의 기업법을 도입하였다. 그 결과 1995년부터 1998년까지 4년간 600개의 기업이 설립되었던 데 비해 2000년 한 해에만 12,000개의 기업이 설립되었고 (Heng 2001b, 359), 이후 4년간 72,600개의 기업이 신설되어 160~200만 명의 고용효과를 가져왔다. 내국인 투자·규모도 95억 달러로 증가해 현재 사유부문의 총 투자액은 GDP의 27%가 되었다. 이는 기업법이 발효되기 전에 비해 7%나 상승한 것이다(연합뉴스 2003/11/06).

이런 성과에도 불구하고 카이 총리는 각료회의를 통해 기업법 만으로는 국영기업에 비해 현저히 불리한 환경을 개선할 수 없다며 기업 활동을 저해하는 까다로운 절차와 관련 법 개정을 촉구한(연합뉴스 2003/11/06) 점으로 미루어 사유부문을 확대하고자 하는 카이 정부의 의지는 확고해 보인다.

이상에서 살펴본 것처럼 국영기업 개혁과 사유부문의 비중 조정은 1997년 이후 전개된 당 지도부 내의 권력 이동과 궤를 같이 하는 것으로 보인다. 물론 현재의 당 지도부가 개혁적이라 하더라도 사유부문을 무한히 확장할 정도의 시장주의자들은 아니라는 점에서 어느 정도 이러한 정책적 변화를 유지할지는 좀 더 지켜봐야 할 것이다. 그러나 당 지도부 내 보수 세력이 현저히 약화된 만큼 이러한 추세는 당분간 유지될 것으로 전망해도 무난할 것이다.

4) FDI의 정치경제

국영기업 개혁과 사유부문의 확대는 외국인직접투자(FDI) 정책과 불가분의 관계에 있다. FDI와의 합작을 통해 국영기업은 경쟁력을 강화할 수 있고 FDI 기업의 증가는 사유부문을 직접적으로 확대하기 때문이다. 뿐만 아니라 FDI에 대한 의존도가 높은 베트남 경제가 지속적으로 성장하기 위해서는 꾸준한 FDI 증가가 필수적이다. 오랜 전쟁으로 인해 축적된 국내자본이 거의 전무한 상태에서, 또한 의지해오던 사회주의권이 붕괴한 상태에서 자본주의 세계경제로의 편입과 자본의 유치는 성장을 선택한 베트남으로서는 불가피한 선택이었다. 베트남 정부는 1987년 외국인투자법을 제정한 후 FDI를 적극적으로 유치하기 시작해 1996년에 이르러서는 GDP 대비 세계에서 두 번째로 많은 FDI 유치 국가가 되었다(World Bank 1997a, 17: Pham 2004, 1에서 인용). 2003년 현재 74개국이 베트남에 투자하고 있으며, 누적 FDI 액수는 계약 기준 4,560건 428억 달러에 달한다 (Nguyen 2003a, 32).

도입된 FDI는 곧바로 베트남 경제성장의 원동력이 되었다. GDP에서 FDI가 차지하는 비중은 1992년 2%에서 1994년 3.6%, 1995년 6.7%, 1998년 9.1%로 증가했고(GSO 1999, 25-6) 2002년에는 14%로 급증하였다 (Nguyen 2003a, 35; 연합뉴스 2003/09/16). 전체 수출액에서도 FDI의 비중은 1991년 2.5%에서 출발해 1993년 8.6%로 급증한 후 1997년에는

19.6%에 달했다(Pham 2004, 56). 정부재정에 대한 기여도에서도 FDI는
1991년 0.02%에서 1997년에는 1.2%로 급증하였는데, 공업 부문 내에서
계산하면 재정기여도가 1997년의 경우 무려 49.2%에 달했다(GSO 1999,
c). 공업생산량에서 FDI가 차지하는 비중도 꾸준히 증가해 2000년에는
35.9%에 이르렀다(GSO 2002, 233). 2003년 현재 FDI 기업은 65만여 명을
직접 고용하고 있으며 전체 수출의 23%와 GDP의 14%를 차지하며 베트남
경제성장의 견인차 노릇을 하고 있다(연합뉴스 2003/09/16).

그러나 FDI 유치가 항상 순조롭게 이루어진 것은 아니다. 〈표 1〉에
나타나듯이 전체적으로 FDI는 꾸준히 증가하다 1997년부터 감소하는 추세
를 보여 1997년에 시작된 아시아 경제위기가 베트남 경제에도 직접적인
영향을 미쳤음을 알 수 있다. 당시 전체 FDI의 70%가 아시아 국가들(주로
싱가폴, 일본, 대만, 홍콩, 한국)로부터 도입되었기 때문에 신규투자가 감소
할 수밖에 없는 상황이었다.14) 그러나 1996년과 1997년의 감소는 경제위
기가 시작되기 전이므로 아시아 경제위기와 관계없이 FDI는 이미 감소 추
세로 돌아섰음을 알 수 있다. 특히 계약액보다 실제 집행액의 추이를 보면
FDI의 실질적인 증가율은 1993년 대폭 증가한 이후 꾸준히 감소해 왔음을
알 수 있다.15)

FDI 계약액이 증가한 것은 베트남이 보유한 기본적인 장점, 즉 양질의
값싼 노동력과 외국인투자법이 제공하는 혜택(특히 최소투자액 기준이 없
다는 점), 그리고 성장의 잠재력과 선점 전략 등에 따른 것으로 풀이된다.
이에 반해 실제 집행액이 현저히 감소한 주된 이유는 투자자들이 계약 후
실사를 통해 투자환경이 예상보다 나쁘다는 사실을 확인한 후 투자를 유보
하기 때문이다.

---

14) 싱가포르, 대만, 일본, 홍콩, 한국의 투자액은 2003년 현재 230억 달러로서 전체 FDI의 54.7%
   에 달한다(Nguyen 2003a, 33).
15) 1993년 FDI 실제집행액이 폭발적으로 증가하여 국내 총 투자액의 60% 이상을 차지한 것은
   1990년과 1992년에 외국인투자법을 수정하여 인근 경쟁국에 비해 유리한 투자환경을 조성한
   데 따른 것으로 풀이된다(Pham 2004, 39).

〈표 1〉 베트남의 외국인직접투자 추이, 1988-1998

	1988-90	1991	1992	1993	1994	1995	1996	1997	1998
계약 건수	211	152	195	273	371	412	368	331	275
계약액 (백만 달러)	1,582	1,294	2,036	2,652	4,071	6,615	8,640	4,514	3,897
취소 건수	6	37	48	34	58	57	52	77	95
집행액 (백만 달러)	262.5	213	394	1,099	1,946	2,671	2,646	3,250	1,956
집행액증가율 (%)	n.a.	n.a.	185.0	278.9	177.1	137.3	99.1	122.8	60.2

출처: Pham 2004, 23 〈표 3.2〉

계약 집행을 미루거나 취소하게 만드는 주요 원인으로는 토지 사용권 문제를 포함한 외국인투자법의 모호한 규정들과 지나치게 까다로운 행정 절차 등이 지목되었다. 기존의 투자자들로부터도 정부의 요구 사항이 의외로 많고 지나치게 많은 관료들이 사사건건 개입하여 기업비용이 예상보다 지나치게 높다는 불만이 쏟아졌다(Pham 2004, 34-35). 이러한 문제를 해결하기 위해서는 당 내부의 의견조정이 필요했지만 당 지도부는 8% 이상의 고속 성장이 제공하는 만족감에 빠져 문제의 심각성을 충분히 인지하지 못했다.

당과 정부는 FDI 집행액이 실질적으로 감소한 1996년에 들어서야 FDI를 증가시키기 위한 방안을 모색하기 시작했는데, 이 과정에서 개혁의 속도와 범위를 둘러싼 논쟁이 격렬하게 일어났던 것이다. 자본주의와 제국주의를 동의어로 인식하는 보수적 혁명 세력에게 외국자본은 늘 경계의 대상이 될 수밖에 없었다. 성장을 위해 최대한 끌어들이되 국가적 방화벽을 유지하여 외국자본에게 지배당하지 않도록 한다는 암묵적 동의가 당 지도부를 이끌었다. 즉 외부의 자본을 필요로 하는 한편 신자유주의적 세계질서로부터 일정한 거리를 유지하고자 했던 것이다(Quan 2000, 382). 이러한 좌파적 경계심은 역설적으로 좌파 이론가들이 지목하는 토착자본의 파괴

혹은 성장 억제 그리고 종속의 심화 등으로 대변되는 FDI의 문제점들을 억제할 수 있도록 해 준 반면(Pham 2004),[16] 투자자들에게는 실망을 안겨 주었던 것이다.

1996년 일단 외국인투자법을 개정했지만 보수 세력과 개혁 세력 사이의 합의가 필요한 핵심 사안은 해결되지 않았다. 그 결과 1997년의 계약액은 1996년의 절반에 불과했고 그런 와중에 아시아 경제위기가 시작되어 FDI는 더욱 급감하게 되었던 것이다. 아시아 지역 투자자들의 자본이 위축되고 또한 인근 경쟁국들의 통화가치가 폭락하면서 그나마 투자자들을 유혹하던 임금경쟁력까지 사라지게 되자 계약액과 집행액 모두 추락했을 뿐만 아니라 계약을 아예 취소하는 경우도 급증하였다.

고속성장으로부터 체제의 정통성을 확보하는 국가는 성장률이 조금만 떨어져도 쉽게 위기감을 느낀다. 베트남의 경우 1998년과 1999년에도 5.8%와 4.8%의 성장을 기록해 당시의 위기상황을 비교적 잘 극복한 편이지만 당과 정부의 입장에서는 모자라는 성적이었다(Nguyen 2003b, 13). 계획투자부 장관 쩐 쑤언 자(Tran Xuan Gia)의 표현에 의하면 베트남은 정상적인 발전 속도에 만족할 수 없으며 "지름길"로 가야만 하는 것이다 (Tran 2003, 23). 이를 계기로 FDI에 대한 의존도가 높은 베트남으로서는 일정 규모 이상의 FDI를 지속적으로 유치하는 것이 고속성장의 필수조건임을 확인하면서 개혁파의 목소리는 힘을 얻기 시작했다. 응우옌 마인 깜 (Nguyen Manh Cam) 부수상은 2000년 5월에 가진 기자회견을 통해 외국인투자법 개정이 절실하다는 소견을 피력했다. 깜 부수상은 경제성장이 주춤한 데에는 아시아의 경제위기도 원인이지만 기본적으로 투자환경이 안 좋은 것이 더욱 중요한 원인이었음을 인정하고 급격히 변화하는 국제경제 환경에 맞게 외국인투자법이 개정되어야 할 뿐만 아니라 행정개혁도 반드

---

16) 100% 외자기업은 진출할 수 없는 분야 10개를 지정하고, 24개 종류의 공산품에 대해서는 생산량의 80%를 수출하게 하는 등의 정책을 통해 베트남 정부는 국내산업을 국내에 유입된 외부자본으로부터 보호해 왔다. 자세한 내용은 Pham (2004) 4장 참고.

시 수반되어야 함을 역설했다(*SGP* 2000/05/23, 1).

결국 같은 해 외국인투자법이 다시 한번 개정되긴 하였으나 돌아선 투자자들의 주목을 끌기에는 미흡하여 FDI는 연평균 20억 달러 수준에 머물고 있다. 시기적으로 보수 세력이 당 지도부의 한 축을 차지하고 있었기 때문에 획기적인 정책 변화는 어려웠던 것으로 풀이된다. 중대한 변화는 개혁 세력이 주도권을 장악하게 되는 2001년의 제9차 당대회 이후 시작되는데, 제일 먼저 주목할 만한 변화는 같은 해 12월에 이루어진 헌법 개정이다. 사유부문에 대해 동등한 경제활동권을 부여하는 조항이 첨가되어 사유제를 공식적으로 인정하고 보장하게 된 것이다. 이와 더불어 해외교포(Viet kieu)들의 국내 송금과 투자를 촉진하기 위해 내국인에 한해 허용되던 부동산 매매 및 사용권 부여, 국내 송금에 대한 비과세 조치, 국내수익의 국외송금 허용 조치 등의 정책을 실시한 것도 주목할 만하다. 혁명세대로부터 따가운 시선을 받아오던 해외교포들에게 이러한 권리를 부여했다는 것은 부족한 자본 유치를 위해 당과 정부가 안간힘을 쓰고 있음을 보여 준다고 하겠다. 이러한 정책에 힘입어 2002년에는 해외교포들의 국내 투자액이 5억 달러에 달했고 송금액은 20억 달러를 넘었는데 이는 한 해 수출액의 20%, 전체 GDP의 10%에 해당하며 평균 FDI 집행액에 맞먹는 규모다(연합뉴스 2003/01/15).

FDI 유치를 위한 정부의 적극적인 자세는 2003년에 들어 더욱 두드러지게 나타난다. 정부는 외국인이 국영기업을 포함한 국내기업의 지분을 법정 자본금의 30% 내에서 자유롭게 매입하거나 매각할 수 있게 하고, 투자원금과 이자 및 지분 매각에 따른 이익 등에 대해 환전과 송금을 허용하고, 지분을 담보로 이용할 수 있게 하고, 투자자가 개인일 경우 투자소득에 대한 소득세를 면제해 주는 등의 파격적인 정책을 잇달아 발표하였고(연합뉴스 2003/03/24), 한걸음 더 나아가 30%로 제한했던 국영기업에 대한 외국인의 지분보유한도를 확대하는 방안도 추진하고 있는 것으로 알려졌다(연합뉴스 2003/10/24). 2003년 11월에는 일본에게 최혜국 대우를 제공하고 일본인에게는 내국인과 동등한 대우를 보장하는 투자협정을 일본 정부와 체결하였다. 현재 베트남 정부는 통합기업법(Unified Enterprise Law)과 공공투자법(Common Investment Law)을 준비 중인 것으로 알려지고 있다. 목표는 현재 5개로 나뉘어져 있는 기업과 투자에 관한 법률(기업법, 국영기업법, 협동조합법, 외국인투자법, 내국인 투자장려법)을 일관된 원칙에 따라 통합하는 것으로서 원칙적으로 FDI에 대한 차별적 제한이 사라지게 될 것으로 예상된다.

하지만 이러한 노력에도 불구하고 이사회 의결에 만장일치제를 요구하는 현행법 등은 여전히 투자자들을 망설이게 하는 걸림돌로 남아 있으며, FDI에 관한 특유의 모호한 법조항들이 통합기업법과 공공투자법에서 어느 정도 해소될 수 있을지 미지수다. 특히 복잡하고 까다로운 인허가 절차를 비롯한 관료들의 횡포는 FDI 유치의 최대 장애물로 꼽힌다. 이는 과감한 행정개혁을 통해서만 해결이 가능한데 관료들의 강력한 저항을 어떻게 극복하느냐가 관건이다. 현재 베트남 정부는 행정개혁에 대한 강력한 의지를 천명하고 있지만(Tran 2003, 30) 어쩌면 공산당 일당 지배의 구조적 한계를 다시 한번 확인하는 데 그칠지도 모른다.

4. 맺음말

도이머이 시대가 출범한 이후 베트남이 이룩한 경제성장은 새로운 도전을 야기하였다. 팽창하는 시장은 그에 상응하는 정부의 능력을 요구하게 되었고 뒤늦게 편입한 세계경제질서는 베트남에게 더 많은 개혁과 개방을 요구하고 있다. 더욱이 1997년의 아시아 경제위기는 그동안 매사에 소극적, 점진적으로 대응해 오던 베트남에게 시장으로의 완전한 이동을 요구하였다.

이러한 대내외적 위기와 압박은 베트남의 정치 지형에 중대한 변화를 초래한 것으로 보인다. 즉 개혁과 보수 세력 간의 팽팽한 균형을 깨고 국가

운영의 주도권을 개혁 세력에게 넘겨준 것이다. 이는 베트남이 안보국가에서 발전국가로의 이동에 속도를 높일 수 있을 것임을 예고하는 것으로서 당면 과제인 국영기업 개혁과 사유부문 확대, 그리고 FDI 유치 정책의 변화에서 그 가능성이 확인되었다.

개혁적 색채가 강화된 당과 정부는 2001~2005 5개년계획을 수립하여 2005년 GDP를 1995년의 2배로 끌어올리기 위해 노력하고 있다. 구체적으로는 매년 150만 개의 일자리를 창출하여 2005년까지 총 750만 개의 일자리를 제공하고 2005년에는 빈곤층 인구를 10%이하로 줄이는 등의 목표를 잡고 있다. 또한 2020년에는 GDP를 2000년의 2배로 증가시킨다는 장기적 계획도 수립해놓고 있다. 이를 위해서는 연 7.2%의 성장이 필요한데 베트남 정부는 투명한 행정절차와 FDI의 지속적인 유입 없이 이 목표를 달성하기 어렵다는 사실을 인정하고 있다(Tran 2003, 27-29).

그러나 이러한 개혁적 변화가 완전히 제도화되기 위해서는 좀 더 많은 시간이 필요하며, 따라서 추후 지속적 관찰과 분석으로 확인되어야 할 것이다. 개혁 세력이라고는 하나 아직 사회주의 패러다임을 완전히 폐기했다고 단정하기는 어렵고, 항상 노력하는 자세만 제시하며 성과는 미미한 베트남 특유의 '재포장'(Heng 2001b, 364-67) 기법이 반복된 경우일 가능성을 완전히 배제할 수도 없기 때문이다. 베트남이 추구하는 것은 단순한 산업화가 아니라 "자주와 사회주의 원칙을 견지하는 산업화"(Tran 2003, 27)라는 당과 정부의 원칙적 간헐적 발언을 단순한 수사로 치부해버릴 수도 없다.

그럼에도 불구하고 대내외적 위기에 대응한 당 지도부의 변화와 그에 따른 정책적 변화가 궤를 같이 하며 진행되어 왔음은 분명해 보인다. 이러한 변화가 계속 유지될 때 시장과 사회의 자율성은 더욱 강화될 것이고 궁극적으로는 제한적 다원주의에서 다원주의로 전환하는 기초가 형성될 수 있을 것이다.

참고문헌

권 율. 2000. "베트남 국영기업의 개혁과정에 대한 연구." 『베트남연구』 1: 69-124.

박사명. 2004. "동남아의 경제발전과 정치변동의 동학." 박사명 (편). 『동남아 정치변동의 동학: 안정과 변화의 갈림길』. 서울: 오름.

이한우. 2002. "베트남의 체제변화와 21세기 발전 방향: 제9차 당대회 결과 분석." 『국제지역연구』 5(4): 123-45.

______. 2004. "사회주의권 쇠퇴 이후 베트남 사회주의 체제의 지속과 변화: 소유제 개혁을 중심으로." 윤진표 (편). 『동남아의 경제성장과 발전전략: 회고적 재평가』. 서울: 오름.

Abuza, Zachary. 2002. "The Lessons of Le Kha Phieu: Changing Rules in Vietnamese Politics." *Contemporary Southeast Asia* 24(1): 121-45.

Gainsborough, M. 2002a. "Political Change in Vietnam: In Search of the Middle-Class Challenge to the State." *Asian Survey* 42(5): 694-707.

______. 2002b. "Beneath the Veneer of Reform: The Politics of Economic Liberalization in Vietnam." *Communist and Post-Communist Studies* 35: 353-68.

General Statistical Office (GSO). 1999. *Statistical Yearbook 1998*. Hanoi: Statistical Publishing House.

______. 2002. *Statistical Yearbook 2001*. Hanoi: Statistical Publishing House.

Hagopian, Frances. 2000. "Political Development, Revisited." *Comparative Political Studies* 33(6/7): 880-911.

Hardy, Andrew. 2001. "Rules and Resources: Negotiating the Household Registration System in Vietnam under Reform." *Sojourn* 16(2): 187-212.

Heng, Russell Hiang-Khng. 2001a. "Media Negotiating the State: In the Name of the Law in Anticipation." *Sojourn* 16(2): 213-37.

______. 2001b. "Vietnam: Light At the End of the Economic Tunnel?" *Southeast Asian Affairs 2001*. Singapore: ISEAS.

Jeong, Yeonsik. 1997. "The Rise of State Corporatism in Vietnam." *Contemporary Southeast Asia* 19(2): 152-71.

Jönsson, Kristina. 2002. "Globalization, Authoritarian Regimes and Political Change: Vietnam and Laos." Catarina Kinnvall and Kristina Jönsson, eds. *Globalization and Democratization in Asia*. London and New York:

Routledge.

Kerkvliet, Benedict J. Tria. 1995. "Rural Society and State Relations." Benedict J. Tria Kerkvliet and Doug J. Porter, eds. *Vietnam's Rural Transformation*. Boulder: Westview Press.

______. 2001. "An Approach for Analysing State-Society Relations in Vietnam." *Sojourn* 16(2): 238-78.

Koh, David. 2001a. "Negotiating the Socialist State in Vietnam through Local Administrators: The Case of Karaoke Shops." *Sojourn* 16(2): 279-305.

______. 2001b. "State-Society Relations in Vietnam: Strong or Weak State?" *Southeast Asian Affairs 2001*. Singapore: ISEAS.

______. 2001c. "The Politics of a Divided Party and Parkinson's State in Vietnam." *Contemporary Southeast Asia* 23(3): 533-51.

Migdal, Joel. 1988. *Strong Societies and Weak States: State-Society Relations and State Capabilities in the Third World*. Princeton: Princeton University Press.

______. 1994. "The State in Society: An Approach to Struggles for Domination." Joel Migdal, Atul Kholi, and Vivienne Shue, eds. *State Power and Social Forces: Domination and Transformation in the Third World*. Cambridge: Cambridge University Press.

Nguyen Bich Dat. 2003a. "Foreign Investment Policy in the Process of International Economic Integration." *Vietnam's Socio-Economic Development* 34: 32-52.

Nguyen Duy Quy. 2003b. "Renovation in Vietnam: Achievements and Issues Put Forward." *Vietnam Social Sciences* 1(93): 7-14.

Painter, Martin. 2003. "The Politics of Economic Restructuring in Vietnam: The Case of State-Owned Enterprise Reform." *Contemporary Southeast Asia* 25(1): 20-43.

Pham Hoang Mai. 2004. *FDI and Development in Vietnam: Policy Implications*. Singapore: ISEAS.

Phan Van Tiem and Nguyen Van Thanh. 1996. "Problems and Prospects of State Enterprise Reform, 1996-2000." Ng Chee Yuen, Nick J. Freeman, Frank H. Huynh, eds. *State-Owned Enterprise Reform in Vietnam: Lessons from Asia*. Singapore: ISEAS.

Porter, Gareth. 1993: *Vietnam: The Politics of Bureaucratic Socialism*. Ithaca: Cornell University Press.

Quan Xuan Dinh. 2000. "The Political Economy of Vietnam's Transformation Process." *Contemporary Southeast Asia* 22(2): 360-88.

Stromseth, Jonathan R. 1998. "Reform and Response in Vietnam: State-Society Relations and the Changing Political Economy." Ph.D. dissertation, Columbia University.

Thayer, Carlyle. 1992. "Political Reform in Vietnam: *Doi Moi* and the Emergence of Civil Society." Robert F. Miller, ed. *The Developments of Civil Society in Communist Systems*. Sydney: Allen and Unwin.

______. 1999. "Vietnamese Foreign Policy: Multilateralism and the Threat of Peaceful Evolution." Carlyle Thayer and Ramses Amer, eds. *Vietnamese Foreign Policy in Transition*. Singapore: ISEAS.

Thomas, Mandy. 2001. "Public Spaces/Public Disgraces: Crowds and the State in Contemporary Vietnam." *Sojourn* 16(2): 306-30.

Tran Van Tho. 2001. "Vietnamese Gradualism in Reforms of the State-Owned Enterprises." *Vietnam's Socio-Economic Development* 26.

Tran Xuan Gia. 2003. "On Vietnam's 2001-2010 Socio-Economic Development Strategy and 2001-2005 Five-Year Plan." *Vietnam Social Sciences* 1(93): 23-30.

Truong, David H. D. 1998. "Striving Towards *Doi Moi* II." *Southeast Asian Affairs 1998*. Singapore: ISEAS.

Vasavakul, Thaveeporn. 1998. "Vietnam's One-Party Rule and Socialist Democracy?" *Southeast Asian Affairs 1998*. Singapore: ISEAS.

World Bank. 1997a. *Private Capital Flows to Developing Countries*. New York: Oxford University Press.

Womack, Brantly. 1992. "Reform in Vietnam: Backwards Toward the Future." *Government and Opposition* 27: 177-89.

연합뉴스 (www.yonhapnews.co.kr)

FEER (Far Eastern Economic Review)

SGP (Saigon Giai Phong)

필자소개

집필순

박사명 서울대학교 법학과를 졸업하였고, 미국 뉴욕주립대학교(New York State University)에서 "The State, Revolution and Development: A Comparative Study of Transformation of the State in Indonesia and the Philippines" (1988)로 정치학 박사학위를 취득하였다. 전공분야는 동남아 비교정치 및 필리핀 지역연구이며, 현재 강원대학교 정치외교학과 교수로 재직 중이다. 주요 연구로는 "동남아 정치변동의 동향과 전망"(1994), "보편성과 특수성: 정치학적 지역연구의 문제의식"(1998), "세계화와 중국화: 세계화에 대한 중국의 시각"(2002) 등이 있다.

배긍찬 고려대학교 정치외교학과를 졸업하였으며, 미국 클레어몬트대학원(Claremont Graduate School)에서 "International Impacts on the Formation of Modern Authoritarian States in East Asia: A Comparative Analysis of South Korea, the Philippines and Indonesia"(1988)로 정치학 박사학위를 취득하였다. 전공분야는 아세안(ASEAN) 및 동아시아 지역협력과 관련된 국제관계와 비교정치이며, 현재 외교안보연구원 교수로 재직 중이다. 주요 연구로는 『현대 동남아의 이해』(공역, 1993), 『동아시아 지역협력 추진 전망』(2000), 『ASEAN+3 지역협력의 과제와 전망』(2001) 등이 있다.

김홍구 한국외국어대학교 태국어과를 졸업하였으며, 동 대학원 국제관계연구학과에서 "태국 군부의 정치개입 원인에 대한 연구"(1990)로 정치학 박사학위를 취득하였다. 전공분야는 태국 정치연구이며, 현재 부산외국어대학교 태국어과 교수로 재직 중이다. 주요 연구로는 『태국군과 정치』(1996), "입헌군주제하의 태국 국왕의 카리스마와 정치적 역할"(1998), 『동남아의 종교와 사회』(공저, 1998), 『태국학입문』(1999) 등이 있다.

박기덕 서울대학교 정치학과를 졸업하였으며, 미국 시카고대학교(University of Chicago) 정치학과에서 "Fading Reformism in New Democracies: A Comparative Study of Regime Consolidation in Korea and the Philippines"

(1993)으로 정치학 박사학위를 취득하였다. 전공분야는 비교정치, 한국정치, 필리핀정치이며, 현재 세종연구소 부소장으로 재직 중이다. 주요 연구로는 『동아시아의 민주주의와 경제발전』(편저, 2001), 『한국 민주주의 10년: 변화와 지속』(편저, 1998), "필리핀의 정치변동과 시민사회의 역할"(2002), "필리핀 정당체제의 변화와 정당정치의 문제점"(2001) 등이 있다.

이동윤 연세대학교 정치외교학과를 졸업하였고, 동 대학원에서 "동남아시아의 정당정치와 민주주의: 필리핀, 태국, 인도네시아의 사례 비교"(2002)로 정치학 박사학위를 취득하였다. 비교정치(정치과정)와 태국, 필리핀, 인도네시아 등 동남아 비교연구를 전공하고 있으며, 현재 서강대학교 동아연구소의 상임연구원으로 재직 중이다. 주요 연구로는 "정통성 위기와 정치변동: 인도네시아 사례를 중심으로"(2002), "태국의 정당정치와 민주주의: 변화와 지속성"(2003), "필리핀의 정당정치와 민주주의 공고화"(2004), "Democratic Consolidation and Electoral Reform in Southeast Asia: Philippines, Thailand, and Indonesia"(2005) 등이 있다.

황인원 서강대학교 정치외교학과를 졸업하였고, 호주국립대학교(Australian National University)에서 "Changing Conflict Configurations and Regime Maintenance in Malaysian Politics"(2001)로 정치학 박사학위를 취득하였다. 동남아 정치 및 사회변동과 말레이시아 정치를 전공하고 있으며, 현재 서강대학교 동아연구소 상임연구원으로 재직 중이다. 대표 연구로는 "Authoritarianism and UMNO's Factional Conflicts"(2002), *Personalized Politics: The Malaysian State under Mahathir*(2003) 등이 있다.

정연식 한국외국어대학교 중국어과를 졸업하고, 미국 남캐롤라이나대학교(University of South Carolina)에서 "Interest Representation in Socialist Market Economies: A Comparative Study of Civil Society in China and Vietnam" (1997)으로 정치학 박사학위를 받았다. 동남아 비교정치와 베트남의 정치 및 사회변동을 전공하고 있으며, 현재 창원대학교 국제관계학과 교수로 재직 중이다. 주요 연구로는 "The Rise of State Corporatism in Vietnam"(1998), "아시아적 인권과 통문명적 인권: 동남아시아의 사례"(2000), "베트남의 권리의식과 정치 변화"(2002), "사회주의 혁명과 여성 지위 변화: 베트남 사례" (2004) 등이 있다.

찾아보기

ㄱ

개방적 지역주의 18, 19, 24, 55, 57, 58, 60

개혁(Reformasi) 33, 220, 236

개혁내각(Kabinet Reformasi) 194

건설적 개입(constructive intervention) 18, 85~87

건설적 관여(constructive engagement) 79

골까르당(Partai Golkar) 201~203, 205, 206, 209, 212, 214, 216, 217

공공투자법(Common Investment Law) 283

공생주의(communitarianism) 33, 49, 54

과대성장 143

과두엘리트 144

관료정체(bureaucratic polity) 39

국가능력 20, 144

국가보조금제 170, 192

국가와 사회 15, 23, 142, 265, 268

국민각성당(PKB: Partai Kebangkitan Bangsa) 201, 203, 204, 206, 211, 217

국민여망당(Partai Amanat Nasional) 201, 217

국민정의당(KeADILan: Parti Keadilan Nasional, National Justice Party) 242, 243, 246, 252, 254

국민통합내각(Kabinet Persatuan Nasional) 205, 206

국민협의회(MPR: Majelis Perm usyawaratan Rakyat) 183, 194, 195, 198, 201, 203, 205, 206, 208, 210~213, 221

국영기업 개혁 275~278, 284

국회(DPR: Dewan Perwakilan Rakyat) 183, 198, 202, 204~207, 209~214, 217, 221

군부개혁 21, 22, 199, 207, 214

규제국가(regulatory state) 34, 35, 59

극단다당제 152, 153

금권정치 115, 116, 118, 119, 150, 155, 171, 172

금융구조조정기구(IBRA: Indonesia Bank Restructuring Agency) 193

ㄴ

나흐다뚤 울라마(NU: Nahdatul Ulama)
　200, 210
내정불간섭 원칙　18, 85, 87, 96, 98, 101

ㄷ

당적 변경　21, 134, 153, 154, 169
대안전선(BA: Barisan Alternatif,
　Alternative Front)　242, 243, 249,
　250, 252
대중영합주의　110, 123, 126~128, 130,
　133, 134
도매적 매표(whole-sale vote-buying)
　172
도이머이(Doi Moi, 刷新)　46, 261, 264,
　271, 284
동아시아 비전그룹　91
동아시아 연구그룹　91
동아시아경제협력(EAEC)　73, 89
뜨리삭띠 대학교(Trisakti University)
　195

ㄹ

라모스(Fidel V. Ramos)　20, 42, 45, 49,
　144, 147~149, 165, 168
라이스(Amien Rais)　200, 201, 203, 205,
　217

ㅁ

마하티르(Mahathir Mohamad)　22, 23,
　45, 48, 53, 77, 84, 89, 125,
　233~242, 244, 246, 248~253
말레이시아민중당(PRM: Parti Rakyat
　Malaysia, Malaysian Peoples's
　Party)　242
말레이시아민중운동(Gerakan: Gerakan
　Rakyat Malaysia, Malaysian
　People's Movement)　245, 246
말레이시아중국인협회(MCA: Malaysian
　Chinese Association)　245, 246
메가와띠(Megawati Sukarnoputri)　21,
　41, 52, 183, 200, 201, 203~205,
　207, 209, 211~217, 220~222
무사 히땀(Musa Hitam)　237
민주투쟁당(PDI-P: Partai Demokrasi
　Indonesia-Perjuangan)　183, 201,
　203~205, 209, 211, 217
민주행동당(DAP: Democratic Action
　Party)　240, 242~244, 246, 252,
　254

ㅂ

반부패위원회(National Counter
　Corruption Commission)　110,
　115, 116, 118, 131, 132
발전국가　16, 24, 30, 34, 35, 42, 44, 46,
　47, 59, 262, 284
범말레이 이슬람당(PAS: Parti Islam

Se-Malaysia) 242, 243, 247, 251,
    252, 254
부정부패 20, 21, 33, 41, 53, 112,
    115~118, 120, 122, 141, 149~151,
    155, 163, 164, 167~169, 175, 176
비효율 141, 152, 161, 175
빈자들의 연합(the Assembly of the
    Poor) 118, 120, 129
쁘라차티빳당(Democrat Party) 110,
    116, 122, 124, 125, 134

ㅅ

사회적 자본주의(social capitalism) 40
상호협력내각(Kabinet Gotong Royong)
    212
새로운 정치(new politics) 248
선거관리위원회(Election Commission)
    110, 114~116, 132, 158~160, 172,
    174
선정(good governance) 17, 31, 32, 53,
    54, 59
소매적 매표 172
수까르노(Sukarno) 212
수하르또(Suharto) 21, 22, 32, 33, 40,
    44, 47, 52, 70, 77, 83, 84, 100,
    183, 184, 191~200, 204, 207, 213,
    218, 220, 222, 233
시간주르 선언(Ciganjur Declaration)
    201
시띠(Siti Hardijanti Rukamana) 193,
    194, 198

시민사회 19~23, 32, 33, 48, 110, 113,
    114, 116~118, 121, 122, 151, 165,
    170, 174, 200, 235, 239, 242, 243,
    246, 248, 254, 255, 263~265

ㅇ

아로요(Gloria Macapagal Arroyo) 21,
    45, 54, 149, 157, 158, 166, 168
아세안 공동체 18, 74, 95, 99
아세안 방식(ASEAN way) 72~74
아세안 비전 2020(ASEAN Vision 2020)
    81
아세안 지역포럼(ARF) 74
아세안 트로이카 74, 84, 87, 88
아세안(ASEAN: Association of
    Southeast Asian Nations) 15, 18,
    19, 24, 69~103
아세안+3(ASEAN+3) 18, 58, 74, 84,
    89~94, 97~99
아세안자유무역지대(AFTA: ASEAN Free
    Trade Area) 56, 58, 72, 73, 85,
    92
아시아-유럽 경제회의(ASEM) 74, 89
아시아-태평양 경제협력체(APEC) 56,
    73, 75, 128
아시아적 가치(Asian Values) 76
악정(bad governance) 17, 31~33, 38,
    41, 59
안보국가(security state) 24, 30, 35, 44,
    47, 59, 270, 284
안와르(Anwar Ibrahim) 22, 23, 45, 48,

84, 235~248, 250, 252~255
압둘라 바다위(Abdullah Badawi) 38,
    234, 241, 251
약탈국가(predatory state) 44
양당체제 152
에스트라다(Joseph Ejercito Estrada)
    20, 32, 42, 45, 54, 144, 149, 150,
    168
엘리트민주주의 153, 162, 164
와히드(Abdurrahman Wahid) 21, 41, 52,
    183, 200, 201, 203~215, 220, 221
완 아지자완 아지자(Wan Azizah Wan
    Ismail) 240
외국인직접투자(FDI) 274, 278~284
외국인투자법 278~283
워싱턴 컨센서스(Washington
    Consensus) 41, 48
위란또(Wiranto) 198, 199, 203, 205,
    207, 209, 217
유도요노(Susilo Bambang Yudhoyono)
    217, 222
이중정책(dual track) 20
일원주의 263, 265, 268

ㅈ

자유아쩨운동(GAM: Gerakan Ache
    Merdeka, Free Ache Movement)
    214, 215
자율성 20, 32, 34, 42, 46, 49, 56, 115,
    142~144, 262, 264, 267, 285
재정치화(re-politicization) 22, 242

정당명부단체(party-list groups) 154,
    170
정당명부제법(Party-List System Act)
    156
정당법 169~171, 176
정부능력(governance) 17, 18, 28, 31~
    33, 36~39, 41,~46, 49, 53, 59, 270
정상(政商, political business) 33
정의당(Partai Keadilan) 203
정치개혁 19~21, 40, 42, 47, 48, 54,
    109, 110, 113, 114, 116, 119,
    124~126, 128, 131, 133, 151, 201,
    204~207, 210, 212, 218, 242, 244,
    252, 254, 255
정치변동 15, 18, 21~23, 27, 36, 37, 39,
    44, 47, 48, 59, 183~191, 218, 220,
    222, 233, 234, 242, 253, 254, 263
제한적 다원주의 23, 263, 265, 266, 285
주식회사 태국(Thailand Inc.) 128
중도적 리더십(middle way leadership)
    205
중심축(poros tengah) 203, 209
지방의회(DPRD: Dewan Perwakilan
    Rakyat Daerah) 213
지속가능한 발전 18, 24, 42, 51~54, 60
지역대표의회(DPD: Dewan Perwakilan
    Daerah) 213

ㅊ

차왈릿(Chavalit Yongchaiyut) 19, 32, 110,
    112, 113, 116, 118, 122, 123, 132

찻타이당   117, 119, 124, 125
추언(Chuan Leekpai)   19, 40, 52, 110,
    112, 113, 116, 118~120, 122, 123,
    133, 134

ㅋ

쾀왕마이당(New Aspiration Party) 110,
    112, 113, 118, 122~124, 125, 132

ㅌ

타이락타이당(Thai Rak Thai Party)
    110, 118, 123~125, 130, 133~135
탁씬(Thaksin Shinawatra)   19, 20, 40,
    48, 53, 56, 87, 100, 110, 123~135,
    233
탈세계화(deglobalization)   14
탈정치화(de-politicization)   22, 235,
    242, 254
탐마랏(Thammarat, good governance)
    121
통일개발당(PPP: Partai Persatuan
    Pembangunan)   201, 203, 205,
    206, 209, 217
통일말레이국민조직(UMNO: United
    Malays National Organization)
    48, 233~245, 247, 248, 250~252,
    254, 255
통합기업법(Unified Enterprise Law)
    283
통합선거법   156, 159, 160, 169
투명성   24, 32, 38, 41~44, 52~55, 75,
    76, 85, 122, 127, 149, 155, 168,
    170, 171, 252
티라윳(Thirayuth Boonmee)   121

ㅍ

포크배럴   150
푸미폰(Bhumibol Adulyadej)   120

ㅎ

하비비(B. J. Habibie)   21, 41, 52, 183,
    191, 193, 196~201, 203, 204, 208,
    218, 220
하싸날 볼키아(Hasanal Bolkia)   210
해외부재자 투표법(Overseas Absentee
    Voting Act)   156, 173
행정개혁   39, 41, 42, 55, 270, 282, 283
허니문 효과(honeymoon effect)   190
헌법개정위원회(CRC: Constitutional
    Reform Committee)   113
헌법초안위원회(CDA: Constitution
    Drafting Assembly) 109, 113, 114
후원체제   149, 162, 172

기타

3G   155

7M   155
AMA(Amien-Megawati-Abdurrahman)
    200
NAMFREL(National Citizens'
    Movement for Free Elections)
    174